여성 선택
FEMALE CHOICE

여성 선택
남성 중심 문명의 종말

초판 1쇄 인쇄일 2022년 2월 10일   초판 1쇄 발행일 2022년 2월 15일

지은이 마이케 슈토베로크 | 옮긴이 이미옥
펴낸이 박재환 | 편집 유은재 | 마케팅 박용민 | 관리 조영란
펴낸곳 에코리브르 | 주소 서울시 마포구 동교로15길 34 3층(04003) | 전화 702-2530 | 팩스 702-2532
이메일 ecolivres@hanmail.net | 블로그 http://blog.naver.com/ecolivres
출판등록 2001년 5월 7일 제201-10-2147호
종이 세종페이퍼 | 인쇄·제본 상지사 P&B

ISBN 978-89-6263-235-4 03330

책값은 뒤표지에 있습니다.   잘못된 책은 구입한 곳에서 바꿔드립니다.

여성 선택

남성 중심 문명의 종말

마이케 슈토베로크 지음 | 이미옥 옮김

에코리브르

S.를 위하여

모든 것에 감사하며

차례

들어가는 말

FEMALE CHOICE

시작과 끝에
대하여

세상은 변하고 있는데, 당신은 그것을 감지하고 있는지? 태곳적부터 내려오던 안정적인 상태가 흔들리는 것 같지만, 그렇다고 생필품을 챙겨 들고 지하실에 몸을 숨겨야 할 정도는 아니다. 하지만 문명이라는 확신에 금이 생기고, 기존의 권력 구도가 점점 압박을 받을 정도이기는 하다. '미래를 위한 금요일〔Fridays for Future: 2019년 스웨덴의 기후 운동가 그레타 툰베리(Greta Thunberg)가 스웨덴 의회 밖에서 '기후에 대한 학교 파업' 게시물을 들고 시위를 하면서 시작된 청소년 기후 행동—옮긴이〕'이나 '흑인의 목숨도 중요하다(Black Lives Matter: 미국에서 시작된, 흑인 및 유색 인종에 대한 폭력을 반대하는 운동—옮긴이〕' 같은 진보적인 운동은, 서구 세계가 일궈낸 복지는 사실 약탈과 불공평에 바탕을 두고 있다는 사실을 섬섬 너 의식하게끔 해주고 있다. 그리고 미투(#MeToo) 운동은 모든 곳에 존재하는 성폭력을 마침내 고발하고 있다. 하지만 이와 동시에 첨예하게 대립하는 양극화 현상도 늘어나는 추세다. 많은 국가에서 극우주의자들이 의회와 정부에 포진하고 있다. 극우 과격주의자와 이슬람 단체도 강력해지고 있으며, 시민을 무차별로 죽이는 광란자와 암살자 역시 늘어나고 있다. 젊은 백인 남자들은 선동적인 단체에 가입하곤 하는데, 이들 단체는 여성 혐오, 음모론, 남녀의 고정된 성 역할을 주장하고 백인이 아닌 사람들에 대한 경멸을 선동한다.

여기에서 매우 특이한 점은 이들이 정의를 위해 싸우는 영웅적 전사 같은 자세로 투쟁한다는 것이다. 마치 모든 운동, 대립과 폭력 행사를 통해 오랫동안 참아왔던 불공평에 마침내 보복이라도 하듯 말이다. 공동의 가치를 바탕으로 오랫동안 연대감을 느끼던 사람들이 갑자기 다양한 언어로 말하는 것 같다. 이들 모두가 멍청해진 것일까? "그렇다"고 대답해도 어느 정도는 맞다. 지난 세월 동안 세상이 변하면서 사람들은 불확실성과 부담을 느껴왔고, 이로 인해 비합리적 공포에 휩싸이거나 과도한 반응을 하기에 이르렀기 때문이다. 그러나 불공평이라는 주장의 배후에는 더 많은 것들이 숨어 있다. 이 같은 모든 대규모 투쟁과 관련한 주제에는 딱 한 가지가 눈에 띈다. 즉, 지나간 과거를 보면 국내적으로나 국제적으로 여자는 주로 진보적 위치에 있었던 반면, 남자는 대체로 보수적이고 반동적인 위치를 고수해왔다는 점이다. 사람들은 '미래를 위한 금요일'을 그레타 툰베리나 루이자 노이바우어(Luisa Neubauer: 1996년 독일 함부르크에서 태어난 기후 보호 운동가—옮긴이)와 연결시킨다. 미투 운동은 여성의 뉴스로 인해 시작되었고, 이른바 교차성 페미니즘(intersecional feminism: 여성의 사회적 정체성은 젠더·인종·계급 등 다양한 측면이 교차적으로 작용한 결과라는 주장—옮긴이)은 여성을 일체로서 간주하는 게 아니라, 오랫동안 담론에서 제외되었던 소수를 위해 일한다.

반면 화력 발전과 디젤 엔진에 찬성하고 페미니즘과 채식주의를 폄훼하는가 하면 피난민 수용을 반대하는 사람들은 대체로 남자다. 우파들이 강력해진 이유도 무엇보다 남자 때문이다. 그리하여 도널드 트럼프와 자이르 보우소나루(Jair Bolsonaro: 극우 성향의 브라질 대통령―옮긴이)가 당선되고, AfD(Alternative für Deutschland, 독일을 위한 대안: 2013년 창당한 독일의 우익 보수주의 정당―옮긴이)가 출현했다.

이처럼 상반된 태도는 남자와 여자의 상이한 욕구로 인한 것이며, 이는 성별과 관련이 있다고 추측할 수 있다. 미래에 대해 논쟁할 때, 사람들은 현재 볼 수 있는 상이한 욕구―대부분의 다른 성별 차이처럼―는 사회적 영향 때문이라는 데 의견이 일치한다. 물론 당신이 이런 확신을 포기할 필요는 없다. 하지만 잠시라도 다음과 같은 사실을 인정해보길 바란다. 즉, 사회문화적 특색 외에도 진화생물학적 요소가 있으며, 이로 인해 성별에 따른 특정한 태도가 나온다는 사실을 인정해보자. 나아가 성별에 따라 상이한 욕구를 갖게 만드는 진화생물학적 요소가 정착 문명과 문화의 발전을 이뤄내는 데 결정적 역할을 했다고 가정해보자.

인류는 대략 1만 년 전부터 경작과 축산을 발명한 덕분에 정착 생활을 시작했다. 이어서 생겨난 문명은 오로지 남자의 욕구에 따라 남자에 의해 만들어졌다. 이런 점이 결정적으로 중요하다. 남자는 수백만 년 전부터 통용되었던 생물학적 원칙―배우자 선택과 관련해 태곳적부터 내려온 원칙―을 억압하고 통제했다. 요컨대 어떤 남자와 섹스할지 여부를 여자가 결성했던 여성 선택 원칙을 억압하고 통제한 것이다. 이와 같은 억압―이로써 여성도 억압했다―을 바탕으로 오늘날의 국가와 정치 시스템 그리고 문화가 탄생했다. 당신이 묻기 전에 답을 하자면, 유감스럽지만 이러한 시스템에서 좀더 위대한 점을 발견하지는 못했다.

　이런 진화생물학적 성별 차이에 대한 얘길 듣고 눈이 휘둥그레질 사람도 있을 것이다. 나는 이런 주제가 지뢰밭처럼 위험하다는 사실을 잘 알고 있다. 지금까지 논쟁을 할 때면 생물학적 사실은 가치 중립적인 사실로서 언급되지 않았고, 대부분 백인이나 남성의 이익을 관철시키기 위해 무시당하기 일쑤였다. 그리하여 오늘날에도 생물학적 표준에 대한 언급을 반대하는 태도가 남아 있다. 따라서 우리는 우선 진화생물학적 사실과 남자가 만든 문명을 통해 악용된 사실을 분리해야 한다. 우리는 인간이라는 종의 특징을 가치 중립적으로 서술하는 방식으로 돌아가야만 한다. 이때 우리에게 도움을 주는 것이 수학이다. 측정 가능한 많은 표준은 안정적인 분포, 이른바 정상 분포를 보여준다. 이런 분포에 따르면, 대부분의 개인은 이런 표준의 평균적 영역에 속한다. 여기에서 평균보다 위에 있거나 아래에 속한 소수도 역시 정상이다. 표준에 대한 언급은 집단에 대한 언급이기도 한데, 이때 집단에 속해 있는 각 개인은 표준이 지니고 있는 모든 특징과 일치하지 않아도 된다.

　나는 이 책에서 무엇보다 '남자' 또는 '여자'라는 유형에 속하는 사람을 다룰 것이다. 즉, 비록 내가 성별을 이중적 특성으로 보지는 않지만(이와 관련해서는 1부 1장 '이중 시스템' 참조), 신체적으로 상이한 두 가지 성별 사이의 성적인 번식이 후손을 만들어내기 위해 작동한다. 이것이 여성 선택의 진화론적 출발점이다. 이 책은 서구와 일부 근동 문화권에서 두드러지게 나타나는 문제를 다루기 때문에, 나는 무엇보다 이들의 문화적 기원을 관찰했다. 이들 문화는 이론적으로 남동부 지중해 지역에 뿌리를 두고 있다. 따라서 이 책의 중점을 유라시아 또는 유럽에 둘 테지만, 당신은 정착 문명이 전 세계를 관통한 기본 원칙이었음을 금방 알 수 있을 것이다.

만일 당신이 지난 수년 동안 성별과 관련한 논쟁을 유심히 지켜보았다면, 사람들이 얼마나 빨리 흥분하게 되는지 알아차렸을지 모른다. 트위터에 "이해가 안 간다(You lost me at……)" 같은 문구가 등장하면, 더 이상 계속해서 읽을 수 없을 정도로 자극적인 문장이 이어지곤 한다. 이 책은 도발적이고 자극적인 말들로 이루어져 있다. 당신이 어떤 성별에 속하는지, 그리고 어떤 정치적 진영에 속하는지와 무관하게 그렇다는 뜻이다. 당신이 어떤 위치를 더 선호하는지에 따라 나에게서 페미나치(feminazi: feminism과 nazi의 합성어로, 극단적이며 전투적인 여성우월주의자를 일컫는다—옮긴이)를 볼 수도 있고, 아니면 자기 집안을 헐뜯는 반(反)페미니스트를 볼 수도 있다. 그리고 당신이 예전에 모욕감을 느끼고 억압당하는 느낌을 받았던 문장을 읽을 수도 있다. 그러다가 문장의 절반만 읽고 책을 덮어버릴지도 모른다. 내가 어떤 논쟁을 펼칠지 안다고 믿고서 말이다. 하지만 나는 진심으로 나를 믿고 인내심을 갖고 책을 계속 읽어달라는 부탁을 하고 싶다. 나는 여자의 친구가 아니라 사람의 친구로서 얘기할 것이기 때문이다.

그런데 여성 선택이라는 짝짓기 시스템은 어떻게 작동하는 것일까? 가장 중요한 특징은, 수컷은 짝짓기를 위해 모종의 성과를 보여줘야만 하고 암컷은 선택을 한다는 것이다. 암컷이 항상 적극적으로 선택하는 행동을 취하는 것은 아니므로 금방 알아차리긴 힘들지만, 어쨌거나 짝짓기 행위는 순전히 암컷의 요구에 달려 있다. 이때 수컷은 늘 경쟁을 해야만 한다. 찰스 다윈은 이를 '성 선택(sexual selection)'이라고 불렀다.

여성 선택이라는 근본 원칙으로 말미암아 암컷과 수컷은 전혀 다른 재생산 전략을 만들어내야만 했다. 후손을 생산하기 위해 교미를 할 필요성은 있지만, 그렇다고 해서 수컷과 암컷이 같은 목표를 추구하지는 않는다. 오히려 정반대의 목표를 추구한다고 해도 틀린 말은 아니다. 즉, 수컷은 가능한 한 많은 암컷과 짝짓기하려 하고, 반대로 암컷은 가장 멋진 수컷하고만 짝짓기를 한다. 따라서 수컷은 많은 암컷을 획득해야 하고, 암컷은 많은 수컷을 거부해야 한다. 이렇듯 상이한 전략의 결과, 성별 사이에 끊이지 않는 갈등이 생기고 성생활의 균형이 깨진다. 상상력이 풍부한 생물학자들은 이렇듯 재생 전략이 상이한 것을 일컬어 '성적 갈등(sexual conflict)'이라고 부른다. 여성 선택의 가장 중요한 특징 중 하나는 수컷 가운데 대다수는 짝지을 암컷이 전혀 없거나 매우 드물게 암컷과 짝을 짓는다는 점이다.

마치 진화가 수컷과 암컷에게 사악한 짓을 허락한 것처럼 들리지만, 이 것이야말로 전체 동물 세계에서 가장 폭넓게 퍼져 있는 성공적인 번식 모델이다. 이와 동시에 암컷의 성 선택은 진화상 적응을 위한 도구이자 기원이기도 하다. 개인과 종(種)의 성공을 결정하는 일종의 조절 나사인 것이다. 이와 같은 이유로 단순한 종의 경우에도 매우 복잡한 포유류와 마찬가지로 비슷한 패턴의 성생활이 이루어지고, 다양한 종에서의 차이는 오로지 동일한 주제의 변종일 따름이다. 이 같은 시스템은 정착 생활을 하기 전까지 인간에게도 장착되어 있었고 지금도 유전자에 숨어 있다.

섹스와 관련해서 나타나는 오늘날의 문화적이고 지역적인 차이는—성생활이라는 게 뭔가 매우 개인적 문제라는 인상을 주는 까닭에—일반화한 표준을 만들 수 없을 것 같아 보인다. 그 밖에도 성생활은 사생활의 문제다. 문을 잠근 채 그 안에 있는 사람들이 머릿속(또는 생식기)으로 어떤 생각에 사로잡혀 있는지 도대체 누가 알겠는가? 하지만 실제로 자연에서 여성 선택처럼 안정적인 현상이 또 있는지 찾으려면 한동안 탐색을 해야만 한다.

무엇보다 수컷에게 여성 선택은 믿을 수 없을 정도로 많은 시간을 빼앗는 원칙이긴 하다. 왜냐하면 수컷은 거의 모든 에너지를 암컷을 발견하고 암컷에게 자신의 능력을 보여주는 데 소모해야 하는 까닭이다. 짝짓기를 위해 너무나 많은 에너지를 들이므로 남은 시간은 오로지 자신을 보호하는 데 사용할 수 있을 따름이다. 먹이를 찾고, 천적으로부터 몸을 보호하고, 잠잘 장소를 발견하는 일이 그것이다. 그러나 동물들과 달리 인간은 더 많은 것을 원한다. 건축하고, 발명하고, 자기 주변을 경작하면서 남자는 자신의 삶을 향상시키고 생존할 기회도 높이고자 한다. 무엇보다 성적인 경쟁에 쏟아야 하는 능력을 다른 용도로 사용할 수 있어야 한다. 간단히 말해서, 남자는 진보하는 데 에너지를 소모하기 위해 섹스(이와 함께 생식)를 좀더 손쉽게 할 수 있어야 한다.

따라서 남자가 문명 시대를 열기 위해 정착 생활로 넘어가는 과도기에 밟아야 했던 가장 중요한 단계 중 하나는 여성 선택이라는 원칙을 제한하는 것이었다. 농업과 이로 인한 재산의 축적은 남자에게 섹스라는 자원을 거의 완전히 통제할 수 있는 수단을 제공했다. 남자는 여자의 재산 소유권을 거부하고, 집이라는 좁은 세계에서 육아에 전념하게 함으로써 공공 영역에 진출할 기회도 차단했다. 결혼이라는 제도 때문에 여자는 마침내 거의 100퍼센트 남자에게 종속되는 상황에 몰렸다. 확실한 피임약의 부족으로 여자는 임신을 막을 수 없었고, 이것이 오히려 남자에게 환영을 받았다. 어떻게 그리고 누구와 자손을 만들 것인가 하는 결정은 이제 여자가 아니라 남자에게 달렸다. 그리하여 남자는 외부 세상의 구조, 그러니까 오늘날까지 사회의 기본을 이루고 있는 무역·경제·정치 그리고 노동을 여자의 (성적) 욕구를 고려하지 않은 채 구축할 수 있었다. 요컨대 문명은 남자가 남자를 위해서 만든 것이다. 다시 말해, 문명은 남성 중심적이다.

정착 생활은 인간이 동물 세계에서 탁월한 위치를 차지하게 해준 유일한 진보의 시작이었다. 이러한 시스템은 서구에 복지, 의료 서비스, 교육, 문화와 개인 공간을 선물해주었다. 하지만 지구라는 땅을 몰락으로 이끌었고, 전쟁을 불러왔고, 과도한 인구를 낳게 했으며, 수많은 사람을 가난으로 몰고 갔다. 무엇보다 여자를 온갖 형태의 육체적·정신적 폭력으로 내몰았다. 왜냐하면 남자는 문명을 구축한 초기부터 성적인 갈등으로 인해 발생한 여자의 욕구와 필요를 고려하지 않았기 때문이다.

바로 이 지점에 문제가 있다. 잘 알려져 있는 대부분 동물의 경우, 성별 사이에 차이가 있다. 체구·태도·본능과 욕구에 차이가 있고, 이로 인해 진화상의 번식 전략이 서로 다르게 나타난다. 하지만 하나의 성(性)이 세상을 만들면, 다른 성은 포기하게 된다. 우리가 이 순간 원망하는 것은, 문명이라는 게 인간들 중 거의 하나의 종류를 위해서만 작동한다는 사실에 있다. 즉, 문명은 남자만을 위한 것이다.

진화생물학적으로, 여자가 피임약을 통해 경제적 독립을 이룩하고 임신을 스스로 통제할 수 있게 된 것은 얼마 전의 일이다. 이때부터 여자는 남성 위주의 시스템 안으로 성큼 걸어 들어갔다. 우리가 전 세계적으로 경험하고 있는 것은 일방적인 문명으로 인해 억눌렸던 사람들의 청산 작업이다. 이는 남자에게 매우 고통스러울 수 있다. 남자는 수천 년 넘게 구축해온 것, 옳다고 천명해온 것이 눈앞에서 뜯겨나가는 것처럼 느끼고 있다. 나아가 자기 존재에 필요한 자원인 섹스에 대한 통제권마저 사라진 것처럼 느낀다. 거의 합의를 볼 수 없는 욕구들이 서로 충돌하고 있는 것이다—다른 영역뿐만 아니라 무엇보다 성생활에서 그러하다.

사회학은 인간의 욕구를 다섯 가지로 분류하는데, 음식물과 옷처럼 살아가는 데 기본적으로 필요한 욕구부터 자기실현처럼 사치스러운 욕구까지 있다—이 모델을 '매슬로(Maslow)의 욕구 피라미드'라고 부른다. 가장 시급한 욕구는 피라미드의 가장 아래쪽에, 덜 중요한 욕구는 위쪽에 위치한다. 사람들은 어떤 욕구를 충족하기 위해 공격적으로 싸우는데, 이와 같은 공격성은 피라미드에서 어떤 위치에 있는지에 따라 달라지며, 얼마만큼 필요한지에 따라서도 달라진다.

이 욕구 모델의 문제는 인간이 평등하다는 것에서 출발한다는 데 있다. 그러나 인간의 욕구는, 특히 남자와 여자의 욕구는 피라미드에서 동일한 위치에 있지 않다. 성별에 따라 번식 전략이 다르기 때문에 성생활은 남자의 경우 피라미드 아래쪽에 속해 있어 여자보다 훨씬 더 시급하게 충족해야 한다. 따라서 남자가 이와 같은 자원을 통제하지 못할 때 공격적으로 반응할 확률은 상대적으로 높다. 피임약의 발명으로 생식이 상당히 제한되긴 했지만, 여자가 배우자와 안정적인 관계를 유지하는 한 적어도 섹스를 할 가능성은 확보한 셈이다. 하지만 이런 관계의 대안으로 자리 잡을 만한 모델들이 점점 등장하면서 그와 같은 가능성조차도 위험해졌다. 따라서 특히 남자가 다수를 차지하는 보수 정당들이 전통적인 결혼과 핵가족을 유지하기 위해 변호하는 것은 놀랍지 않다.

우리 문명이 형성될 때 성생활이 보유했던 영향력은 오늘날에도 갈등의 계기를 제공하고 있지만, 사회적 논의에서 거의 다루지 않거나 무조건적으로 배제해왔다. 보편적으로 대부분의 논쟁은 생물학이 들어갈 수 있는 자리를 내어주지 않았다. 마치 인간은 육체를 지닌 존재가 아니라, 오로지 정신만을 가지고 있기라도 한 것처럼 말이다. 대부분의 논쟁에서 생물학에는 단 하나의 역할만 주어지는데, 이데올로기적으로 희생양의 역할이 그것이다. 물론 이런 취급이 완벽하게 부당하지는 않다. 생물학과 의학의 오용은 인류 역사에서 가장 끔찍한 범죄로 이어진 경우가 있으니 말이다.

나치의 인종 이데올로기는 오용 사례 가운데 극단적 본보기에 해당하지만, 정복당한 지역의 원주민을 짐승과 비슷하게 노동하는 노예로 여겼던 유럽 식민주의자들의 거만함도 마찬가지다. 성별과 관련한 논쟁이 있을 때면 이른바 남성주의자들은 태어날 때부터 여자는 재능이 부족하다는 불분명한 근거를 제시하곤 한다. 이들 남성주의자들은 남자와 여자 사이에서 오늘날 볼 수 있는 권력관계는 진화의 결과라고, 그러니까 자연의 질서라고 끊임없이 주장한다. 발전되고 공정한 사회에서 생명과학(life science)은, 사람들이 무엇 때문에 생명과학의 의견은 물어보지도 않는지에 대해 대답을 해줄 만큼 적합하지 않은 것 같다. 그 배후에는 수백 년이나 지속된 논쟁, 그러니까 오늘날의 인류를 만든 것은 진화인가, 그렇지 않으면 문화인가라는 질문이 있다. 바꿔 말해, 인간의 독특함은 생물학적 소질인 천성(nature)인가, 그렇지 않으면 사회문화적인 양육(nurture) 때문인가라는 논쟁이다.

천성이 결정적으로 중요하다고 주장하는 쪽에는 생물학자와 결정론자들이 있다. 이들은 인간 사회의 모든 구조는 타고난 소질의 결과라고 믿는다. 이러한 타고난 소질이 앞으로의 삶도 결정한다는 것이다. 이들은 인간의 육체적 특징을 기반으로 사회적 위치를 합리화하곤 한다. 즉, 계층 가운데 아래쪽에 있는 자는 열등한 유전자를 갖고 있다고 여긴다. 이와 반대로 상위에 있을 수 있는 주인공은 최종적인 알파 동물이다. 즉, 힘세고 승리에 대한 의지가 막강해서 인간으로까지 진화할 수 있었던 슈퍼 DNA를 가진 동물이다. 구조를 의식적으로 바꾸는 것은 생물학적 세계에서는 가능하지 않을뿐더러 필요하지도 않다. 그와 같은 구조는 자연적인 균형 상태에 있기 때문이다.

천성이 아니라 교육이나 양육이 더 중요하다고 보는 쪽에는 문화주의자와 사회학자들이 있다. 이들은 인간의 태도에 막강한 영향력을 행사하는 유일한 요소로 문화와 사회를 손꼽는다. 문화주의자가 보기에 인간은 마치 완벽한 형태로 덤불에서 튀어나온 듯하다. 아울러 역사적으로 완벽하게 소외당한 것 같다. 중부 유럽에서 이른바 문화적 인간, 즉 호모 쿨투랄리스(Homo culturalis)가 종교적 창조주의자들이 말하는 아담처럼 오래된 것은 우연일지 모른다. 둘 다 족히 6000년은 되었다. 하지만 창조주의와 마찬가지로 문화주의 역시 인간을 진화라는 문맥 속에 넣는 걸 거부한다. 정착 생활을 하면서 문명을 건설한 인간은 그러한 문화가 존재하지 않던 진창과도 같은 시대로부터 의연히 일어나 자신의 존재를 창조하고 힘을 불어넣었다는 것이다. 이들은 자유 의지가 곧 인간이라고 정의한다. 따라서 인간은 그 자체로 전능한 신이다. 그리하여 문화주의자에게 진화란 순화된 '초인(超人)'이 되기 이전의 존재, 그러니까 불결하고, 음탕하며, 비도덕적인 과거일 따름이다.

이처럼 문화에 대한 지나친 숭배는 가치 중립적인 자연을 마음속 깊은 곳에서 거부한 결과이기도 하다. 생물학은 탄생과 죽음이 혼란스러울 정도로 동일하게 나란히 존재하는 세계를 서술한다. 그러나 인간은 죽음을 근본적으로 나쁘게, 그리고 삶을 좋은 것으로 받아들이는 경향이 있다. 인간은 대립되는 것을 동일하게 취급하는 걸 참을 수 없으며, 도덕적으로 분류되는 세계를 원한다. 그래서 문화주의자는, 인간은 훌륭하며 훌륭하지 않은 인간은 훌륭하게 만들 수 있다고 상상하면서 살아간다.

이처럼 두 가지 극단 사이에서 사회는 논쟁을 펼치게 된다. 문화주의자는 생물학적 사실들을 부정하며, 생물학자는 마치 모든 불공평은 자연에 의해 미리 결정되는 것처럼 행동한다. 하지만 이와 같은 논쟁에서 절대적인 답은 없다.

진화와 문명 사이의 경계, 유전적 소질과 문화적 영향 사이의 경계는 오늘날의 우리 지식수준에 따르면 상당히 모호하다. 진화는 생물학적 의미에서 항상 유전자와 관련이 있지만, 유전자가 항상 진화와 관련이 있는 것은 아니다. 유아기의 특징, 그러니까 우리가 사회문화적 영향력으로 평가하는 외부의 사건들도 최근 연구에 따르면 DNA 안으로 들어가 각인되는 것처럼 보인다. 그래서 임산부가 해로운 물질을 접촉하면 병들고 장애를 가진 아기를 낳을 수 있다.

타고났다 함은 자동적으로 진화상 조건이 지워져 있다는 것을 의미하는 게 아니다.
태어난 뒤라고 함은 자동적으로 사회문화적이라는 의미가 아니다.

천성 대(對) 양육이라는 질문은 스펙트럼에 비유하는 편이 더 적당할 것 같다. 그러니까 스펙트럼은 끝부분만 분명하게 구분할 수 있고, 중간에는 두 가지 영향력이 강력하게 섞여서 겹치는 부분이 넓다. 하지만 사회문화적 끝부분은 매우 잘 연구되어 있는 반면, 다시 말해 언어와 가족 관계 그리고 언론 매체의 영향력에 대해서는 폭넓은 연구가 진행된 반면, 생물학적 사실들은 사회에 독극물이라도 되는 양 한쪽 구석에 치워두고 있다.

이와 같은 무시가 생물학자인 나의 미래를 어둡게 한다는 사실은 간과하더라도, 나는 이런 태도가 좀더 공정한 세계에 관한 논쟁에서 매우 큰 오류라고 본다. 사람들은 이런 사실을 오로지 생물학자의 손에만 맡겨두고 있다. 생물학자가 이와 관련한 정보를 항상 나쁜 쪽으로만 이용하고, 좀더 향상시킬 수 있는 방향으로 이용하지 않는 현상은 지난 수백 년 동안 여러 차례 드러났다.

우리의 신체 상태는 우리 행동에 테두리를 만든다. 테두리 내에서는 상당히 넓은 행동의 여지를 갖지만 우리는 오로지 근육이 할 수 있는 만큼만 움직이고, 감각세포가 인지하는 것만 인지하고, 뇌세포가 작업하는 것만 이해하며, 신경 전달 물질로 이루어진 운동의 혼합이 발산하는 것만큼만 느낀다. 우리는 더 이상 신체와 정신이 일체가 아닌 것처럼 행동할 수 없으며, 하나가 다른 하나와 무관한 것처럼 행동할 수 없다. 이는 마치 어떤 건축 재료를 사용할지에 대한 계획엔 관심도 없이 집을 지으려는 사람과 비슷하다.

신체적 과정을 문화 안으로 도입하자고 주장하는 사람들의 목소리는 소수에 불과하다. 그런 이들 가운데 한 사람이 캐나다 출신 심리학자 조던 피터슨(Jordan Peterson)이다. 그는 우리 문명이 진화생물학적 표준을 제거함으로써 가능했다는 사실을 밝혀냈다. 만일 당신이 이미 조던 피터슨에 대해 들어봤다면, 이런 문장을 접하고 숨이 좀 막혔을지 모른다. 피터슨은 이론(異論)이 분분한 학자라고 할 수 있다. 즉, 어떤 사람들은 그를 20세기, 심지어 21세기의 가장 현명한 사상가 중 한 명으로 간주하는가 하면, 그에게서 파시스트적 여성 혐오를 발견할 수 있다고 주장하는 사람들도 있다. 이와 같이 극단적인 반응은 그가 내세우는 전제를 중립적으로 받아들이는 걸 어렵게 만든다. 따라서 우리는—남녀 문제를 토론하는 곳에서는 예외 없이 그러하듯—서술을 평가와 분리해야 하며, 생물물리학적 사실을 이에 대한 해석과 분리해야 한다. 왜냐하면 가치 중립적인 사실만이 가능성을 열어놓으며, 평가를 내리게 되면 이런 가능성에 한계를 만들기 때문이다. 나 자신도 조던 피터슨의 결론에 거의 동의하지 않는다. 하지만 그럼에도 불구하고 그가 논쟁할 때 근거로 삼는 생물학적 표준은 적절하다고 간주한다. 그래서 그는 나에게 매우 이해하기 어려운 인물이다. 하지만 당신에게나 나에게나 이 책을 통해 발을 내디딘 여행은 하나의 과정이다. 그 과정에서 사물은 흑백 논리가 아니고, 선악이 아니며, 옳고 틀린 것이 아니라는 사실을 배워야 한다. 피터슨이 사회적 논쟁에 미친 영향력을 근거로 나는 이 영역을 자기 목적을 위해 도구화하는 자들에게만 맡겨두지 말아야 한다고 생각한다. 이제 인간의 생물학과 이 생물학이 우리 사회에 미친 영향력을 페미니스트의 입장에서 관찰해야 할 시간이다.

이때 중요한 점은 남성 문명을 이해하고 이들의 유산과 실수로부터 배우는 것이다. 온라인 데이트는 여자가 페미니즘 덕분에 여성 선택이라는 오래된 원칙으로 되돌아갔다는 증거이기도 하다. 그 결과 남자가 배우자를 얻고 섹스할 수 있는 횟수가 줄어들고 있다. 공격적인 젊은 남자의 폭력적 행동과 온라인에서의 비방은 아마도 이른바 '비자발적 독신주의자〔involuntary celibates: 여자와 관계를 맺지 못하는 남자. 앞으로는 '인셀(incel)'이라고 지칭하겠다〕'가 미래를 위협하는 최초의 전조 현상일 수 있다.

따라서 나는 순수한 형태의 여성 선택으로 회귀하는 것을 변호하지 않는다. 왜냐하면 진보, 평화로운 공존, 그리고 섹스를 위해 벌이는 심각한 경쟁은 어느 정도 상대를 배제하기 때문이다. 여성의 성생활을 억압함으로써 최초로 우리의 문명이 등장했다. 그러므로 우리가 만일 여성에 대한 억압을 보상할 수 있는 안정망 없이 폐기한다면, 문명화로 인해 얻은 모든 업적을 폐기해버릴 위험이 있다. 따라서 새로운 문명이라는 것에 대해 생각할 때가 되었다. 남자의 욕구와 여자의 욕구를 동일하게 고려하는 문명이 바로 새로운 문명이다. '남성 중심'의 문명은 남성적 생식 전략으로 말미암아, 다시 말해 공격성과 경쟁이라는 전략의 결과로 인해 어떤 문제를 불러일으켰는지 밝혀내고, 그 배경을 탐구하고, 충격을 완화시켜야 한다. 또한 우리가 지금까지 성생활과 연관 짓지 않았던 문제, 예를 들어 관료주의와 화폐 경제의 배경도 탐구해야 한다. 사람들 사이의 신체적 차이를 억압하거나 착취하지 않고, 가능성을 열어주는 새로운 문명을 건설하기 위해 말이다.

이것은 공통적인 표준과 욕구에 대해 이해하고, 이러한 욕구를 완전히 새롭게 충족시키고, 무엇보다 서로 협상할 때라야 가능할 수 있다. 인문과학과 자연과학 사이의 분열을 극복할 때라야 가능하다. 이렇게 하려면, 여성 선택이라는 원칙이 남성 문명을 만들 때 어떤 근본적 역할을 했는지에 대한 폭넓고도 이데올로기적 개입이 적은 이해가 필요하다. 그리고 전 세계에서 다양한 사람들이 인간적인 공생을 새롭게 협의하고자 할 때, 오늘날 얼마만큼 성생활이 문제 되고 있는지에 대해서도 냉철하게 바라볼 필요가 있다. 그래서 나는 이 책으로 일종의 빠진 고리(missing link)를 제공하고자 하며, 이런 고리를 통해 유전적 구조와 문화적 특색이 서로 분리되지 않는다는 사실을 보여줄 것이다.

많은 것이 위험에 직면해 있다. 우리 문명의 전제는 여성의 생식 전략을 억압하는 것이었고, 이와 같은 억압의 끝이 어떤 결과를 가져올지 그 누구도 확신할 수 없다. 우리는 논쟁할 때 사회문화적 논점은 물론 진화생물학적 논점도 불러와야 한다. 그렇게 해야만 미래로 가는 길이 좀비와 카니발 무리에 의해 끌려가지 않을 수 있다.

내 의도가 빈정대는 극단적 행동으로 보이는가? 이 책을 다 읽고 나면 더 이상 그렇게 생각하지 않을 것이다.

인간 집단에 대해 이야기하기
남자와 여자

'남자/여자'로 시작하는 문장은 마치 눈을 감은 채 바퀴 하나만 있는 탈 것 위에 올라앉아서 불타는 칼 2개를 들고 곡예를 부리는 모습과 약간 비슷하다. 이때 곡예를 부리다 떨어지면 안전하게 받쳐주는 망도 없다. 서커스 단장이 이 망을 세탁소에 맡겼기 때문이다. 문장이 어떻게 이어지든 상관없이 남자나 여자나 소리를 지르게 될 것이다. 그들이 보기에 믿을 수 없을 만큼 일반화를 시킬 테니까. 내가 그런 문장을 말하기 전에—물론 그런 말을 아주 많이 할 테지만—왜 내가 그런 말이 반드시 필요하다고 볼 뿐만 아니라 정당하다고 여기는지를 우선 설명하고 싶다.

우리가 사람들에 대해 언급할 때 개인으로 말할 수도 있지만, 집단이나 인구의 일부로 말할 수도 있다. 후자의 경우 사회의 표준이 드러나는 반면, 개별적 특징은 배경으로 물러난다. 예를 들어, 100명으로 이루어진 집단에서 83명이 햇빛을 좋아하고 17명은 좋아하지 않는다고 치자. 이때 내용상 완벽하게 정확한 결론은 다음과 같다. "대부분의 사람은 햇빛을 좋아한다." 위의 언급에서 햇빛을 좋아하지 않는 17명은 배제되고, 그리하여 이들이 햇빛을 좋아하지 않는 이유가 무엇인지 들을 수 없다. 만일 17명 가운데 한 사람 또는 17명 중 한 사람을 알고 있는 누군가가 위의 언급을 읽는다면 틀렸다고 느낄 수 있다. 왜냐하면 그는 개인적 시각에서 집단의 언급을 평가하기 때문이다. 시각을 이해하는 것은 건설적 논의를 위한 첫걸음일 수 있다. 이 책에서는 오로지 집단적 시각만을 다룰 것이다.

풍경을 찍은 다양한 시각도 비교할 수 있다. 한 번은 조감도의 시각에서 찍고 다른 한 번은 평평한 땅을 찍은 사진이다(Google earth와 Google streetview의 차이). 두 장의 사진은 실재를 보여주고 있으며, 각각은 물론 완전히 다른 시각에서 찍은 것이다. 평평한 땅에서 보는 숲은 크고 작은 나무들로 이루어져 있고, 나무들이 많거나 별로 없기도 하고, 건강한 녹색이거나 아니면 병들어 노란색으로 보일 수도 있다. 간략하게 말해서, 숲은 개별적으로 다양하다는 얘기다. 하지만 하늘에서 보면, 북쪽의 나무들은 햇빛을 많이 받은 남쪽의 나무들보다 훨씬 초라하다. 또한 북쪽의 나무들과 남쪽의 나무들을 집단으로 보고서 비슷한 특징에 대해 얘기할 수도 있다.

각각의 나무는 이와 같은 시각의 변동에도 불구하고 개체로 남아 있고 아무것도 상실하는 것이 없으나, 관찰자는 숲의 상태에 대해 완전히 새로운 인식을 얻을 수 있다. 이와 비슷하게 우리 인간도 개인적 인격을 잠시 뒤쪽에 배치해두고, 집단의 일부로서 동일한 특징을 갖게 허락하더라도 잃어버리는 것은 없다. 지상의 평평한 모습을 찍은 사진이 더 정확하지도 않으며 조감도로 찍은 사진이 더 틀린 것도 아니다. 그것은 다만 상이한 시각에서 찍었을 뿐이다. 집단에 대한 진실과 개별적 진실이 서로 모순되지만 그럼에도 둘 다 완벽하게 정확할 수 있다는 사실을 인정하는 게 중요하다. 이와 같은 시각에서는 햇빛을 전혀 좋아하지 않는 누군가가 대부분의 사람은 햇빛을 좋아한다는 진술에 동의하는 것이 가능하다. 비록 그런 진술이 자신에게는 해당하지 않더라도 말이다. 개별적 체험은 집단의 평균적 체험과 상당한 차이가 있을 수 있지만, 그렇다고 해서 집단의 평균을 지칭하지 못한다는 뜻은 아니다. 시각을 바꾸는 것은 어려운 일이다. 하지만 사람이 좀더 큰 규모의 사회적 표준을 인지하고 올바르게 반응하기 위해서는 포기할 수 없다.

물론 가장 좋은 방법은 '남자/여자'로 시작하는 모든 문장에 대해 증거가 되는 수치를 제시하는 것이다. 다루는 주제를 상세하게 연구한 표준적이고 대표성을 지닌 증거 말이다. 하지만 이는 항상 가능한 게 아니다. 아직 그런 연구가 없을 수도 있기 때문이다. 그러나 그와 별개로 일반적 언급도 할 수 있다.

이때 자연의 놀라운 질서와 간단한 수학이 우리에게 도움을 준다. 왜냐하면 자연의 많은 특징은 비슷한 분포의 패턴을 따르며, 따라서 빈도를 미리 예측하더라도 그렇게 틀리지는 않기 때문이다. 예를 들어, 인간의 체구나 지능은 단일한 수치를 갖는 게 아니라 한층 폭넓은 영역, 즉 '~부터 ~까지' 분포되어 있다. 그러나 이 영역에서도 모든 수치가 동일한 빈도를 갖지는 않는다. 중간 영역에 다수가 있고, 이 중간 영역의 위와 아래에 소수가 자리한다.

이러한 수치를 그래픽으로 작업하면 곡선이 하나 나온다. 마치 종처럼

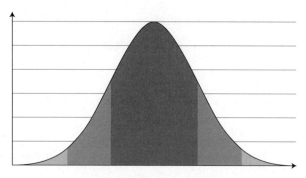

가우스 종 곡선의 도식적 묘사

생긴 곡선이다. 곡선의 볼록한 부분은 사람들이 한계치를 어디에 두느냐에 따라 68~95퍼센트를 포함한다. 이와 같은 분포를 독일 수학자 카를프리드리히 가우스(Karl-Friedrich Gauß)의 이름을 따서 가우스 분포(Gaussian distribution)라고 부른다. (혹은 가우스 종 곡선 또는 정규 분포라고도 한다.)

키를 예로 들어보자. 다른 많은 신체적 특징처럼 몸의 크기도 성별에 따라 확연하게 차이가 난다. 즉, 남자는 평균적으로 여자에 비해 더 크다. 여자의 평균 신장은 대략 165센티미터이고, 남자는 대략 180센티미터다.

정상 분포에 따라 모종의 기대와 확률이 나온다. 여자와 남자의 80퍼센트 이상은 각각 155~175센티미터, 170~190센티미터다. 만일 내가 전혀 알지 못하는 여자가 지금 나한테 전화를 한다면, 그녀의 키가 155~175센티미터일 거라고 가정하면 맞을 확률이 높다. 물론 내가 틀릴 수도 있고, 여자의 키가 실제로 185센티미터라면 나는 상당히 놀랄 것이다. 내가 잘 모르는 사람이 어쨌거나 가장 자주 볼 수 있는 표준에 속할 것(나의 키 역시 173센티미터이듯)이라고 자동적으로 기대하는 것은 편협한 생각이

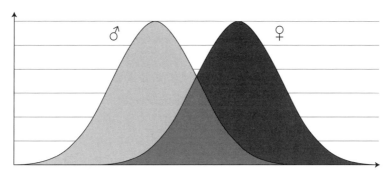

정규 분포의 모양을 띠고 있는 성별 차이의 도식적 묘사

아니다. 나의 뇌는 단지 잘 모르는 것을 가장 현실성 있는 요소로 대체할 뿐이다. 표준을 인지하는 것은 인간 지능의 본질적 요소다.

그렇다. 표준이라는 게 있다. 모범이 되는 표준이 있고, 이러한 표준으로부터 벗어나는 편차가 있다. 그리고 사람들은 그와 같은 관계에 이름을 붙이고 그렇게 부른다. 표준과 편차는 불리한 조건에서 발달한 것이 무엇인지를 해명해준다. 집단의 동력, 선별한 사람들의 바람, 건강상의 변화와 사회적 문제에 대해서도 해명하게 해준다. 집단에 속하는 개인들이 서로 비슷하게 연출하고 행동하는 것은 나쁘지 않다. 오히려 표준에 속하는 사람이야말로 자신의 목숨을 잃지 않을 수 있다. 통계상 사람들의 유사성을 바탕으로 탈출구, 약품 또는 안전 작업복을 개발하기 때문이다. 사람들이 이러한 기준을 너무 좁게 잡을 경우 발생하는 문제점에 대해서는 나중에 언급하기로 하겠다.

하지만 우선 무엇을 표준으로 간주하고, 무엇을 특징들의 우연한 반복으로 간주하는지에 대한 의문부터 살펴보자. 관찰된 성별의 태도는 어디부터 표준이 될까?

만일 당신이 학창 시절 시끄럽고 공격적인 소년 둘을 알고 있었다면, 이로부터 평균적이고 일반적인 소년의 표준을 이끌어내기에는 부족하다. 분홍색을 반짝이며 오로지 외모에만 신경 쓰던 여학생 한 명은 결코 '전형적인' 소녀일 수 없다. 또한 자신과 사회적 환경이 같은 조건에서 표준을 발견하는 것도 어렵다. 이럴 경우는 좁은 시각으로 인해 우연한 반복에 속을 위험이 따른다. 왜냐하면 당신과 당신이 친하게 지내는 모든 사람은 비슷한 경력, 교육, 취미 생활, 세계관을 갖고 있을 수 있기 때문이다. 그와 같은 환경에서는 특정 표준이 반복되어도 결코 놀랄 일은 아니다.

하지만 당신이 청소년 시절의 친구 중 가장 친하게 지내는 3명, 대학 시절의 친구 2명, 현재 다니는 직장의 동료 1명, 스포츠 센터에서 사귄 사람 3명, 가족 가운데 2명을 선택하면 상황은 달라진다. 이들은 상이한 환경에 속하며, 이로써 우연한 결과가 아니라 실제로 인간 행동으로부터 통계적으로 반복된 결과를 얻어낼 가능성이 높아진다. 요컨대 매우 다양한 사회적 배경 속에서 항상 만날 수 있는 표준이란 얘기다. 우리는 그와 같은 관찰을 공론화해볼 수 있다. 수치로 분명하게 제시하지 못하는 표준은 장기적인 연구를 통해 소수점 이하 두 자릿수까지 증명할 수 없다. 그래서 그것을 진부한 생각 또는 '감정이 개입된 진실'이라고 폄하하는 것이 우리 시대의 문제다. 이 때문에 사회에서 평가는 다르더라도 공통된 의견과 공통된 지식을 만들어내기가 어렵다.

이제 우리는 매우 정확하게 파악해야 한다. 많은 상황에서 우리는 '남자/여자'라는 말을 하지만 이로써 모두를 포함하는 게 아니며, 오로지 부분이자 중간치, 기준이 되는 집단, 다시 말해 종 모양의 볼록한 부분만을 의미한다. 이 책에서 나는 오로지 인구 평균을 가지고 작업하므로 내가 '남자/여자'라고 할 때는 항상 평균을 말한다. 번거로운 까닭에 매번 이러한 설명을 하지는 않을 것이다. 이 자리에서 꼭 강조하고 싶은 점은 내가 남녀라는 성별을 이중적 가치로 파악하지 않는다는 것이다. 이 책이 다루는 문제는 대체적으로 성생활의 생식으로 인해 발생하므로 나는 주로 여기에 집중할 것이다.

'주로'라는 표현은 의도적으로 쓴 애매모호한 말이다. 이것은 '압도적인'이나 '대부분'과 같은 말을 완화한 표현이다. 애매모호한 말은 사회에서 논쟁이 벌어질 때 금기시된다. 요컨대 허튼소리, 부정확하고 아리송한 것으로 여겨진다. 하지만 이런 애매모호한 말은 표준에 대해 말할 수 있게끔 해주고, 트렌드를 서술하게끔 해주고, 개인적 시각에서 사회적 시각으로 도약할 수 있게끔 해준다.

다수와 소수라는 존재는 가치나 평가를 담고 있지 않으며, 오로지 인간의 다양성만을 보여줄 따름이다. 규범은 자연적이지 않으며, 이러한 규범으로부터 벗어나는 편차 역시 부자연스러운 게 아니다. 이 둘은 특징과 성격이라 부르는 것이 펼쳐져 있는 영역에서 일부를 차지한다. 따라서 다수와 소수를 자동적으로 정상성과 동일시할 수 없으며, 소수로 하여금 다수에 상응하라고 압박하는 시도 또한 아니다. 당신이 다수의 일부라면 이런 점을 잊어서는 안 되며, 소수의 일부라면 항상 그 점을 언급해야만 한다. 만일 내가 이 책에서 '정상적'이라는 표현을 사용한다면, 이는 수학적 의미이지 가치를 평가하거나 규범화하는 의미가 결코 아니다.

아래의 다섯 가지를 기억하면 이 책을 쉽게 읽을 수 있으리라 본다.

1. 항상 정상적인 경우가 한 가지는 있으며, 이는 자연스러운 일이다.

2. 항상 벗어나는 편차가 있으며, 이것 역시 자연스러운 일이다.

3. 내가 '남자/여자'라고 말할 때는 '모두'를 지칭하는 게 아니다.

4. 애매모호한 말은 사물을 대략적으로 묘사하는 데 써도 무방하다.

5. 차별은 평가로 인해 생겨나며, 차이로 인해 생겨나지는 않는다.

자, 이제 당신은 이 책을 읽어도 혈압이 오르지 않을 준비가 되었다.

1부
사회적 지위

FEMALE
CHOICE

이중 시스템
성별, 젠더 그리고 복잡한 관계

성별의 사회적 지위를 다루기 전에 먼저 성별(이와 같은 개념과 함께 이미 복잡해지기 시작한다)에 대해 한번 살펴봐야 한다. 무엇을 기준으로 남자 그리고 여자라고 할 수 있는지에 대한 논쟁은 오래전부터 이어져오고 있으며, 여전히 격분을 불러일으킨다. 남성주의자 진영은 남자와 여자가 생물학적으로 완전히 다른 부분이 있다고(그래서 남자의 일은 대부분 여자한테 완벽하게 부적절하다) 집요하게 주장하는 반면, 페미니스트 성향의 사회학은 해부학적 구조 말고는 태어나면서부터 남녀 차이는 없다고 한다(여자와 남자는 모든 활동에 똑같이 적합하다). 둘 중 어느 쪽이 더 옳은지 대답하고자 하면 이미 성별이라는 복잡다단한 문제에 진입한 셈이다. 왜냐하면 두 진영 모두 옳거나 옳지 않다고 대답할 수는 있지만, 어떤 점에서 그러한지 분명하지 않기 때문이다.

우선 생물학적 측면에서 성별이라는 개념에 접근해보고 동물 세계와 식물 세계도 살펴보자. 상이한 성별이 없었다면 번식도 가능하지 않았을 테고, 그리하여 우리가 오늘날 생명이라고 부르는 것의 일부만 존재할지도 모른다. 동식물은 몇 가지 한정된 종류만 존재했을 것이다. 이러한 종은 성적 접촉이 아니라 분리 혹은 발아 같은 무성생식을 통해 번식하기 때문이다. 진화 과정에서 성별의 수는 둘이 가장 의미 있는 것으로 보이는데, 아마도 너무 많은 무질서를 막기 위해서 아닐까 싶다. 그리하여 지구상에서 성행위를 통해 생겨난 모든 생명체는 두 가지 성별에 바탕을 두고 있으며, 열쇠와 자물쇠처럼 서로 맞는 2개의 대상을 기본으로 삼고 있다. 생물체의 성별은 대체로 성염색체(gonosome)를 통해 결정된다. 포유류의 경우 암컷은 2개의 동일한 성염색체(XX)를 지니고 있으며, 수컷은 2개의 상이한 성염색체(XY)를 지니고 있다.

대부분의 동물 종과 식물 종의 생식 과정은 비슷하게 진행된다. 즉, 한쪽이 자신의 유전자 물질을 생식세포의 형태로 방출하고, 다른 쪽은 그것을 받아들인다. 이처럼 주고받는 원칙은 진화라는 측면을 기준으로 볼 때 참으로 오래된 것이며, 심지어 성관계를 통해 번식하지 않는 비교적 원시적인 생명체에게서도 볼 수 있다. 성별이 없고 분할을 통해 번식하는 박테리아는 이른바 접합(conjugation)이 있을 때 두 가지 상이한 역할을 맡는다. 접합은 번식이 결코 아니며, 2개의 박테리아 사이에서 유전질을 갱신하기 위해 이용하는 단순한 유전자 교환이다. 접합할 때 DNA를 제공하는 쪽은 작은 코끼리의 코 같은 것을 형성하는데, 이것을 '성 선모(sex pili)'라고 부른다. 유전자 물질은 성 선모라는 다리를 거쳐서 수용하는 세포 속으로 침입한다. 2개의 세포가 주고받는 역할을 함으로써 좀더 진화한 생명체들이 성적으로 교환하는 행위와 비슷해지는 것이다.

하지만 성별의 정체성이 생기려면 성염색체로는 충분하지 않다. Y염색체는 태아가 남자 생식선으로 발달할지, 아니면 여자 생식선으로 발달할지를 결정하지만, 이를 통해 분명한 성별이 결정되는 것은 아니다. 동물의 세계에는 성적인 방향 설정은 물론이거니와 성적인 소속도 존재하지 않는다. 우리는 게이와 레즈비언에게서 동성애를 발견하고, 많은 경우 암컷이 수컷의 도움 없이도 직접 복제하는 이른바 단성생식을 발견할 수 있다. 게다가 자웅동체인 잡종도 볼 수 있다. 내적으론 하나의 성별을 가지고 있으나 외적으론 다른 성별과 닮은 '복장 도착자(cross dresser)'도 볼 수 있다(하이에나, 블루길(blue gill)). 심지어 성전환도 결코 드문 일은 아니다. 말미잘은 살아 있는 동안 수컷으로도 살고, 암컷으로도 산다. 그리고 만일 놀래기 무리에서 지배적인 수컷이 없으면, 가장 큰 암컷이 수컷으로 변신해서 암컷들을 접수한다. 또한 개구리 종 가운데 몇몇도 이러한 능력을 지니고 있다. 이처럼 겉모습만 변하든가 실제로 성별이 바뀌는 경우는 장기간의 생리학적 조건에 의해 계획된 경우도 많지만, 아주 짧은 기간 동안 즉흥적으로 이루어질 때도 있다.

어떻게 이러한 혼란이 생겨날 수 있을까? 성별의 특징을 결정하는 중요한 요소로는 염색체 외에도 성호르몬이 있다. 태아 시기에 염색체에 따라서 고환 조직이나 난소 조직이 만들어지며, 이러한 조직은 즉시 테스토스테론이나 에스트로겐을 방출한다. 모든 개인은 특정 호르몬 레벨을 갖고 태어나며, 이 레벨은 변할 수 있다. 암컷의 경우에는 정해진 사이클에 따라서 변하고, 수컷의 경우에는 상황에 따라서 변한다. 두 가지 호르몬은 다른 성별에게서도 조금 생산된다. 호르몬의 양은 정상 분포되며, 따라서 종 모양을 띤다. 대부분의 개인은 중간 정도의 호르몬을 생산하지만, 소수는 태어난 뒤로 더 높은 또는 더 낮은 레벨을 보이기도 한다.

사람의 성별에 관한 논쟁에서 호르몬은 대부분 단 하나의 목적으로 언급된다. 즉, 그때그때 상대의 성을 무시하기 위해서다. 남자는 충동에 의해 움직이며 동굴에서 사는 사람으로 묘사되고, 여자는 예측 불가능한 정신병자로 그려진다. 결국 이 모두는 호르몬이 무시할 수 있는 사소한 특징보다 훨씬 더 큰 영향력을 가졌다는 사실을 부인한다. 왜냐하면 아무도 모욕당하고 싶지 않기 때문이다. 그러면 이 주제는 객관적 주목을 받지 못한다. 사실 호르몬은 우리의 행복감뿐 아니라 욕구, 배우자 선택, 기분과 태도에 상당히 많은 영향을 준다. 호르몬으로 인해 우리는 누군가와 애무를 하고, 달아나고, 문을 쾅 닫고, 섹스를 하고, 갓난아이의 볼을 꼬집기도 한다. 호르몬으로 말미암아 우리는 공격적이거나 협력적이 되고, 뻣뻣하게 행동하거나 화를 낸다. 호르몬은 우리의 직업적 성공을 결정한다. 우리의 외모도 결정하고, 우리가 누구를 매력적으로 보는지도 결정한다. 그러므로 호르몬의 작용은 좀더 자세히 관찰할 필요가 충분히 있다.

태어나기도 전에 호르몬이라는 칵테일의 양과 조합은 생명체가 어떻게 발전할지에 막강한 영향력을 행사한다. 무엇보다 출생 전의 테스토스테론이 결정적 역할을 한다. 이 호르몬은 태아의 뇌에 장착되어 있고, 이곳에서 앞으로 발육을 담당할 많은 뉴런의 과정에 영향을 준다. 간단하게 말하면, 모태에서 테스토스테론이 많으면 많을수록 신생아는 전형적인 수컷에 더 많이 부합한다. 신생아의 해부학적 성별과는 상관없이 말이다. 이와 같은 현상은 다양한 포유류를 대상으로 실험한 결과이며, 인간에게도 유효하다.

선천성부신증식증(Congenital Adrenal Hyperplasia Syndrome)은 신진대사가 정상에서 지극히 많이 벗어난 경우로, 이때 모태에 있는 여자 태아는 상당히 높은 테스토스테론 농도에서 성장한다. 이로 인해 외모가 남자처럼 되는데, 가령 신체에 털이 많거나, 얼굴에 각이 지거나, 클리토리스가 페니스처럼 커진다. 그 밖에 놀이를 할 때 남자애처럼 행동하고, 우악스러우며, 타인과 자신을 자주 비교한다. 이런 증후군을 가진 여자애는 그렇지 않은 여자애들에 비해 동성애 또는 양성애적 성향이 더 많다. (레즈비언이 소년 같은 인상을 준다는 느낌은 단지 진부한 생각만은 아니다.) 이와 반대되는 유형은 이른바 남성호르몬 저항에서 찾아볼 수 있다. 이런 저항이 있으면 테스토스테론이 배 속 남아에게 장착되지 않고, 그런 상태에서 태어난 아이는 남자의 신체를 갖지 못한다. 이런 사람은 남자의 Y염색체는 갖고 있으나 성기도 없고, 여성의 신체를 지닌다. 이런 사람을 가리켜 종종 XY 여자라고 부르기도 한다.

오늘날 성별과 젠더에 관한 의문은 지금까지 복지를 누리는 인간의 공허한 유행으로 취급되었고, 보수적인 사람들은 이를 '젠더-가가(gender-gaga)'라고 비방하기도 했다. 하지만 성별을 정의하는 데 대한 의문점은 결코 유행이 아니며, 수십 년 전부터 하나의 영역에서 협의를 이루고 있다. 말하자면, 역사적으로 전혀 의심을 사지 않으면서 과도하게 '젠더 광기'에 포함시키는 방향으로 말이다. 바로 고도의 기량이 필요한 여자들의 스포츠에서 그런 광기를 볼 수 있었다. 1950년 여자 운동선수들은 최초로 사신의 몸을 검사하도록 허용해야만 했다. 그러니까, 자신이 진짜 여자인지 확인할 수 있도록 말이다. 남자 운동선수가 슬그머니 여자 선수들 사이에 끼어 자신의 높은 테스토스테론 수치를 이용해 경기에서 이기는 것은 아닐까 두려워한 사람들이 있었기 때문이다. 여자 운동선수의 성기를 만지는 신체검사는 당연히 굴욕감을 안겨주었고, 그리하여 훗날 이 검사는 염색체 테스트로 교체되었다. 그 이후에는 호르몬을 검사하는 것으로 바뀌었다. 높은 테스토스테론 수치를 보이는 여자는 호르몬을 낮추는 치료를 받은 후에야 비로소 경기에 임할 수 있었다. 유명한 일례로 남아프리카 출신 육상 선수 캐스터 세메냐(Caster Semenya: 2012년 런던 올림픽 육상 여자 800미터에서 금메달을 따고, 2016년 리우데자네이루 올림픽에서도 같은 종목에서 금메달을 땄다—옮긴이)를 꼽을 수 있다. 2009년 탁월한 성과와 남자 같은 외모로 인해 여자로 성장했음에도 불구하고 그녀가 남자라는 소문이 나돌았다. 그녀 역시 XY 여자였다. 여기서 '생물학적 성별'이란 무엇일까? 한 사람을 남자로 정의 내릴 수 있는 유전적 특징? 겉으로는 여자로 보이는데? 당신은 이미 알아차렸을지 모른다. 즉, (생물학적) 성별이라는 문제가 그렇게 간단하지 않다는 사실을 말이다.

태어난 뒤에도 역시 우리는 매일 호르몬의 영향을 받는다. 이와 관련해서는 테스토스테론과 공격성 사이의 연관성이 자주 인용되곤 하는데, 이때 네안데르탈인과 충동적 범죄자 사이 어딘가에 술 취한 축구팬이 등장할 경우가 많다. 수감되어 있는 죄수들을 조사해보니, 범죄의 종류가 정말 개인의 호르몬 수치와 관련이 있는 것으로 나타났다. 상해, 살인 또는 폭행 같은 범죄로 교도소에 들어간 남자뿐 아니라 여자 수감자의 테스토스테론 수치도 덜 폭력적인 수감자에 비해 훨씬 더 높았다. 그 밖에 폭력적인 수감자는 다른 수감자들과의 갈등도 더 자주 겪었다. 비슷한 결과를 햄스터한테서도 관찰할 수 있었다. 햄스터들이 서로 싸울 때는 테스토스테론이 많이 관여하고, 사냥할 때는 적게 관여했다. 이로써 우리는 호르몬이 무엇보다 같은 종 사이에서 상호 관계를 맺을 때 이용된다고 추측할 수 있다.

과도하게 높은 수치의 테스토스테론은 물리적 폭력을 행사하게 만들어 판사 앞에 서게 하지만, 정상적 수치의 테스토스테론은 온화한 수준의 공격성을 부여한다. 이렇듯 과도하지 않은 공격성은 유익하다. 만약 공격성을 보이는 남자들을 곧장 감방으로 보낸다면 남성 문명은 형편없는 구조라고 말할 수 있을 것이다. 왜냐하면 목표나 의도를 관철하고자 하는 의지, 나르시시즘 그리고 배려 없는 태도는 공격적이고 테스토스테론에 의해 좌우되는 자극이기 때문이다. 이러한 특징은 남성 위주의 계급 사회에서 어느 정도까지는 매우 큰 장점으로 작용한다. 그 때문에 높은 수치의 테스토스테론은 남자를 교도소로 인도할 뿐 아니라, 사장 자리에 앉혀줄 때도 많다. 이는 공격성 외에 테스토스테론이 불러오는 또 다른 효과, 그러니까 위기를 좀더 잘 견딜 수 있게끔 해주는 효과 덕분이나. 그래서 주식 시장에서 이 호르몬의 수치기 상대적으로 높은 투기꾼은 낮은 수치의 동료들보다 훨씬 더 많은 수익을 올리려 한다. 여자들을 대상으로 로또 실험을 한 결과, 테스토스테론은 피실험자들로 하여금 위험할 정도로 많은 금액을 로또 구입에 쓰게끔 만들었다.

하지만 테스토스테론은 경제적 성공을 거두고 의심스러운 범죄 경력을 쌓는 데에만 영향을 미치는 게 아니다. 테스토스테론은 고통을 더 잘 참게 해준다. 근육의 성장을 지원해 일반적으로 신체적 부담을 더 잘 견디게 하며, 혈액 속에 있는 산소 포화노를 높여준나. 이것은 노동의 호르몬이자 성과를 내게 해주는 호르몬이기도 하다. 그래서 스포츠에서 성공을 거두는 것과 관련해 상당히 큰 의미를 지닌다. 간단하게 말해서, 테스토스테론 수치가 높다는 것은 힘이 세다는 의미다. 남자는 부상을 입었음에도 불구하고 계속해서 사냥을 할 수 있다. 이는 남자가 그토록 자주 자신의 건강을 고려하지 않고 직장 생활을 위해 분투하는 원인 가운데 하나다. 테스토스테론은 신체의 경고 신호를 무시할 수 있게 해준다.

그 외에도 테스토스테론은 시각에 영향을 미친다. 뉴욕 시립대학교가 실시한 연구에 따르면, 남자는 움직임이나 세부적인 사항을 인지할 때 여자보다 훨씬 높은 성과를 낸다고 한다. 심지어 남자의 얼굴 윤곽도 테스토스테론에 달려 있다. 즉, 호르몬 수치가 높은 남자는 흔히 아래턱이 넓고 각진 얼굴이며 눈 위의 뼈가 융기한 부분도 매우 분명하게 드러난다. 그 밖에 테스토스테론은 대체로 생산력이 왕성한 정액을 만들어내는데, 정자의 수뿐만 아니라 정자의 건강 상태에서도 그러하다.

이러한 모든 관계에서 생각해야 할 것이 있다. 테스토스테론은 신체에서 '자체적으로' 생겨날 뿐만 아니라, 외부의 자극에 의해 양이 바뀔 수도 있다는 점이다. 오스트레일리아 퀸즐랜드 대학의 심리학자들은 2010년 스케이트보드를 타는 젊은 이성애자들의 위험에 대한 태도를 조사했다. 남자가 아닌 매력적인 여자를 관찰하게 했을 때, 스케이트보드를 타는 젊은 남들의 테스토스테론이 증가했다. 그들은 이전보다 훨씬 더 위험하게 스케이트보드를 탔다. 아이스하키 선수들 역시 가장 중요한 경기를 할 때 테스토스테론 수치가 상승했다. 이와 반대로 성적인 활동은 혈액에 있는 테스토스테론의 수치를 내리고, 섹스를 포기해야 할 때 오히려 수치가 상승한다. 무엇보다 후자의 성향은 앞으로 우리가 계속해서 관찰해볼 필요가 있다.

여자의 에스트로겐은 결코 단순하지 않게 작용하지만, 다음에 언급하는 내용은 호르몬제를 사용하지 않는 여자들에게 해당한다. 호르몬을 조절하는 대부분의 약제는 사용 기간 동안 호르몬의 양을 일정하게 유지해준다. 따라서 보통 여자들이 호르몬 변화로 인해 신체적으로나 정신적으로 겪게 되는 상황은 호르몬 조절 피임약을 사용하는 여자에게는 나타나지 않을 때가 많다. 또는 적어도 매우 미미하게 나타난다. 참고로 말하면, 독일의 경우 30세 이하의 여자 가운데 60퍼센트가 피임을 하고 있다.

호르몬제를 사용하지 않는 여자의 호르몬 수치는 생리에 따라 상당히 편차가 크다. 생리를 시작하는 동안에는 에스트로겐 수치가 낮아지고, 끝난 뒤에는 지속적으로 올라간다. 배란기 중간 시점에 호르몬 농도가 가장 높으며(여성의 테스토스테론도 마찬가지다), 후반에 이르면 다시 낮아진다. 이에 따라 에스트로겐의 작용은 매일 동일하지 않다. 생리가 나오는 시기, 그러니까 에스트로겐의 수치가 낮을 동안 여자의 공간 감각을 테스트해보니 남자와 비슷한 결과가 나왔다. 하지만 배란이 되는 시기이자 에스트로겐이 늘어나는 시기에는 공간 감각이 다시 떨어졌다. 그런데 대화하는 능력은 더 좋아져서 적절한 단어를 고르는 데 탁월했다. 그 밖에도 에스트로겐은 시력에 영향을 준다. 색깔을 보는 영역에서 그렇다. 에스트로겐 수치가 높으면 색깔의 다양한 뉘앙스를 좀더 잘 알아볼 수 있다. 남자의 외모에 테스토스테론이 영향을 주듯 에스트로겐은 여자의 외모에 영향을 준다. 요컨대 피부는 하얗게 만들고 머리카락은 비단처럼 부드럽게 만들어준다.

배란 후 난소는 에스트로겐 대신 프로게스테론을 생산해낸다. 이 호르몬은 무엇보다 생산력 있는 난세포가 자궁벽에 잘 안착할 수 있도록 영향을 준다. 그 밖에 프로게스테론은 생리가 다가왔을 때 여자가 알아차릴 수 있는 다양한 증상을 만들어낸다. 생리 전의 증상은 배가 매우 고프다거나 청소를 미친 듯이 하는 것처럼 그다지 해롭지 않은 징후일 수 있지만 가슴 통증이 있거나, 구토 또는 갑작스러운 감정 폭발처럼 불편한 경우도 생긴다. 대체로 이런 징후는 며칠간 지속될 뿐이다. 하지만 극단적인 경우에는 생리 기간 내내 이어질 수도 있다. 많은 여자가 너무나 심각해서 질병으로 간주하기도 하는데, 이처럼 생리 전에 생기는 증상을 '생리 전 불쾌 장애(premenstrual dysphoric disorder, PMDD)'라고 부른다.

과거엔 여자의 갱년기가 오로지 에스트로겐 수치와 관련이 있다고 믿었지만, 오늘날에는 에스트로겐과 프로게스테론 사이의 균형 때문이라고 말하는 자료가 많다. 프로게스테론의 생산은 대체적으로 갱년기가 오기 훨씬 전에 멈추기 시작한다. 이로 인해 에스트로겐은 자신의 상대를 잃어버리고, 그리하여 갱년기 고통으로 이어질 수 있다. 비록 생리가 여전히 매달 정확하게 나오고 있음에도 불구하고 말이다.

남자의 테스토스테론은 평균적으로 여자에 비해 10배나 많다. 생리가 시작될 때 여자는 남자와 비슷한 양의 에스트로겐을 생산하지만, 배란기에는 남자에 비해 10배 더 많은 에스트로겐을 생산한다. 바로 이와 같은 불공평한 호르몬 분포로 인해 남녀의 체구, 생리학, 사고방식 그리고 태도에서 차이가 나타난다. 다시 말해, 흔히 남녀의 특정한 태도를 문화적 원인으로 설명하려 하지만, 결국은 호르몬과 성별의 관계에서 그 원인을 찾아볼 수 있다는 얘기다.

따라서 인간 신체의 많은 영역에서 생물학적 성별의 차이가 존재하며, 이런 차이는 다양한 연구와 수차례의 조사를 통해 증명되었다. 하지만 이와 같은 차이는 남성 중심의 사회에서 항상 여자들이 적극적으로 사회를 만들어가고자 하는 걸 방해하기 위한 목적으로 사용되곤 했다. 대부분의 여자가 노동 강도 높은 일을 할 수 있는 건장한 노동자가 되진 못하기 때문에, 많은 노동력을 요구하는 경제에서는 여자를 위한 자리가 없다. 이처럼 논리적이지만 부당한 진퇴양난의 상황으로 말미암아 오랫동안 해결책을 발견할 수 없었다. 그리하여 정의를 구현하고자 하는 운동들이 예나 지금이나 이러한 차이점을 수용하는 데 어려움을 겪고 있으며, 남녀의 차이를 대수롭지 않은 문제로 왜곡하려 한다. 이러한 남녀 차이를 순수하게 해부학적 요소로 설명하고, 그것이 여자의 특징 또는 남자의 특징에 영향을 준다는 사실조차 의문시했다. 하지만 차이를 이렇게 무시하더라도 남자와 여자가 일상에서 상당히 다르다는 점을 바꾸지는 못한다. 여기에는 그 기원을 이루는 하나의 이론이 있다. 다양성을 부인하지 않지만 불변의 생물학과는 다른 방식으로 설명하고자 하는 이론이다. (이런 생물학은 당시 통용되던 남성 위주의 해석에 따르면, 세계라는 개념의 대안으로 받아들이기 힘들었다.)

뉴질랜드 출신의 미국 심리학자 존 머니(John Money)는 이미 1950년대 중반부터 그와 같은 이론을 수립하기 위해 노력했다. 그는 우리가 '전형적으로 남성적/여성적'이라고 인지하는 것이 타고나는 게 아니라, 지속적으로 각인되는 양육을 통해 길러지는 것이라는 생각을 갖고 있었다. 그리하여 천성 대 양육이라는 논쟁에서 문화주의자답게 양육의 입장을 대변했다. 존 머니는 모든 아이가 태어날 때 성적으로 아무것도 기록되어 있지 않은 백지 같은 상태이며, 태어난 뒤부터 두 살 때까지 어른을 통해 자신의 성별과 이에 속하는 역할을 습득한다고 추측했다. 그 밖에도 그는 신체 밖으로 보이는 성기가 자신의 정체성에 영향을 줄 것이라고 믿었다.

간단하게 말하면, 소년은 수술을 통해 소녀가 될 수 있고, 그 이후에 소녀의 정체성을 갖게 될 수 있다고 믿었다. 대중은 그의 생각에 관심을 보였다. 그리하여 토크쇼와 인터뷰에 초대를 받아 자신의 이론을 소개했으나 그는 오랫동안 어떤 증거도 제시할 수 없었다.

1967년 이러한 상황이 바뀌는 사건이 일어났다. 라이머(Reimer) 부부가 존 머니를 방문한 것이다. 당시 이들 부부는 8개월 된 아들 브루스(Bruce)가 포경 수술을 담당한 의사들의 실수로 음경을 상실하게 되었다는 사실을 털어놓았다. 라이머 부부는 텔레비전을 통해 존 머니의 놀라운 이론을 접한 터였다. 그의 이론에 따르면, 생물학적인 남자를 여자로 양육할 수 있으며, 반대로 여자를 남자로 양육할 수도 있었다. 부부에게는 존 머니가 자식이 '정상적인' 삶을 살아갈 수 있게 해줄 마지막 희망으로 보였다. 당시만 하더라도 음경을 복원할 수 있는 완벽한 외과 기술이 없었기 때문이다. 존 머니에게도 이 사례는 아주 매혹적이었다. 라이머 부부의 아들 브루스는 일란성 쌍둥이고, 쌍둥이 동생 브라이언(Brian)은 정상적인 소년으로 성장할 수 있었기 때문이다. 쌍둥이인 두 아이를 직접 비교해보면 세상이 깜짝 놀랄 결과가 나올 수도 있었다.

두 살이 되기 전에 거세된 브루스는 여성의 인공적인 외음부와 요도를 갖게 되었다. 질(vagina)은 나이가 조금 더 들면 만들어주기로 했다. 부모는 브루스의 머리카락을 기르고 이름을 브렌다(Brenda)로 바꾸는 등 마치 딸처럼 대했다. 라이머 부부는 누구에게도 아들이 딸로 바뀌는 과정을 얘기해주지 않았다. 그래서 사람들은 브루스를 편견 없이 대할 수 있었다. 매년 한 번 아이는 존 머니에게 가서 검사를 받았다.

라이머의 사례는 존 머니의 주장을 유명하게 만들어주었다. 그는 여러 차례의 실험 과정에 관한 작업을 기록해 이것을 책으로 출간했다. 저서에서 그는 '브렌다'가 얼마나 행복하고 건강한 소녀인지를 강조했다. 존머니의 긍정적인 보고는 그의 이론을 모든 점에서 옳은 것처럼 소개했고, 그리하여 1970년대의 여성 운동은 열광적으로 그의 이론을 받아들였다. 젠더 이론 진영은 남녀 사이의 차이를 설명할 수 없던 끔직한 상황에서 존 머니의 이론이 해결책을 제공했다고 여겼다. 그들은 지체 없이 이이론을 인간에 의해 만들어진, 문화적인 우발적 성이라고 설명했다. 다만존 머니의 보고에는 문제점이 있었다. 학술회의와 인터뷰 그리고 잡지에발표한 그의 보고는 라이머 가족의 실재를 바탕으로 하지 않았을뿐더러사회적이고 성적인 혁명을 꾀하고자 했던 자신의 소망과 바람을 기반으로 한 것이었다.

브루스는 처음부터 소녀 역할을 받아들이는 데 문제를 겪었다. 그는그야말로 남자 같은 행동을 했다. 공격적이었으며 싸움하는 것도 좋아했다. 열한 살 생일 때부터 사춘기의 신체 발달을 막기 위해 호르몬을 투여했음에도 불구하고 변성기를 겪었다. 변성은 외적인 성별과 그의 존재 사이에 모순이 있음을 확연하게 드러냈다. 소녀 같지 않은 그의 존재는 교사와 급우들의 사랑을 받지 못하게 했고, 학교에서 조롱거리가 되는 일이 다반사로 벌어졌다. 그 밖에도 브루스는 성을 의식하기 시작하면서 자신이 오히려 소녀들에게 끌린다는 것을 느꼈다. 따라서 그는 레즈비언이되어야 했다. 이는 브루스에게 고통을 안겨주었다. 그는 매년 존 머니 박사에게 검사를 받았는데, 이때 존 머니는 무엇보다 포르노 같은 사료를브루스에게 보여주거나 쌍둥이 형제 브라이언과 함께 발가벗겨놓은 채성적인 자세를 취하게 하고는 사진을 찍었다. 이로 인해 너무나 두려움을 느낀 나머지 브루스는 마침내 존 머니의 병원에 방문하는 걸 거부했다. 그리하여 다른 여성 심리학자들이 이 과제를 이어받았다. 그들은 존 머니 박사에게 청소년의 심각하고 심리적이며 사회적인 문제들에 대해 보고했다. 하지만 존 머니는 그런 문제에 대해서는 눈을 감은 채 낙관적인 성공 사례만 계속해서 공개했다.

브루스는 어느덧 열네 살이 되었다. 그동안 두 번의 자살 시도를 한 그에게 한 여성 심리학자가 마침내 진실을 말해주었다. 자신이 원래 남자였다는 얘길 들은 브루스는 그 즉시 여자 역할을 내려놓았다. 그때부터 진정한 자신의 성에 따라 살며 이름도 데이비드(David)로 바꾸었다. 여러 차례의 수술과 호르몬(이번에는 남성 호르몬) 치료를 받았다. 그런 뒤 결혼을 하고, 아내의 아이들을 입양했다.

성 정체성의 영향력을 증명하고자 한 시도는 실패했다. 어린아이 때부터 여자 역할을 강요받고 테스토스테론을 생산할 수 있는 호르몬을 더 이상 갖고 있지 않음에도 브루스는 태어날 때부터 이성애적인 소년처럼 발달했다. 데이비드로 이름을 바꾼 그는 존 머니의 비윤리적인 시술을 알리기 위해 대중 앞에 나섰다. BBC는 그에 관한 다큐멘터리를 찍었고, 언론인 존 콜라핀토(John Colapinto: 캐나다 출신의 기자이자 저술가—옮긴이)는 그와 함께 책을 한 권 집필했다. 오프라 윈프리는 그를 어머니와 함께 토크쇼에 초대했다.

존 머니는 처음에 성별을 재지정하는 데 실패한 까닭을 성기 절단 후의 트라우마 효과, 쌍둥이 동생 브라이언의 영향, 그리고 부모의 불확실한 태도 때문이라며 책임을 떠넘기려 했다. 훗날 존 머니는 이 사례에 대해 더 이상 언급하지 않았다. 자신의 실험이 실패했다는 걸 인정하지 않으려 한 그의 행동으로 말미암아 데이비드 이후에도 수많은 다른 아이들, 즉 반음양(半陰陽: 남녀의 생식기를 다 갖추고 있는 것—옮긴이)의 아이들, 의사의 실수로 인해 희생된 아이들이 존 머니의 성별 재지정과 끔찍한 면담을 겪어야 했다. 당시 존 머니의 환자였던 많은 사람이 훗날 그의 치료법을 신랄하게 비판하며, 자신들을 비윤리적이고 실패한 실험의 희생자로 여겼다. 그럼에도 불구하고 대담하고 탁월한 연구자로서 존 머니의 명성은 무너지지 않았다. 살아 있는 동안 존 머니는 명예 칭호를 65회나 받고 학문적인 업적에 대한 상도 무수히 받았다.

한편, 데이비드 라이머는 2004년 5월 4일, 38세의 나이에 자살했다.

이제 우리는 하나의 이론을 평가할 때 비극적인 부수적 현상에 영향을 받아서는 안 된다. 또한 그 이론을 창안한 사람이 인정사정도 없는 쓰레기 같은 인간이어서 금기시되는 역할을 도맡아하고 아이들을 대상으로 지극히 비윤리적인 실험을 함으로써 세간을 놀라게 했다는 사실로 인해 영향을 받아서도 안 된다.

하지만 내용상으로 봤을 때, 이 이론은 계속 이어갈 수 없다. 수많은 비판적 연구가 존 머니 이론의 내용상 오류와 방법상 오류를 지속적으로 지적해왔다. 존 머니의 작업은 과학적 연구를 할 때 가장 기초적인 조건도 충족하지 못했다. 장기적 관찰을 상당히 소홀히 했고, 관찰했다고 하더라도 시간상 간격이 너무 길었으며, 흔히 부모와 간병인의 답변을 바탕으로 할 때도 많았고, 사춘기가 되기 전에 연구를 중단하기도 했다.

그의 이론이 지닌 가장 큰 약점은 바로 성선환의 존재다. 분명하게 해부학적 성별을 가지고 있으며 그에 따라 양육되었지만, 다른 성별에 속해 있다고 느끼는 사람은 존 머니의 '백지(白紙)' 이론에 의하면 존재해서는 안 된다. 사람이 늘 자신의 육체적인 모습에 따라 다루어지고 양육된다면, 도대체 자신이 다른 성에 속한다는 확신은 어디에서 나온다는 말인가? 젠더 개념을 끝까지 시종일관 생각해보면, 사람들은 규범에서 벗어난 모든 성 정체성을 유아기 시절에 이루어진 교육의 실수가 빚은 결과라고 설명할 수도 있다. 이렇게 되면 결국 보수 진영에서 내세우는 논쟁에 안착하고 만다. 동성애자 부모와 그 밖에 '정상적인' 부부가 아닌 사람들에게 입양의 권리를 주지 말아야 한다고 강력하게 주장하고, 입양할 경우 아이한테 나쁜 영향을 준다고 주장하는 보수 진영 말이다.

존 머니에겐 몇 가지 아이디어가 있었으며, 이런 아이디어가 지닌 혁명적인 폭넓은 시각에 대해 나는 결코 논박을 벌이고 싶지 않다. 어린 시절 가족의 일원으로부터 폭력을 당한 사람은 성인이 되어서 자신도 흔히 폭력적이 된다는 사실을 발견했을 때, 존 머니는 교육이라는 주제를 장기간의 결과로 확장했다. 존 머니의 연구를 통해 대중은 한 사람의 인격이란 세상에 태어날 때 지닌 유전적 잠재력에 의해서만 좌우되는 게 아니라, 주변 환경의 기대 그리고 지원과 요구에 달려 있다는 것을 의식하기에 이르렀다. 이때만 하더라도 생물학적 확신, 그러니까 사회의 하류층에 속하는 사람들은 유전적으로 '열등한' 존재라는 확신이 여전히 퍼져 있었다. 나는 한 아이에게 가능한 한 모든 것을 가르쳐주고 설득함으로써 다양한 방향으로 아이의 자아 개념에 장기적 영향을 줄 수 있다는 사실을 결코 의심하지 않는다. 존 머니가 개인에게 미치는 사회의 영향에 대한 자신의 이론을 조금 더 일반화했더라면, 나는 그의 이론을 열렬히 옹호했을지도 모른다. 존 머니의 주장과 달리 타고난 비사회적인 요소들이 성별의 정체성에 지대한 영향을 준다는 증거는 너무나 많다.

여성 운동가 가운데 일부는 중립적 위치에 있는 아이에게 사회가 성별 정체성을 강요한다는 존 머니의 개념을 오늘날까지도 유효하다고 간주한다. 그런데 퀴어 페미니즘 운동은 역설적으로 성적 소수자에게—그야말로 정당하게도—타고난 요소가 있다고 인정한다. 이와 반대로 차별당하지 않고 표준에 속하는 대다수 이성애적 남녀들에게 타고난 유형이 있는지에 대한 논쟁이 벌어지고 있다.

하지만 이처럼 절대적으로 하나의 특징이 있는 것처럼 요구하지는 말자. 사실 인간이란 **오로지** 유전자라든가, 아니면 다른 사람과의 상호 관계만으로 이루어진 게 아니다. 그것보다 훨씬 더 복잡하다. '생물학적' 성별과 '사회적' 성별을 구분하는 일은 어렵고, '성'과 '젠더'를 올바르게 수립하는 일도 어렵다. 결국 성별만이 있다. 염색체와 호르몬 그리고 사회적 영향 모두가 현재의 우리 모습과 같은 성적인 존재를 만든다. 대부분 사람들에게 염색체와 호르몬 수치는 동일한 성별에 상응하며, 분명하게 여자이거나 남자인 사람들은 대체로 소속된 성별처럼 느끼고, 행동하고, 그렇게 보이고, 그렇게 교육받을 것이다. 그리하여 이들은 '전형적인' 남자와 여자가 된다. 성별에 따른 신체적 요소에 대한 정보가 정확하게 일치하지 않는 곳에서는, 남성과 여성이라는 이중적 기준에 들어맞지 않는 사람이 있을 수 있다. 두 경우 사회적 영향력은 태어날 때 얻은 성별을 강화할 수도, 약화시킬 수도 있다.

따라서 두 종류로 표시하는 것은 나에게 성별의 범위를 모두 묘사하기에 충분하지 않은 것처럼 보인다. 내다수 사립(쫑 모양의 곡신에서 볼록한 부분)은 이렇게 두 종류로 표시해도 정확하게 들어맞지만, 소수는 그렇지 않다. 나는 퀴어들과의 연대감을 위해서뿐 아니라 과학적 욕구 때문이라도 세 번째 성을 도입하는 것이야말로 자연적 현상을 가능한 한 정확하게 서술하려는 노력이라고 본다. 이러한 성은 비록 '다양한' 또는 '이분법적이지 않은' 사람들이라는 묘사에도 불구하고, 무엇보다 '전형적인' 남자와 '전형적인' 여자가 아닌 사람들을 지칭해야 할 것이다.

우리는 정착 생활을 시작할 때 성전환을 한 사람과 반음양인 사람에 대해 모르고 있었기에, 나는 이 책에서 전통적으로 사용해온 개념, 그러니까 '남자'와 '여자'를 대상으로 할 것이다. 하지만 세 번째 성이 빠진 것은 규범적 입장에서 삭제한 게 아니라, 다만 빈칸을 표현한 것일 뿐이다. 따라서 만일 다수의 개인이 이성애적 질서에 속할 수 있다면(이 책에서 나는 주로 이러한 유형만을 다룰 것인데), 이것이 다수에 속하지 않는 소수를 무시한다는 의미는 결코 아니다. 또는 그들이 존재할 권리가 없다는 뜻도 아니다. 혹은 그런 소수는 '미쳤다'거나 '병이 들었다'는 의미도 아니다. 이와 같은 맥락에서 '자연적' 또는 '비자연적' 같은 단어를 사용하곤 했는데, 그럴 때면 내 목덜미의 털이 곤두서는 느낌이 들었다. **모든 것**은 자연적이며, 염색체와 호르몬 그리고 환경의 혼합이 사람을 만들어낸다. 혼합되는 것들 사이에서 유일한 차이가 있다고 한다면, 모든 게 동일하게 자주 등장하지는 않는다는 점이다. 따라서 드물게 나타나는 혼합을 부르는 명칭조차 거부하는 태도는 근거가 없다고 할 수 있다.

남자와 남자의 세계
성과, 질병, 죽음

발가벗은 사람을 한번 상상해보기 바란다. 이런 사람을 내면의 눈으로 보고 있는가? 그의 팔과 다리, 피부와 머리카락은? 조금 더 상세하게 이 사람을 관찰해보라. 얼굴과 신체 그리고 머리에서부터 발끝까지. 상상 속 이 인물을 한 바퀴 돌려보라. 이 사람이 보이는가? 이제 이 사람한테 가슴이 달려 있는지 살펴본다. 없는가? 아뿔싸!

응급조치를 배울 때 환자를 대신하는 모형과 토르소에도 가슴이 없다. 진화를 설명하는 유명한 모형으로, 왼쪽에는 원숭이가 있고 오른쪽에 사람의 모습이 있는 사진 또는 레오나르도 다빈치가 완성한 '비트루비우스적 인체 비례도'도 생각해보라. '사람'을 가리키는 이 모든 모형은 어느 정도 남자처럼 보인다. 가슴도 없고, 그 대신 근육질의 팔과 넓은 어깨가 있다. 동일한 패턴이 언어에서도 나타난다. 라틴어로 호모(homo)도 〔호모 사피엔스(*Home sapiens*)처럼〕 인간뿐 아니라 남자를 의미한다. 히브리어의 아담도 거의 비슷하다. (Adam은 히브리어로 '사람'을 뜻하는 일반 명사다―옮긴이.) 심지어 영어는 이보다 더 나아가 인류를 남성(mankind)으로 지칭하는 데 그치지 않고, 여성을 남자의 특수 형태(고대 영어에서는 woman을 wifman으로 썼다)로 봤다. 〔wifman은 아내(wif)와 남자(man)의 합성어다―옮긴이.〕 지난 수년 동안 이른바 남자라는 종에 대해 꾸준한 논쟁이 있어왔다. 즉, 남녀 모두를 염두에 두고 언어적으로 표현할 때 남성이라는 단어를 사용했다. 여기에서 남성 형태는 보편적으로 해석되고 여자도 '같이 포함되어 있다'고 느끼길 기대했다. 실제로 남성성은 남성적이 아니라 오히려 중성적이기 때문이다. 사람은 남자이고, 여자는 여자다. 남자는 보편적으로 간주하는 기준이고, 여자는 이로부터 벗어난 특수한 경우다. 왜 이런 것일까?

우리는 대략 1만 년 전 인류가 정착 생활을 시작할 때부터 남성의 욕구, 능력, 가치, 우선순위와 특징에 따라 고안된 문명 속에서 살았다. 남자의 육체는 문명 전체의 청사진이었고, 그 결과 오로지 남자에게만 맞추어진 세계가 등장했다. 이런 세상은 남성 위주였고, 말 그대로 남자를 중심으로 돌아갔다.

남자와 여자의 평균 신체를 예로 들어 살펴보자. 남자의 신체 크기에 맞춰져 있는 세상은 많은 여자로 하여금 거기에 진입하지 못하게끔 만든다. 정상적으로 큰 남자와 특별히 신장이 큰 여자에게서는 통계상으로 남녀 신체의 차이를 찾기 어렵다. 반대로 남자의 표준 신장에서 벗어난 사람은 어려움을 겪게 된다.

남자의 평균 신장인 180센티미터를 기준으로 건널목 차단기를 설치하면, 대부분의 여자는 손해를 본다. 그 반대도 있다. 만일 문의 높이를 오로지 여자의 평균 신장인 165센티미터에 맞춰 만든다면, 남자는 매우 불편할 것이다. 신장이 큰 남자는 낮은 문으로 들어가기 힘들 테니까.

남자가 문이 너무 낮다고 불평하는 걸 무시하고, 나아가 남자가 문을 통과할 때마다 겪는 어려움을 그들 자신의 책임일 뿐이라고 치부한다고 상상해보자. 그러고는 남자는 무능하고 부적합하다고 설명하는 것이다. 남자는 더 많이 노력해야 하며, 어차피 남자가 이 영역에 출입할 거라고 예상하지 않았다는 식으로 말이다. 이런 설명이 헛소리처럼 들리지 않는가? 그런데 수천 년 전부터 여자를 상대로 그렇게 설명해왔다. 다른 성은 행동하는 데 제한을 받는 그런 문명을 또 다른 하나의 성이 만들었다. 그리고 자연적인 열등함으로 인해 여성이 그런 제한을 받는 것인 양 행동한다. 공정을 위해 싸우는 이들뿐만 아니라 모든 사람은 이와 같은 설명을 거부해야 마땅하다. 이는 술에 취한 채 들어도 터무니없이 비논리적이기 때문이다.

문과 건널목 차단기는 다만 거의 모든 삶의 측면이 남자의 특징에 맞춰져 있다는 사실을 보여주는 사례에 불과하다. 일하는 공간, 도구, 장치, 보호복과 의료 역시 모두 남자의 신장과 힘 그리고 생리학에 맞춰져 있다. 냉방기를 설치한 건물의 온도도 남자의 신진대사에 맞춰져 있고, 그래서 대부분의 여자에게는 너무 춥다. 방독면과 보호용 안경도 남자의 얼굴 크기에 맞추어 제작되었고, 그래서 여자에게는 제대로 맞지 않으며 효과적으로 보호해주지도 못한다. 경찰과 군대에서 사용하는 방탄조끼와 탄띠 같은 장비도 여자의 몸에는 너무 헐렁해서 심하면 부상을 입을 수 있다. 자동차는 신장 177센티미터에 76킬로그램이라는 '정상적인 사람'의 신체에 맞게 제작되었고, 이는 남자의 평균 신체에 해당한다. 이로 인해 여자는 사고를 당하면 남자에 비해 심각한 부상을 입을 확률이 47퍼센트, 사망할 확률은 17퍼센트 더 높다.

의학 이론 역시 남자의 신체에 맞춰 질병과 건강 문제를 다룬다. 이는 여자에게 죽음을 의미할 수 있다. 목숨을 위협하는 심근경색 증상도 성별에 따라 너무나 다를 수 있지만, 대부분의 사람에게는 남자의 증상만 잘 알려져 있을 뿐이다. 그래서 여자의 심근경색은 전혀 알아차리지 못하거나 너무 늦게 알아차리는 경우도 발생한다. 이로 인해 여자가 남자보다 심근경색으로 사망하는 일이 더 많다. 약품 역시 나중에 가서야 여자에게서는 다른 효과가 나온다는 사실이 확인되곤 한다. 하지만 실험은 흔히 수컷 동물이나 남자만을 대상으로 이뤄진다.

남자의 과민 정서와 여자의 과민 정서를 다르게 평가하는 것 역시 불공평하다. 여자가 '중립적인' 남자와 비교할 때 매우 감정적이라는 사실은 널리 퍼져 있는 의견이다. 하지만 남자는 중립적이 아니며, 문명화한 '남성성'은 다만 중립적이라는 일그러진 감정을 만들어낼 따름이다. 호랑이가 만든, 그래서 모든 것이 검정색과 노란색으로만 이루어진 세상이 있다고 상상해보라. 호랑이는 자신이 만든 문명을 배경으로 삼고 있으므로 지극히 중립적으로 보이지만, 다른 무늬를 가진 모든 동물은 눈에 띄고 우리한테 적합하지 않게—비(非)중립적으로—비친다. 보편화한 검정색-노란색의 조합을 대체할 가능성이 없고, 따라서 이런 조합이 결코 중립적이지 않으며 녹색 점이 찍힌 분홍색처럼 특이하다는 사실도 알아차리지 못하게 된다.

남자의 과민한 정서는 문명에 완벽하게 소속될 수 있으므로 우리는 남자의 정서를 거의 알아차리지 못한다. 하지만 남자도 다른 모든 사람과 마찬가지로 자신의 감정에 영향을 받는다. 공격성, 위기에 대한 준비, 권력에 대한 갈망은 남자가 결정을 내리고, 협상을 하고, 목표를 추구하는 방식에 큰 영향을 미친다. 그와 같은 특징은 남자가 거두는 성공과 복지에 도움을 주는 경우가 드물지 않다. 그 때문에 우리는 이와 같은 특징을 기꺼이 결단력, 관철 능력, 명예라고 부른다. 그런데 여자의 과민한 정서에 대한 얘기가 나오면, 반대로 한계를 극복하고 민감성과 유연한 요소를 동원했다는 생각을 하지 않고, 울부짖으며 발버둥을 치는 행동, 변덕 그리고 객관성의 부족이라고 치부한다.

직원 모두를 싸잡아 매번 욕을 퍼붓는 남자 사장은 감정적인 게 아니라 '직원들에게 분기별 수치가 얼마나 중요한지 다시 한번 일깨워주었을 뿐'이다. 협상할 때 공격적 수단을 동원해 가능한 한 자신에게 이득이 되게끔 하는 남자 사장은 '사업적 감각'을 가진 사람이다. 패싸움에 말려든 남자는 '모든 것을 걸지 않는' 사람이다. 반대로 일하는 시간에 동료와 사적인 대화를 나누는 여자는 좋은 작업 환경을 만들지 않고 '간이 휴게실에서 수다를 떠는' 사람이다. 수치를 근거로 결정 내리지 않고 '그것보다 더 유연한 요소'를 고려하는 여자 기업가는 직감력이 뛰어난 게 아니라 '비이성적'이라고 간주한다.

2011년 5월의 사진 한 장을 기억하는가? 당시 오바마 대통령 밑에서 일했던 부통령 조 바이든과 외무부 장관 힐러리 클린턴이 이른바 '상황실'에서 미군이 오사마 빈 라덴을 추격해 그를 죽음에 이르게 한 광경을 보는 사진이다. 참석한 모든 남자가 무표정한 얼굴로 사건을 주시한 반면, 클린턴은 입에 손을 깊다 대고 있다. 그런데 세간에서는 이와 같은 행동을 공감 능력 있는 사람의 지극히 정상적인 반응으로 보지 않고 과도한 감정을 노출한 것으로 여겼다. 클린턴이 외무부 장관이라는 직책에 맞지 않게 나약함을 표출했다고 본 것이다.

인간들 가운데 하나의 종이 자신의 문제를 해결하기 위해 만든 게 바로 우리의 문명이다. 단 하나의 종. 그들의 문제. 우리의 문명은 남성적이다. 그렇다고 해서 자동적으로 나쁜 문명인 것은 아니지만, 한쪽으로 치우치게 된 경향을 우리 모두가 의식해야 한다. 기존의 오류를 해소하고 모든 사람에게 기회를 제공하는 문명으로 나아가려면, 우리가 지금껏 끼고 있던 남자들의 안경은 방해만 될 뿐이다. 이런 안경 때문에 우리는 검정색-노란색 구조로 이뤄져 있는 수많은 것을 더 이상 볼 수 없었다. 다시금 명확하게 보기 위해 이 안경을 벗어던지자.

남성중심주의란 모든 남자가 자동적으로 시스템의 승자가 된다는 의미는 아니다. 남성 중심의 시스템은 평균적인 남자의 특징을 평균적인 여자의 특징보다 더 많이 보상해주는 편이라 경쟁할 때 남자가 여자에 비해 더 많은 장점을 갖는다는 의미다. 우리 사회에서 경쟁이란 대부분 위계질서를 두고 벌어지는 투쟁이며, 위계질서가 있는 구조는 거의 모든 수컷에게서처럼 남자에게 자연스러운 삶의 방식이다. 만일 다른 삶의 방식이 위계질서에서 꼴찌일 때, 그 다른 삶의 방식이 남자에게 아무런 의미도 없게끔 위계질서를 만들어놓는 것이 남자에게는 당연한 것처럼 보인다. 따라서 가파른 경사의 위계질서가 남성 문명이 지닌 가장 안정적인 특징 가운데 하나인 것도 놀랄 일은 아니다.

우리의 문명에서는 대체로 백인 남자로 이루어진 소수의 선두 그룹이 권력과 부를 쥐고 있다. 그들은 정치와 경제 그리고 종교도 휘두르고 있다. 어떤 분야에서든 아주 많은 가능성을 쥔 소수가 자리 잡고 있으며, 반대로 그 밑에 있는 그룹들은 작은 것으로 만족해야 한다. 사람들은 이런 위계질서를 다양한 상태로 에둘러서 설명한다. 다수가 발전하기 위해 특정한 조력 업무는 다른 사람에게 위임해야 한다는 식이다. 그러나 이와 같은 위계질서는 달리 설명할 수도 있다. 요컨대 소수 남자들의 편의를 위해 권력을 불공평하게 분배한 것이다.

소수의 권력은 흔히 다수에게 부담을 주며, 남자의 위계질서에서 착취는 흔히 볼 수 있는 일이다. 권력만 불공평하게 분배된 게 아니다. 재산 역시 불공평하게 분배되어 있는 데, 이는 놀랄 일도 아니다. 대체로 권력을 가진 사람은 대다수의 회사원, 노동자, 임시 직원에 비해 훨씬 많은 재산을 소유하고 있다. 이와 관련해 각기 다른 자격증을 가지고 높은 직위에 있으면 더 많은 책임을 떠맡아야 한다는 걸 지적할 사람도 있겠지만, 그렇다고 해서 재산을 불평등하게 분배해야 할 이유를 설명할 수는 없다.

독일의 한스-뵈클러(Hans-Böckler) 재단에서는 정기적으로 이른바 공동 보고서를 발표하는데, 독일 주식 시장에 상장되어 있는 기업의 이사진과 직원들 사이의 소득 차이가 그것이다. 이 보고서에 따르면, 2017년 독일 주식 시장에 상장된 중간 규모 기업의 이사는 직원들보다 평균 소득이 68배나 더 많았다. 총 31개 기업 가운데 네 곳은 이사들에게 100배나 많은 보수를 지급했고(대표적인 회사는 독일 우체국으로 159배였다), 오직 두 곳만 월급 차이가 30배 이하였다. 이사들에게 가장 소박한 보수를 지급하는 곳은 놀랍게도 코메르츠방크(Commerzbank)였다.

수백 년 전부터 가톨릭교회의 고위 성직자들은 사치가 심했다. 화려한 건물, 금박으로 장식한 가구, 벨벳과 비단으로 만든 예복은 소박한 목수의 아들 이야기를 들려주는 종교를 기반으로 하는 종교인들에게는 적합하지 않다. 헤센(Hessen)주 림부르크(Limburg)의 전 주교는 자신이 거주하는 건물을 지나치리만큼 사치스럽게 꾸미는 바람에 건설비가 기하급수적으로 늘어나자 그 책임을 지고 결국 2014년 퇴임해야 했다. 정치학자 카르스텐 프레르크(Carsten Frerk)는 2020년 말 독일 가톨릭교회가 부동산을 포함해 대략 2700억 유로에 달하는 재산을 갖고 있다고 발표했다. 또한 가톨릭교회는 독일에서 가장 많은 8000제곱킬로미터의 토지를 소유하고 있기도 하다.

남성 문명은 오로지 소수의 남자에게만 권력과 복지를 가져다준다. 하지만 대부분의 남자는 위계질서에서 낮은 위치에 있는 까닭에 이득을 취할 수 없더라도 그로 인해 위계질서를 거부하지는 않는다. 이는 대부분의 남자가 성공한 최상위의 남자와 자신을 동일시할 수 있기 때문이다. 그들은 지도자와 자신을 동일시하며, 그래서 도널드 트럼프나 브라질 대통령 자이르 보우소나루 같은 정치인들이 많은 남자로부터 지지를 얻는다.

재산의 불평등한 분배도 비슷한 형태로 생각하면 된다. 미국의 노동 상황을 집요하게 파헤친 작가 존 스타인벡은 1966년 다음과 같이 썼다. "착취당하는 노동자는 자신을 착취당하는 노동자로 보지 않고, 일시적으로 곤경에 처한 자본가로 본다." 이런 논리에 따르면 부당한 시스템으로 인해 고통받는 자들은 시스템을 제거하는 데 관심을 갖는 게 아니고, 오히려 **자신도** 그런 시스템으로부터 이득을 챙기려 한다. 노예로 전락한 노동자는 이처럼 경직된 위계질서 체계를 바꾸려 하지 않고 언젠가는 승자가 되고자 한다.

남자가 머릿속으로 자신이 언젠가 사회 계층 가운데 아주 상류층에 속해 있는 모습 또는 대단한 사람으로 여겨질 만큼 부유해진 모습을 상상하는 것은 짐 나르는 짐승의 주둥이 앞에 당근을 달아놓은 것과 같다. 당연히 다음 주에 자신이 총리가 되거나, 지금 일하고 있는 회사를 사들일 거라고 믿는 남자는 아무도 없다. 이보다 훨씬 작은 규모로, 조금씩 앞으로 나아갈 것이라고 생각한다. 만일 어떤 회사에서 직원으로 일하는 남자라면 회사 차를 받거나, 월급이 오르거나, 승진을 하면 자신이 제대로 가고 있다고 착각할 것이다. 만일 자영업자라면 매상을 더 올리기 위해 일할 테고, 직원을 더 뽑거나 기계를 더 들여놓으려 할 것이다. 노동 세계는 사소하거나 약간 큰 성공이라는 당근을 주면서 남자가 무한하게 높은 성과를 낼 수 있도록 몰아간다. 그 밖에 남자는 가정을 꾸리면 이 작은 왕국에서 우두머리이자 지배자가 될 수 있다. 가정은 직장이라는 위계질서 속에서 그다지 화려한 위치에 있지 못하는 걸 보상해줄 가능성을 제공한다.

'전형적인' 남자는 집요하게 견디는 사람이지만, 또한 모든 기회를 이용하기도 한다. 무엇보다 재산과 권력을 쌓는 문제와 관련해 그가 취하는 행동이 배려와 동정심 또는 그 밖의 다른 윤리적 가치에 의해 결정되는 경우는 드물다. 앞으로 다룰 2부 1장 '자연적 차이'에서 나는 왜 그러한지를 보여줄 것이다. 이것은 노동 세계를 인정사정없는 무대로 만들어버린다. 경쟁자들이 자신에게 유리할 경우 모든 것을 이용하므로 노동 세계는 어떠한 단점, 어떠한 실수도 용서받지 못하는 시스템이다. 남자는 이런 점을 잘 알고 있고 또한 실천한다. 그래서 항상 정신을 바짝 차리고 각성한 상태에서 일한다. 잠깐 동안 부주의하고 너무 빨리 믿어버리기만 해도 그는 위계질서라는 사다리에서 밑으로 떨어진다. 그래서 남자는 아파도 이를 악물고 고통을 참는다. 아무도 신뢰하지 않고, 자신을 괴롭히는 것이 있더라도 결코 이야기하지 않는다. 심지어 아내에게조차 말하지 않는다. 의문의 여지없이 그렇게 살고 있다며 자부심을 느끼는 남자가 있는 반면, 주택 담보로 구입한 집에 대한 이자를 잘 내기 위해 바퀴를 돌리는 햄스터같이 살아가는 남자도 있다. 이런 남자는 자신의 삶이 아름다움과는 전혀 비슷하지 않다는 사실에 동의할 것이다. 혹은 행복과도 무관하다고 여길 것이다. 하지만 이용당하고 있다는 두려움을 느끼지 않는 환경에서는 가끔 긴장을 풀 수 있다. 스포츠를 하거나, 자동차 안에 있거나, 자연 속에서 트레킹을 하거나, 사랑하는 사람과 함께 있거나, 매춘하는 여자와 함께하며 남자가 만든 문명이라는 코르셋이 자신을 조인다고 느끼지 않을 때 긴장을 해소한다.

이는 숨을 쉬지 않고 살아가는 삶처럼 들리는데, 그럴 때가 자주 있다. 남자가 수년 또는 수십 년에 걸쳐 참아내고, 그럼에도 불구하고 현재의 시스템은 좋으며 그걸 대체할 대안은 없다고 믿는 이유는 헛된 희망 때문이다. 다음번에 월급이 오를지도 모른다는 희망, 여자·고용주·자동차·주거지를 포함한 이 모든 게 앞으로 더 나아질지도 모른다는 희망 때문이다. 그리고 사회는 그와 같은 희망을 품은 남자에게 힘을 실어준다. 비록 대부분의 남자에게 그런 희망이 실현되지 않는 거짓으로 끝날지라도 말이다. 그렇게 남자는 매년 버틴다. 완전히 지쳐 슬프고 불안할지라도, 자신을 존중할 마음이 느껴지지 않더라도, 프로젝트로 인한 스트레스 때문에 사지가 고장 나고 심장이 아플지라도 버틴다.

보통 남자는 노동하는 기계처럼 살아가다 지치고 환상에서 깨어나면 정신적으로나 육체적으로 막다른 골목에 이른다. 퇴직할 나이가 되면, 사람들을 이기는 게 부질없고 최고의 자리라는 것도 별것 아니라는 사실을 깨닫고 허무함을 느낄 수 있다. 또한 자신보다 더 젊고, 더 에너지 넘치며, 더 건강한 동료들로 인해 위기의식을 가질 수도 있다. 사회적 환경, 단골 식당, 스포츠, 젊은이들과 술 마시기, 노동과 스포츠 그리고 여자에 대한 대화 따위가 빈껍데기로 드러나고, 동료들 중에서도 자신이 진정으로 느끼는 걸 얘기할 사람이 없다. 이런 현상은 새로운 스포츠카를 구매하면 훨씬 기분이 나아지는 중년의 위기보다 더 심각하다. 이는 충족되지 않는 희망을 품고 살다가 억압된 느낌이 증폭하면서 서서히 망가지는 삶의 모습이다. 남자에게 한꺼번에 너무나 많은 현실이 덮치는 것이다. 그래서 남자는 극단적인 경우 중독된 삶을 살거나 심지어 죽음을 통해 회피하기도 한다.

로베르트-코흐 연구소와 독일 연방통계청의 연간 건강 보고서에 따르면, 남자는 30세가 넘으면 알코올 소비량이 상당히 늘어난다고 한다. 자신의 꿈을 좇아서 오랜 기간 뼈 빠지게 일하면 일할수록, 남자는 자신의 현실을 방어하기 위해 더 많은 술을 마셔야 한다. 여자의 경우는 특히 한층 높은 계층에 속하는 부류가 술을 많이 마시는 반면, 남자의 경우는 사회적 지위와 아무런 상관이 없었다. 술은 버텨내기 위해 필요한 수단이라고 모든 계층에 속하는 남자가 하나같이 말했다. 알코올로 인해 사망하는 사람의 4분의 3가량이 남자다.

자살을 살펴보면 비슷한 분포가 나온다. 통계청에 따르면 독일에서는 매년 자살로 사망하는 사람이 대략 1만 명인데, 이들 가운데 남자의 비율은 70~75퍼센트나. 이렇게 높은 비율을 자지하는 원인은 죽는 빙법이 '일관성 있기' 때문이라고 통계청은 설명한다. 그런데 그 방법을 자세히 들여다보면, 이런 주장이 터무니없다는 것을 알 수 있다. 실제로 아주 많은 남자가 여자에 비해 권총이라는 무기를 선택하지만, 이런 경우 전체 수치가 매우 낮아서 남녀 차이라는 걸 설명할 정도는 아니다. 남자한테 감정적인 문제를 해결할 도구가 없다는 건 맞는 말이다. 남자 중 겨우 8퍼센트만이 정신과 치료나 심리 치료를 받는다. 그들은 더 이상 견딜 수 없을 때까지 고통을 참는다.

여자 역시 중년이 되면 남자처럼 무력감을 느낀다. 하지만 남자와 달리 위기를 극복하는 데 도움을 줄 가까운 사람들이 존재한다. 여자는 다른 사람을 신뢰하고 확실히 전문가의 도움을 자주 구한다. 간략하게 말해, 여자는 곤경에 빠지면 주변에 있는 사회적·의료적 연결망을 이용한다.

많은 남자가 자신이 약해지거나 병들었다는 사실을 가능한 한 오랫동안 주위에서 알아차리지 못하게 온갖 궁리를 한다. 남들이 자신의 나약함이나 질병 냄새를 맡지 못하게 방해하는 것이다. 그들은 약을 복용하는 일도 드물고, 의사를 방문하는 일도 드물고, 암을 미리 예방하는 데도 신경을 별로 쓰지 않는다. 남자가 실제로 여자보다 더 건강해서 그렇게 행동하는 게 아니라는 것은 병원에 입원한 환자들의 수를 발표한 통계청 결과에서도 알 수 있다. 이 통계에 따르면 남자는 여자만큼 심각한 병에 걸릴 때가 많지만, 그럼에도 그런 점을 받아들이려 하지 않는다.

그 밖에도 많은 남자가 자신의 몸 상태를 잘 파악하지 못한다. 이미 어릴 적부터 "인디언은 고통을 몰라〔영어에서는 "고통이란 몸을 떠나가는 나약함이다(Pain is weakness leaving the body)"라고 번역한다―옮긴이〕"라는 멍청한 속담을 듣고 자란 사람이라면, 고통을 자신의 감각에서 서서히 몰아내는 법을 배웠을지도 모른다. 남자로 하여금 신체적 손상을 잘 파악하지 못하게끔 하는 테스토스테론도 여기서 모종의 역할을 한다. 그래서 남자는 간이 안 좋다는 것도, 화장실에서 혈변을 본 것도, 만성 기침이 종종 하는 기침이 아니라는 것도 알아차리지 못한다. 건강상의 문제로 사망한 지인의 장례식에서 고인과 친하게 지낸 친구 한 사람이 나에게 이런 말을 했다. "거 참, 이 친구는 싱글이었어요. 건강 상태를 정성껏 살펴줄 누군가가 없었던 거죠." 실제로 부부 중 아내가 남편의 건강 상태를 보살피는 경우가 많다. 기침을 알아차리고, 남편한테 병원에 가보라고 다그치는 사람도 바로 아내다. 남자의 건강을 집중적으로 다루는 '독일 남성 및 건강 재단'도 그렇게 보고한다. 남자는 자신의 몸이 보내는 신호를 자주 무시하고, 병원에 가야 할 시기를 항상 미룬다고 한다. 그 이유로 대부분의 남자는 병원에 가면 '장시간 대기'해야 하기 때문이라고 답했다. 병원에 간다는 것은 직장에서 장시간 벗어나 있어야 한다는 의미일 수도 있다. 여기서 비록 남자의 특징에 따라 만들어졌으나 지속적으로 높은 성과만을 요구하는 가혹한 노동 세계가 등장한다. 이와 같은 요구로 (독일) 남자는 온갖 방식으로 자신의 상태를 부정하고, 중독되고, 몸과 마음을 소홀히 함으로써 여자와 비교할 때 수명이 5년은 더 짧다. 사회적 지위는 남자에게 더 장점이 많겠지만, 이런 장점을 오래 유지하지 못하는 것이다.

'전형적인' 남자 성격과 행동 방식 가운데 많은 것은 오늘날 해로운 남성성(toxic masculinity)이라는 개념으로 요약할 수 있다. 이 말은 남자가 해롭다는 뜻이 아니다. 가혹한 우리의 문명이 남자에게 요구하고 두둔하는 남성상이 해롭다는 의미다. 이 개념은 다른 사람을 엄격하게 대하는 태도를 표시하지만, 자신에게도 마찬가지로 엄격하다는 뜻이다. 반드시 관철하고자 하는 의지. 자신이 우월하고 강하다는 걸 지속적인 증거로 보여주고자 하는 행동. 감정 표출을 주저하는 자세. 문제를 폭력으로 해결하고자 하는 마음가짐. 여기에 테스토스테론이 풍부하게 생산되는 젊은 남자의 경우에는 강력한 성적 능력도 더해진다. 젊은 남자는 여자와 소녀들에게 성적 과시를 하거나, 몸짓과 행동을 통해 그들을 침해한다. 해로운 남성성은 남자에게 해를 입히는 환경을 좀더 강화하는 경향이 있다. 재산을 바탕으로 한 성과 시스템에 의해 상처를 입는 남자는 의문의 여지없이 동정심과 도움을 받을 자격이 있다. 그럼에도 불구하고 사람들은, 남자의 성격에 잘 부합하며 그의 삶, 노동 방식, 행동을 통해 매일 강화되고 있는 바로 그 시스템 안에서 남자가 고통받고 있다는 사실을 망각해서는 안 된다. 이러한 문명 속에서 남자가 부딪히는 모든 것을 스스로 자기 자신에게도 가하고 있는 것이다.

그러므로 남자가 구축한 문명 구조에 대한 나의 비판은 복수하는 행동이 결코 아니다. "지금의 이런 문명에서 여자도 차례가 되었기 때문이다." 그래서 나는 남자가 만든 문명이 여자도 망가뜨린다는 걸 보여주고자 한다. 그리고 덜 가혹한 세상을 만들기 위해 지금의 시스템과 다른 새로운 시스템이 필요하다는 사실을 보여주고 싶다.

하지만 남자 독자들은 처음엔 조금 불편할 것이다. 이제 여자가 남성 위주의 문명 어디에서 그리고 어떻게 고통을 당해야 하는지부터 살펴보자.

여자와 남성적 세계
아름다움, 종속, 폭력

이미 언급했듯 남자의 신체 기준으로 인해 발생한 일상적인 주제들 외에 여자에게 가장 큰 문제는 바로 경제 시스템을 통한 구조적이면서도 재정적인 불이익이다. 만일 머릿속으로 성별 간 임금 격차, 곧 GPG(gender pay gap)를 떠올린다면 이런 차이를 금세 알 수 있다. GPG는 남자의 임금과 여자의 임금 간 격차를 설명한다. 모든 남자 노동 인력이 받는 평균 총수입과 모든 여자 노동 인력이 받는 평균 총수입을 비교했더니 독일의 경우, 몇 년 전부터 이 차이가 안정적으로 20~25퍼센트 사이에 머물고 있다. 다양한 노동 시간, 지위와 노동 인력의 기본적인 자격 등을 고려하면 그 차이는 업계에 따라서 3~7퍼센트 줄어든다.

소득 격차가 많이 줄었다는 사실에 근거해서 여자에 대한 구조적 차별 대우를 의심하는 사람들은 흔히 차이를 설명할 수 있는 다른 요소를 인용한다. 그들의 주장에 따르면, 여자는 '너무 물렁한' 협상 상대자다. 너무 빨리 포기하고 적게 요구한다. 파트타임으로 근무할 때도 많다. 그리고 업종에 따라 소득의 차이가 많다. 이런 논쟁에서 정말 웃기는 것은 이모든 논점이 맞더라도 불공평이 줄어들기는커녕 오히려 더 커져가고 있다는 사실이다. 하지만 동일 노동에 대한 불공평한 임금은 경제적 차별대우의 두 번째 단계다. 첫 번째 단계는 여자의 노동을 아예 허락하지 않는 데 있다.

특히 신흥국과 개발도상국에서 여자로 하여금 직업을 갖지 못하게 하는 가장 기본적이고도 광범위한 방법은 여자에게 교육받을 기회를 주지 않는 것이다. 참으로 논리적이다. 교육을 전혀 받지 않거나 조금만 받으면 직업을 가질 기회가 전혀 없거나 조금밖에 없을 테니 말이다. 전통적으로 생각하면, 여자는 언젠가 아이를 갖게 되고, 그러면 자신을 부양할 누군가가 필요하며, 따라서 비싼 교육비를 들일 필요가 없다. 그래서 많은 제3세계 국가에서는 남자에 비해 여자가 글을 읽지도 못하고 쓰지도 못하는 경우가 더 많다. 특히 사회 간접 자본이 부족한 곳에서는 규칙적으로 학교에 다니는 게 더욱 어렵고, 따라서 남녀의 문맹 격차는 더욱 벌어진다. 반면, 대도시에서는 문맹의 성별 차이가 훨씬 줄어든다. 독일의 경우에는 특히 나이 든 세대에서 이런 현상을 목격할 수 있다. 55세 이상세대에서 여자는 남자에 비해 고등학교도 졸업하지 않은 비율이 훨씬 더많다.

남자 동료와 비슷한 학력을 가진 여자가 남자보다 더 낮은 위치에 있고, 그로 인해 더 낮은 보수를 받곤 한다. 남자는 승진할 때가 확연히 많으며, 그래서 회사에서도 윗자리는 대부분 남자가 차지하고 있다. 어떤 회사에서 남자에 비해 여자 직원이 훨씬 많더라도 여자는 그야말로 낮은 직위에서 일하는 반면, 남자는 보수도 많고 권력과 책임을 지닌 관리직을 맡는다. 정치계에서도 비슷한 현상을 목격할 수 있다. 독일 내무부에서는 1999년부터 여자가 팀장 이상의 지위에 오른 일이 없었다. 이 직위에 오른 여자도 2016년까지 단 한 사람뿐이었다. 더 높은 직책에 속하는 국장과 장관은 여자들에게 허용되지 않았다.

그 원인은 남성적 특징을 가지고 성장한 사회에서 직장의 상사들이 직원의 성과를 직접 평가하지 않기 때문이다. 직원은 자신이 요구해야만 공평한 보수를 받고, 월급이 올라가거나 승진을 한다. 그런 것들이 중요하지 않다고 생각하거나, 상사들이 적극 나서서 그런 것을 제공해야 한다고 생각하는 직원은 포기하게 된다. 이와 관련해 남자는 여자에 비해 훨씬 더 공격적인데, 이는 전혀 놀라운 일이 아니다. 세계 최대 경영 컨설팅 서비스 회사 액센츄어(Accenture)의 2013년 설문 조사에 따르면, 남자 가운데 70퍼센트 이상이 규칙적으로 승진과 월급 인상에 대해 질문했지만, 여자의 경우는 겨우 26퍼센트만 그리했을 뿐이다. 연봉 협상에도 여자는 남자보다 더 소극적으로 행동한다. 전형적인 연봉 협상에서도 남성중심주의가 뚜렷하게 드러나기 때문이다. 성별에 따라 연봉이 차별화되는 경우를 보면, 남성적인 시스템이 착취할 수 있는 일자리를 얼마나 많이 제공하는지뿐만 아니라, 어디에서 그걸 이용할 수 있는지도 알 수 있다.

여자가 돈을 벌 기회는 양육할 아이가 있는지 여부에 많이 달려 있다. 아이는 스스로 살아갈 능력이 없고 누군가로부터 돌봄을 받아야만 한다. 남편으로부터 충분한 지원을 받지 못하고 아이를 놀봐줄 다른 노움이 없을 때 아내는 흔히 파트타임으로 일해야 할 경우가 많다. 이렇게 진입한, 무자비하게 높은 성과만을 중시하는 경제의 세계에서 여자는 승진의 대상이 되는 일도 드물고 동시에 임금 역시 적게 받는다. 2019년 한 국제적 연구팀이 첫 아이를 낳은 뒤 부부가 받는 월급이 어떻게 차이 나는지 덴마크, 스웨덴, 영국, 미국, 오스트리아, 독일을 대상으로 조사를 수행했다. 이들 국가에서 아이가 없는 남녀는 월급에 그다지 차이가 없었다. 하지만 아이를 낳은 여자는 엄청난 손해를 봤다. 덴마크에서는 아이를 낳고 난 뒤 여자가 남자에 비해 21퍼센트나 적은 월급을 받았다. (조사 대상 국가 중 가장 낮은 수치였다.) 반면, 독일에서는 월급의 차이가 61퍼센트로 가장 많았다.

여성 운동이 일어나지 않고 여자가 집에 머물며 온종일 일하는 걸 원치 않는다 하더라도, 이러한 모델은 오늘날 불가능할지 모른다. 예전보다 높아진 생활 수준, 올라간 생계비 그리고 앞서 언급한 월급의 차이로 인해 4인 가족을 부양하기 위해 부부 중 한 사람만 일을 해서는 충분하지 않다.

하지만 모든 부부가 함께 돈을 벌 수는 없다. 혼자 일하며 아이를 키우는 여자는 다른 시민들에 비해 가난에 허우적거릴 확률이 더 높다. 물론 혼자서 아이를 키우는 남자 역시 기본적으로는 비슷하다. 하지만 1997년부터 실시한 통계청의 통계에 따르면, 홀로 아이를 키우는 남녀 비율은 열에 아홉이 여자라고 한다. 그러니 가난에 빠질 위협은 무엇보다 여자의 문제다. 더 낮은 임금과 직장에서 강요받는 파트타임으로 인해 생기는 불이익 외에 특히 아이의 아버지도 이런 심각한 상황을 만드는 데 책임이 있다.

여자 가운데 50퍼센트가 아이 아버지로부터 생활비를 전혀 받지 못하고, 25퍼센트는 그나마 부족한 생활비를 받고 있다. 일반적으로 그런 경우 국가가 나서서 생계 지원금을 대주고, 나중에 생활비 지불을 태만하게 이행한 부모에게 도로 받아낸다. 〈쥐트도이첸 차이퉁〉에 따르면 이와 같은 회수율이 수년 전부터 줄어들어 2018년에는 13퍼센트에 불과하다. 이는 아동복지국이 10명의 아버지 가운데 한 명에게서만 생계 지원금을 환수했다는 의미다. 반대로 떨어져 사는 아이 아버지 가운데 대략 90퍼센트가 자식들을 위해 생활비를 보내지 않는다는 뜻이다.

여자를 경제적으로 힘들게 하는 그 밖의 요소는 전통적으로 여자가 일해온 업계에 대한 무시다. 여자가 하는 일은 보통 서비스업이다. 여자는 간호하고, 청소하고, 교육하고, 도와주고, 보살피는 일을 한다. 독일 노동청 통계에 따르면, 여자가 많이 종사하는 업계는 건강과 사회 분야 그리고 접객업과 청소 분야다. 이런 업계는 시간당 평균 임금이 매우 낮다. 돌봄 서비스는 형편없는 임금을 받을 뿐 아니라, 심지어 전혀 받지 못하는 경우도 흔하다.

가족 중 누군가가 병이 들면 대부분 여자가 간호를 담당한다. 아내, 어머니, 딸, 며느리, 자매, 조카. 한스-뵈클러 재단의 조사에 따르면, 2001~2015년 280만 명의 여자와 180만 명의 남자가 일주일에 최소한 1시간 가족을 간호하며 보살폈다고 한다. 주당 최소 14시간 가족을 돌보고 최대 30시간 직장에서 일하는 사람은 법적으로 연금을 받는다. 그런데 이런 사람들만 관찰해보면 개인적으로 가족을 돌보는 남녀의 비율이 확연히 다르다. 보수를 전혀 받지 않고 반나절 동안 간호하는 일의 88퍼센트는 여자가 도맡아서 한다.

이처럼 온갖 경제적 불이익을 당하는 여자는 늙어서 남자에 비해 더 열악한 상황에 빠질 수밖에 없다. 출산, 자식 교육, 가족 간호 등으로 짧거나 혹은 길게 경력이 단절됨으로써 여자는 연금 수령 자격이 많이 줄어든다. 고등 교육을 받지 못하고 임금 노동자로 일할 기회조차 없던 여자는 특히 큰 피해를 입는다. 따라서 여자에게는 항상 늙어서 가난해질 위험이 도사리고 있다.

여자, 특히 어머니를 경제적으로 불리한 위치로 몰아넣는 것으로도 부족해 시장에서는 여자의 쌈짓돈까지 노리곤 한다. 이를 젠더 프라이싱 (gender pricing)이라고 부르는데, 어떤 제품을 구입할 때 여자가 남자보다 많은 돈을 지불해야 한다는 뜻이다. 젠더 마케팅에서는 동일한 제품임에도 포장을 달리해 출고하고(핑크빛, 반짝이, 꽃 vs. 파란색/검정색, 톱니바퀴, 자동차 타이어), 이름도 달리 붙이고(조화, 사랑, 균형 vs. 액션, 속도, 힘) 가격도 다르게 매긴다. 이런 젠더 마케팅은 보디 케어 제품에 특히 잘 들어맞지만, 화장실 휴지나 펜 또는 구이용 소시지같이 뜻밖의 물건을 판매할 때도 적용되곤 한다. 심지어 헤어스타일이나 옷과 관련한 서비스업체는 남자에 비해 여자에게 더 많은 돈을 요구한다. 남자로부터 더 많은 비용을 요구하는 경우(독신 중매, 파트너 소개업)도 있고 여자가 더 많이 버는 경우(포르노 산업, 모델)도 있지만, 대부분은 그렇지 않다. 일반적으로 여자는 거의 모든 삶의 시기에 남자에 비해 더 적게 벌고 많은 분야에서 더 많은 돈을 지불한다.

이런 모든 현상은 여자에게 불이익을 주는 경제 구조가 남녀에 따라 차별적인 임금을 제공하는 것에 그치지 않고 그보다 훨씬 더 많은 문제를 안고 있다는 사실을 보여준다. 그 결과는 경제적으로 종속되는 데에서 흔히 볼 수 있다. 국가로부터 보조금을 받거나, 그렇지 않으면 자신보다 많은 월급을 받는 남편한테 종속되는 수밖에 없다. 이런 이유 하나만으로도 남자가 만든 문명은 철저하게 검토해봐야 한다. 그러나 우리는 이제 막 시작 단계에 있다.

모델과 포르노 산업에서 여자가 많은 돈을 버는 예외적 상황은 남자의 세계가 지닌 다음번 문제로 우리를 안내한다. 여기에서 여자는 무엇보다 한 가지 역할을 할 뿐이다. 결혼을 위한 재료가 그것이다. 남자를 위한 자원이다. 여자는 주로 남자의 섹스 파트너나 결혼 파트너로서 등장하고, 그 결과 당연하게 아이들의 어머니로 간주된다.

여자애는 어릴 때부터 예의 바르고, 친절하고, 다소곳하지만 눈치가 빨라야 한다고 배운다. 얌전하게 뒤에 머물러 있다가 언제라도 필요하면 나설 준비를 갖추어야 하는, 달리 말하면 봉사하는 사람이 되어야 한다고 교육받는다. 자신을 인정해달라고 요구하지 않으면서도 어머니로서, 아내로서 그리고 직장인으로서 자기 의무를 충실히 해야 하는 것이다. 여자는 일찍이 소녀 시절에 자신이 수행해야 할 중요한 과제를 받는다. **남자들이 너와 결혼하고 싶게 행동해라.** 오늘날 많은 부모가 딸들에게 더 많은 가능성을 제공하고 있음에도, 광고와 아동복이 전달하는 메시지는 지극히 분명하다. 남자애는 탐험가가 되어야 하고, 여자애는 주변 사람들을 웃게 만들어야 한다는 것이다. 하지만 여자는 사랑스러운 행동을 보여줘야 할 뿐만 아니라 아름다워야 한다는 요구도 충족해야 한다. 만일 아름다워야 한다는 요구를 충족하지 못하면, 그 어떤 남자도 만나지 못할 위험을 떠안게 된다. 남자의 세계에서 아름답다고 여기는 것이 시대는 물론 문화권마저 바꿔버린다. 흔히 남자가 좇는 이상형으로 인해 여자는 건강상 위험에 처하기도 하고, 부상을 입거나 심지어 사지가 절단되는 경우도 있다.

과거에는 미용 제품에 독극물이 포함된 경우가 많았다. 예를 들어, 피부를 고상한 흰색으로 만들어주는 백연(白鉛)이나 반짝이는 눈으로 만들어주는 벨라도나(belladonna)가 있다. 르네상스 시대에는 여자가 그와 같은 재료를 규칙적으로 사용함으로써 심각한 질병을 앓는 경우가 드물지 않았고, 극단적으로는 죽음에 이르기도 했다. 오늘날 특히 검은색 피부의 여자는 냄새가 코를 찌르며 수은을 함유한 재료를 얼굴과 신체의 다른 부위에도 바른다. 하지만 메이크업은 빙산의 일각에 불과하다.

서구에서는 14~17세 소녀 가운데 35퍼센트가 식이 장애를 앓을 정도로 날씬한 몸매가 대중의 인기를 얻고 있다. 가장 위험한 것은 거식증(拒食症)으로, 이를 앓는 사람의 10~15퍼센트는 이 병의 결과로 목숨을 잃는다. 신체나 식습관에 장애가 있는 아동과 청소년의 수는 몇 년 전부터 꾸준히 늘고 있으며, 극단적으로 날씬한 여자의 신체를 미(美)의 이상으로 보는 현상은 사회적 문제다. 단지 신경이 예민한 십대 소녀들이 겪는 개인적 장애에 그치는 게 아니다.

중국에서 행해지던 전족의 관습은 20세기 초반부터 금지했기 때문에 다행스럽게도 그사이 거의 완전히 중단되었다. 5~6세 어린 소녀들의 발 중앙에 있는 뼈를 부러뜨려 가능한 한 발가락이 발바닥 밑으로 구부러지게 했다. 작은 발을 만들기 위해서 말이다. 이렇듯 잔인하고 고통스러운 처치를 받고 다 나은 뒤에는 잰걸음으로 걸어야만 했다. 어린 소녀에게 행한 전족은 흔히 또 다른 건강상의 고통을 가져오기도 했으니 그야말로 돌이킬 수 없는 학대였다.

중국의 전족 관습보다는 덜 알려져 있지만 북아프리카에서는 아름답게 보이기 위한 목적으로 아주 어린 소녀에게 강제로 살을 찌운다. 모리

타니에서는 남자들이 과체중의 소녀와 여자를 갈망한다. 그래서 여자애는 아직 어린 나이부터 특히 지방이 풍부한 음식을 먹는다. 일종의 안티-다이어트라고 할 수 있는데, 만일 이렇게 하지 않으면 학대 위협을 받는다. 레블루(leblouh)고 부르는 이 절차는 오랫동안 지속되어 사춘기가 끝나는 시기에 종료된다. 이때까지 소녀들은 매일 1만 5000칼로리까지 먹어야 한다. 강제적인 영양 섭취는 오늘날 짐승들에게 투여하는 성장 호르몬으로 대체되고 있다. 암과 천식을 막는 약들이 여자의 몸을 부풀어 오르게 하고, 스테로이드제도 마찬가지다. 과체중과 약품을 남용한 여자들은 건강에 문제를 일으켜 죽음을 맞기도 한다.

여자의 성기를 절단하는 행위(female genital mutilation, FGM)는 남자들이 원하는 아름다움이라는 목표를 추구하기 위해서라기보다 오히려 여자의 자유로운 성생활을 파괴하려는 의도가 깔려 있다. 이런 관습은 특히 북동 아프리카 지역에서 행해진다. 절단하는 방법은 여러 가지가 있지만, 공통점은 클리토리스를 완전히 또는 일부 제거하는 것이다. 이렇듯 잔인한 절차는 흔히 어린 소녀에게 마취를 하지 않는 등 의료상의 도구도 없이 자행된다. 그래서 많은 소녀가 감염이나 출혈로 사망한다. 직접적인 결과 외에도 이와 같은 FGM으로 인해 소녀들은 성적인 쾌락을 완전히 상실하는 것은 물론 성교할 때 끔찍한 고통을 겪어야 한다.

그들은 생식기의 중요 부분이 잘린 여자를 이상적인 여자로 간주하며, 건조한 질을 여자의 '억제할 수 없는 육욕'을 영원히 '무력화하는' 표시로 여긴다. 이처럼 잔인하고도 여자의 성을 완전히 착취하는 문화는 찾아볼 수 없을 지경이다. 생식기 절단은 극단적인 경우, 남성 문명이 여자가 외도할지도 모른다는 두려움을 지니고 있는 남자의 성적 본능을 여자의 건강 및 훼손되지 않은 신체보다 더 우위에 두고 있다는 증거다.

훼손당하지 않은 여자의 신체가 남자들이 저지르는 그릇된 행동보다 뒷전으로 밀려나는 경우를 강간 문화(rape culture)에서 발견할 수 있다. 강간 문화란 성행위를 목적으로 한 남자의 폭력을 마치 허리케인이나 기상 변화로 인한 낙뢰 또는 눈사태로 취급하는 사회 분위기를 말한다. 미리 내다볼 수 없고 통제할 수 없는 불행이며, 따라서 여자가 겪으면서 살 수밖에 없는 재난처럼 말이다. 강간 문화란 성적 폭력은 법적으로 벌을 받지만, 현실적으로는 늘 일종의 비신사적 행동으로 하찮게 여긴다는 뜻이다. 강간을 '제대로 된' 폭력으로 간주하지 않기 때문에 가해자는 희생자보다 사회로부터 더 많은 이해를 얻고자 하는 희망을 품을 수 있다. 그리하여 강간당한 여자가 흔히 공범으로 취급될 때도 많다. 여자가 술에 취해 있었다느니, 가해자를 유혹했다느니, 충분히 저항하지 않았다느니, 마지막에는 여자도 원했다는 방식으로 몰아붙이는 것이다.

이런 탓에 가해자는 법정에서 가능한 한 자신이 어떤 상태였는지 변호하고 정당화할 수 있다. 술에 취한 상태였으며(술에 취한 여자는 비난받지만, 술에 취한 남자는 용서받을 수 있다), 한 번도 어떤 죄를 범한 적이 없고, 여자도 분명하게 거절하지 않았다는 식으로 말이다. 부부 사이가 아닐 경우 강간을 혼외 성교로 보는 이슬람 국가에서 강간당한 여자는 자신의 진술이 옳다는 걸 인정해줄 남자 목격자를 데리고 와야 한다. 이는 여자에게 거의 불가능한 일이다. 만일 여자가 남자 목격자를 데려오지 못하면, 중상모략과 간통으로 고소당할 수 있다. (어떤 국가는 여자에게 사형을 집행하기도 한다.) 가해자가 가벼운 벌을 받거나 집행유예로 풀려나는 경우도 허다하다.

남자 역시 성적 폭력의 희생자가 될 수 있지만, 여자가 훨씬 많이 당한다. 독일 연방치안청의 통계에 따르면, 성폭행을 당한 희생자의 80퍼센트 이상이 여자였다. 성폭력은 남자가 만든 문명의 다른 많은 문제와 마찬가지로 여자가 주로 당한다.

유럽연합 인권기구(FRA)가 실시한 설문 조사에 따르면, 여자 3명 중 1명 또는 4명 중 1명이 15세부터 평생 동안 적어도 한 번은 신체적 폭력이나 성폭력을 경험한다고 한다. 그중 다수가 이슬람교도이며 아프리카 국가들의 수치는 유럽 국가들의 수치보다 훨씬 높다. 하지만 그들은 남성 문명이라는 공통된 규범으로부터 방향을 전환할 계획이 전혀 없다.

이런 피해를 당하는 여자의 수가 어느 정도인지 실감하기 위해 비교해보겠다. 여자가 살아가면서 한 남자로부터 학대 또는 강간당할 확률은 60~69세 독일 남자가 심근경색을 겪을 확률(11.3퍼센트)보다 더 높다. 또한 건조성 비염에 걸리는 사람보다 성폭행을 당하는 여자가 더 많다. 여자에게 가해지는 폭력을 때때로 전염병으로 인한 질병과 비교하기도 한다. 잠시 집중하는 시간을 가져보자. 당신의 지인과 친척 그리고 동료가 몇 명인지 헤아려보라. 통계적으로 볼 때, 그들 각자의 주변에는 성폭행을 당하거나 신체적으로 폭력을 경험한 여자가 한 명 이상은 있을 것이다. 이 책을 읽는 여성 독자 가운데 몇몇도 어쩌면 직접 그런 일을 당했을 수 있다. 만일 당신이 성폭행이나 신체적 폭력을 당한 사람의 수를 다 헤아렸다면, 다음 단계를 진행해보라. 분명 희생자뿐 아니라 가해자도 있을 확률이 높다.

요약해보자. 여자는 교육을 받거나 일할 기회가 더 적다. 이들은 더 적게 벌고 있지만 젠더 프라이싱으로 인해 더 많은 비용을 지불해야 한다. 아이 딸린 여자는 그렇지 않은 여자에 비해 그런 경우를 더 많이 당하고,

홀로 아이를 키우는 여자는 결혼한 여자에 비해 더 힘든 생활을 해야 한다. 그 결과 이런 여자는 때때로 다른 사람의 지원을 받아야 한다. 대부분 남편일 때도 있지만 국가일 때가 더 많다. 남편에게 재정적인 지원을 받을 경우, 여자는 또다시 남자들이 좋는 아름다운 여자라는 이상에 부합하기 위해 전력질주하거나, 그렇지 않으면 또 다른 형태의 성적 폭력을 감수하게 된다.

여자가 받는 이러한 불이익을 통계나 연구 또는 법으로 증명할 수 있음에도, 많은 남자는 우리 문명이 구조적으로 특히 여자에게 불이익을 준다는 사실을 인정하지 않는다. 오히려 정반대로, 통계 숫자로 나타난 남자의 고통을 지적하며 남자 스스로가 훨씬 더 큰 희생을 당한다고 느낀다. 여자와 함께 일을 처리하거나 더욱 공정한 새로운 시스템을 구축하는 대신, 과거의 시스템을 고수하고 오히려 여성 운동을 반대하곤 한다.

그렇다면 그 이유는 무엇일까라는 질문이 나올 수밖에 없다. 왜 남자는 지금보다 더 향상될 수 있는 변화를 원치 않는 것일까? 남자는 왜 보수적인 우파 정당을 선택할까? 왜 남자는 여성 운동을 위협으로 느낄까? 무엇이 남자에게 중요하고, 무엇을 잃어버릴까 두려운 것일까?

우리는 의미심장한 작품들에서 억압당하는 여자를 다룸으로써 여성 운동의 초석이 되었던 여류 작가 마거릿 애트우드(Margaret Atwood)에게서 그 증거를 발견할 수 있다. "남자는 여자로부터 비웃음을 사게 될까 봐 두려워하고, 여자는 남자로부터 죽임을 당할까 봐 두려워한다." 여자에게는 신체와 생명에 대한 위협이 있지만, 남자에게는 멸시당할 위협만이 존재할 뿐이다. 이처럼 남자가 두려워하는 멸시의 핵심은 바로 성생활에 있다. 수천 년 전부터 남자의 욕망이 여자의 욕망보다 상위에 있던 가부장 문화의 성생활이 아니다. 자연에 의한, 문화를 통해서도 전혀 바뀌지 않은 번식을 위한 성생활이다. 진화 과정에서 여성 선택으로 결론이 난 성생활이다. 이처럼 생물학적으로 순수한 형태에서 남자는 섹스를 요청하는 쪽이 되며, 만족을 얻기 위해 여자에게 더 많이 종속된다. 여자가 만족을 위해 남자에게 종속되는 것보다 훨씬 더 많이. 이런 말이 웃기게 들릴지 모르지만 사실이 그러하다. 이에 대해서는 다음 장에서 좀더 상세하게 다루어보겠다.

2부

여성 선택

FEMALE
CHOICE

자연적 차이
성적 갈등

남자가 정착 생활을 위해 해결해야 했던 가장 중요한 과제는 바로 여성 선택이라는 생물학적 원칙을 억압하는 일이었다. 이 원칙을 이해하려면 생식의 몇 가지 기본 패턴을 설명해야만 한다.

유성생식을 통해 부모 양측으로부터 얻은 유전자가 결합되어 후손이 생겨난다. 종(種)의 유성생식과 복제 전략은 진화와 관련해 결정적으로 중요한 열쇠다. 진화가 작동하는 방식을 기억하기 위해 사소하지만 신선한 이야기를 한 가지 하겠다.

모든 생활권은 그 안의 종들이 살아남고 번식을 할 수 있도록 종들에게 요구 조건을 제시한다. 종들은 먹이와 주거할 곳 그리고 교미할 파트너를 찾아야만 한다. 이러한 요구 소선을 우리는 사인도태의 압박이라고 부른다. 종들이 각각의 상황에서 자연도태의 압박을 받고, 이러한 압박을 이겨낼 최상의 특징과 전략을 개발할 수 있도록 하는 게 바로 진화다. 다시 말해, 종들은 진화를 통해 자신의 환경에 적응한다.

특징과 전략에 관한 설계도는 유전자에 저장되고 세대를 거치며 계속 전달된다. 유전적 정보가 신체의 미립자로 변형되는 과정을 단백질 생합성(protein biosynthesis)이라고 부른다. 하나의 종에 속해 있는 모든 개체는 유전적으로 구별하기 매우 어려운 까닭에 단백질을 통한 그들의 능력 차이도 별로 없다. 모든 개체는 자연도태로부터 받는 그때그때의 압박에 동일한 대응을 하지 못한다. 그래서 살아남아 번식할 기회는 개체들 사이에서도 차이가 날 수밖에 없다. 찰스 다윈은 이를 적자생존이라고 불렀다. 가장 적응을 잘하는 개체가 살아남는다는 뜻이다.

장점을 이루는 다양한 유전자〔대립형질(allele)〕덕분에 적응을 더 잘하는 개체는 특히 번식도 잘한다. 유리한 대립형질은 다음 세대에 유전되고, 그다음 세대에서도 긍정적인 작용을 한다. 대립형질을 가진 개체가 성공적으로 짝짓기를 함으로써 세대를 통해 유전되고, 그리하여 집단에서 그러한 대립형질이 풍부해진다. 반대로 해로운 대립형질을 가진 개체는 생존 능력이 없는 까닭에 조기 사망하거나 번식할 파트너를 발견하지 못함으로써 사멸한다.

진화상 적응이란 그야말로 많은 단계를 거쳐 이루어지는 발전이므로 모든 세대는 이전 세대와 최소한의 차이가 날 따름이다. 진화는 오랜 세월이 필요하고 직접 관찰할 수 없다. 포유류의 적응 과정은 세대의 기간에 따라 수십만 년 지속될 수도 있다. 인간의 직립보행 역시 마찬가지다. 똑바로 서서 걸어보려는 시도를 할 때부터 안정적으로 직립보행을 할 때까지 적어도 100만 년은 걸렸다.

지질학상의 연대를 따라가 보면 두 가지 성별이 유성생식을 함으로써 오늘날 자연의 법칙이라고 부르는 몇 가지 특징이 드러났고, 이로부터 벗어나는 예외는 거의 없다고 볼 수 있다. 이러한 특징은 너무나 장점이 많아서 진화라는 변화에 의해서도 전혀 영향을 받지 않았다. 편차와 다양성도 있고 모든 종에게 모든 특징이 동일하게 나타나지는 않지만, 기본적인 패턴은 전혀 변하지 않았다. 따라서 하늘가재와 사슴 사이에는 진화상 상당한 차이가 있으나 둘의 성적 행동은 오늘날 본질적인 측면에서는 동일한 규칙을 따르고 있다.

생식 과정은 동식물계를 불문하고 일치하는데, 파트너 중 한쪽이 수정이나 수태를 시키고 다른 한쪽은 수정 또는 수태가 된다. 대부분 수태를 시키는 쪽이 수컷이며, 수태를 받는 쪽은 암컷이다. 심지어 전통적 의미에서 2개의 성별이 없는 종들조차도 짝짓기할 때 그런 원칙을 고수한다. 예를 들어, 편충이나 달팽이처럼 자웅동체인 종은 대부분의 시간을 수컷과 암컷으로 살아가다가 짝짓기를 해야 하는 시기가 되면 단 하나의 성별을 선택한다. 달팽이 한 마리는 생식세포를 주는 쪽이 되고, 다른 달팽이는 받는 쪽이 되는 것이다. 그렇듯 성별이 2개가 아닌 종도 생식을 하는 순간에 이중 체계로 변한다.

생식 과정에서 서로 다른 역할을 함으로써 암컷의 번식 행위는 수컷의 번식 행위보다 많은 에너지를 소모한다. 수태는 대체로 암컷의 몸에서 일어나기 때문에 암컷은 후손을 알의 형태 또는 살아 있는 어린 동물의 형태로 생산한다. 태어나기 전은 물론 태어난 후에도 후손은 그야말로 어미의 에너지를 통해 살아간다. 힘은 임신 기간과 출산만 어미를 힘들게 하는 게 아니다. 포유류와 유대류의 경우, 어미 없이 살아갈 능력이 없는 후손의 영양 공급도 어미에게는 신체적으로 상당한 부담이자 커다란 위험이다. 물고기와 양서류처럼 수태가 체외에서 일어나는 동물의 경우에도 암컷이 떠안는 비용이 더 크다. 알을 생산하는 일도 정자를 생산하는 일에 비해 에너지가 훨씬 많이 들어간다. 수태한 뒤 태아가 자라나는 동안 영양소를 공급하고 부화할 수 있도록 외부 영향력으로부터 잘 보호하려면 매우 복잡한 양상이 벌어진다.

암컷이 치러야 하는 높은 비용으로 인해 난세포와 정자의 생산은 매우 큰 차이가 날 수밖에 없다. 동물의 종류에 따라 짝짓기할 때 수컷이 수백만 마리의 정자를 방출하는 반면, 암컷의 난세포는 한 개에서 몇백 개에 불과하다. 정자와 비교할 때 난세포는 소중한 귀중품인 것이다. 포유류의 암컷일 경우, 난세포의 수는 태어날 때 결정된다. 따라서 난세포는 새롭게 생산되는 게 아니라, 가임기에 이미 존재하던 간세포(progenitor cell, 幹細胞)가 성숙해진 것일 따름이다. 배란 때마다 간세포 창고는 방출된 난세포만큼 줄어든다. 반대로 건강한 수컷은 평생 그들의 고환에서 충분한 정자를 생산해낸다.

난세포가 정자보다 더 소중한 대우를 받는 까닭은 생식 순환의 특정 시기에만 수태되기 때문이다. 난소에서 생식 순환 전반기에 하나 또는 여러 개의 난세포가 성장하고, 이어서 난자가 배출되어 나팔관으로 가는데, 이곳에서 정자를 만나 수태할 수 있다. 암컷이 수태하는 기간은 배란 바로 전부터 배란 바로 후까지이며, 이 시기를 발정기라고 부른다. 짝짓기 이후에 임신을 하면, 다음번 배란은 최소한 출산이나 알을 낳을 때까지 중단된다. 포유류는 심지어 수유기가 끝날 때까지 지속되기도 한다. 생식 순환의 기간은 동물의 종에 따라 며칠에서 1년 이상 걸리기도 한다.

암컷이 소비하는 에너지가 더 많다는 사실을 도외시하더라도, 암컷은 짝짓기할 때마다 위험하기 때문에 난자 또한 소중하다. 적절하지 않은 암컷과 짝짓기하는 수컷은 결실 없는 사정을 한 번 한 것에 그칠 수 있다. 여기서 '적절하지 않다'는 말은 병든 암컷이나 후손을 낳아 키울 만큼 성숙하지 않다는 의미다. 이론적으로 수컷은 실패한 뒤에도 몇 시간 후 더 나은 암컷을 대상으로 다시 한번 시도할 수 있다. 반대로 암컷은 짝짓기에 실패하면 생식 주기 하나를 포기해야 하고, 아주 심각한 경우에는 번식 가능한 기간 전체를 상실할 수도 있다.

번식에 투입하는 에너지가 서로 다르기 때문에 양측은 완전히 다른 재생산 전략을 개발해야 했다. 그 차이가 너무나 커서 성적인 번식이 얼마나 막강한지 놀라지 않을 수 없다. 간략하게 말해서, 수컷은 가능한 한 많은 암컷을 얻어야 하고, 반대로 암컷은 가능한 한 많은 숭배자를 차단해야 한다. 수컷은 짝짓기 상대를 전혀 선별하지 않고, 암컷은 매우 신중하게 상대를 고른다. 이처럼 '성적 갈등'이라 불리는 현상은 진화 과정에서 2개의 성별 사이에 완전히 대립되는 성생활을 낳았다.

맨 먼저 순수한 충동의 크기에서 성별의 차이가 있다. 대부분의 종에서 암컷은 수태 가능한 기간 동안에만 성적으로 적극적이다. 암컷의 성생활은 순수하게 재생을 향해 있으며, 짧은 발정 기간을 제외하면 대체로 성적인 만남에 관심이 없다. 재생을 고려한 성생활이란 건강한 암컷이 짝짓기하면 새끼를 배고, 그러면 배란이 되지 않으므로 교미할 준비가 되어 있지 않다는 의미다. 반대로 수컷은 대부분 짝짓기를 원하고 교미를 할 수 있으며, 그때그때의 파트너에 대해 요구하는 것도 없다. 난세포에 수태 능력이 있고 암컷이 짝짓기할 준비가 되어 있는 기간은 매우 한정적이므로, 수컷은 이런 시기에 손을 놓고 있지 않으려면 항상 준비된 상태여야 한다. 만일 수컷이 암컷을 선별한다면, 자신의 성적 능력을 사용하지 못할 위험이 상당히 높을 수 있다. 하지만 수컷은 까다롭지 않다. 그렇기에 지나가는 모든 암컷한테 비교적 어렵지 않게 생산되는 자신의 유전자 재질을 제공하고, 이러한 성적인 행동 가운데 많은 경우는 후손을 생산하지 않는 성생활에 속한다.

진화론적 관점에서 보면, 자신한테 덤비는—미안!—남자들에게 매번 임신을 당해서 살아갈 능력도 되지 않는 후손을 낳기 위해 소중한 난세포를 낭비할 위험을 없애야 하는 과제는 여자에게 매우 중요하다. 이런 일을 막는 매우 간단한 방법이 있다. 바로 아무나 받아들이지 않는 것이다. 암컷은 파트너를 매우 세심하게 선택하며, 미래에 태어날 후손이 살아남을 확률이 높은지 여부의 기준을 따르려 한다. 그리고 후손을 낳고 영양을 공급할 때, 자신이 소비하는 에너지가 지나치게 많지 않도록 신경 쓴다. 수컷의 재생 능력은 난세포의 수태 능력이 한정적이라는 사실, 암컷이 순수하게 재생산 목적으로만 하는 교미, 그리고 암컷의 수준 높은 요구로 인해 감소한다. 그래서 수컷에게 교미는 기본적으로 언제나 제공되는 것이 아니며, 반대로 암컷은 충분하다. 교미는 암컷이 통제하고 수컷에게는 한정된 자원인 것이다. 수컷이 자주 그리고 집요하게 암컷과 성관계를 가지려 시도하고, 암컷이 이런 시도를 거의 매번 거부하는 것은 시스템 오류가 아니다. 이것이 바로 시스템이다.

암컷이 짝짓기를 허락하도록 수컷은 자신에게 능력이 있다는 걸 증명할 가시적 성과를 보여줘야 한다. 이런 원칙을 일컬어 여성 선택이라고 부른다. 그러니 경쟁을 벌여야 하는 쪽은 바로 수컷들이다. 암컷이 요구하는 성과가 무엇인지는 다양하다. 널리 알려진 형태는 쇼를 연출하는 것인데, 작거나 큰 뿔이 달려 있는 매력적인 수컷들 또는 깃털 장식이나 반짝이는 색깔을 띤 수컷들이 암컷이 지켜보는 가운데 쇼를 벌인다. 그들은 노래를 부르고, 암컷에게 선물을 주고, 둥지를 짓고, 잡다한 재료를 수집하고, 춤을 추거나 암컷이 들으면 쓰러질 정도로 에로틱한 목소리를 낸다. 만일 암컷이 짝짓기할 준비가 되면, 선택한 수컷에게 누가 봐도 알 수 있는 분명한 몸짓으로 다가간다.

수컷은 영역을 정복하고 유지함으로써 자신이 짝짓기할 권리가 있음을 증명해 보일 수 있다. 이때 수컷은 노래를 부르고 춤을 추는 게 아니라, 고통이 따르는 행동을 한다. 바로 다른 수컷들과의 싸움이다. 필요한 경우에는 여러 차례 싸워야 한다. 우선 이전 소유자로부터 영역을 빼앗아야 하고, 이후에는 자신으로부터 영역을 빼앗으려는 모두를 방어해야 한다. 동물 세계를 통틀어 다른 수컷과 싸우는 격투는 암컷과의 짝짓기를 위한 매우 적절한 서막에 해당한다. 수컷이 자기 영역을 주장할 수 있는 동안에는 거기에 머무는 모든 암컷과 길든 짧든 짝짓기를 하게 된다. 수컷이 무리의 지배자에게서 영역을 빼앗지 못하면 암컷과의 짝짓기도 할 수 없다.

무리를 새로이 지배하게 된 수컷 사자는 처음엔 암컷 사자들에게 자기 의도를 강요하는 것처럼 보일 수 있다. 그러나 이들도 암사자가 짝짓기를 위해 제시하는 최소한의 요구를 충족시킬 수 있는 성과를 보여준다. 수컷 사자는 무리의 이전 지도자였던 사자와 싸움을 해서 이기고, 이로써 자신이 더 강하고 건강하므로 더 잘 살아남을 후손을 생산해낼 수 있다는 사실을 암컷에게 증명해 보인다. 여기에서도 알 수 있듯 수컷은 화를 내고 분노하지만, 암컷은 휴식을 취할 수 있다.

여성 선택이라는 개념은 이미 폭넓게 수용되기는 하지만 오해를 불러일으킬 때도 많다. 이는 마치 암컷이 수컷을 적극적으로 선별하는 것처럼 들린다. 수컷한테 청혼받은 암컷 새가 자신을 위해 마련한 둥지를 꼼꼼히 따지고, 마음에 들지 않을 경우 가차 없이 뭉개버릴 때는 그런 말이 맞다. 하지만 사자의 경우에서 보듯, 암컷의 선택은 수동적인 과정일 수 있다. 그런가 하면 수컷을 선택하는 과정이 암컷의 몸 내부에서 진행되기도 한다. 암컷은 여러 마리의 수컷과 짝짓기를 하고, 겉에서 보면 수컷을 선택하는 데 특별히 까다롭지 않은 듯 보이지만, 사실은 여러 마리의 수컷으로부터 받은 정자가 암컷의 몸 안에서 일종의 경쟁을 펼친다. 정자끼리 경쟁하는 이와 같은 과정을 **숨겨진** 여성 선택이라고 부른다. 여성 선택이라는 개념이 적절하지 않다고 느껴질 때는 수컷이 짝짓기를 위해 서로 경쟁하고 성과를 보여줘야 하는지를 검토해보면 된다. 만일 그렇다면 여성 선택이 맞으며, 암컷이 수동적으로 행동하더라도 마찬가지다.

암컷이 짝짓기 상대를 선택한다는 말은 짝짓기 시기에 그런 선택 과정이 수컷들에게 매우 중요하다는 얘기다. 단 한 마리의 수컷만이 선택받고, 단 한 마리의 수컷만이 소중한 난세포를 수태시킬 수 있으며, 단 한 마리의 수컷만이 이를테면 다음번 톱 모델 경연에서 1위가 될 수 있다는 뜻이다. 수컷의 성과는 암컷을 깜짝 놀라게 해야 할 뿐 아니라 경쟁자들을 물리칠 수 있어야 한다. 그래서 모든 수컷은 서열을 높이고 자기 매력을 돋보이게 함으로써 암컷을 차지할 기회를 차지하기 위해 필사적으로 공격성을 품게 된다. 예를 들어, 개코원숭이의 테스토스테론 수치는 짝짓기하는 시기에 매우 상승한다. 수컷이 이 시기에 잔인하게 싸울 준비를 하기 때문이다. 모든 수컷에게는 자기 자신이 최고로 소중하다. 암컷이 상대를 고르는 시기에 수컷들 사이에서 협력은 거의 찾아볼 수 없다. 인정사정없이 자기 의지를 관철시키려는 태도는 진화 과정에서 남자가 획득한 부산물이 결코 아니다. 그들이 성공할 수 있는 특효약이었다.

성숙한 여러 마리의 수컷이 암컷들과 함께 사는 공동체의 경우를 들여다보면, 늘 싸움을 통해서 엄격하게 서열을 정하고 이러한 서열에 따라 짝짓기도 가능하다. 혼자서 권력을 쥐고 있는 수컷 지도자는 낯선 수컷과 곧 성년이 될 아직 어린 수컷들을 가차 없이 쫓아낸다. 1인 지도자 체제는 수컷의 가장 오래된 원칙이다. 아마도 이런 1인 지도자는 우리의 문명 구조가 언뜻 떠오르는 것보다 성생활과 훨씬 더 밀접한 관계가 있다는 느낌을 갖게 할 것이다.

암컷이 수컷을 선별하는 과정으로 인해 수컷은 자연도태라는 압박을 받았고, 이로써 수컷은 단 하나의 목적만을 위해 살아가게 되었다. 단 하나의 목적이란 바로 최소 한 마리의 암컷과 짝짓기를 하는 것이다. 물론 가능한 한 아주 많은 암컷과 짝짓기를 하려 하지만 말이다. 찰스 다윈은 이와 같은 과정을 '성적 자연도태'라고 불렀다. 성적인 자연도태 때문에 대부분의 종에서 수컷과 암컷은 분명한 차이를 갖게 되었다. 그래서 이러한 성적인 자연도태는 진화가 무엇인지를 명확하게 볼 수 있게 해주는 몇 안 되는 기회이기도 하다. 암컷이 성적으로 선호하는 대상이 있기에 무엇보다 수컷은 시각적으로 자신을 돋보이게끔 해야만 한다. 이는 다음 세대에도 마찬가지였다. 그 결과 시각적으로 암컷과 구분되는 수컷들이 나타났다. 이처럼 외모에서 차이가 나는 것을 '성적으로 다르다'는 의미로 성적 이형(異形)이라고 부른다. 성별 사이에는 흔히 신장과 체중에서만 차이를 보이는 경우가 많지만, 수컷은 암컷과 달리 뿔이라든가 알록

달록한 깃털 같은 놀라운 특징을 보여주기도 한다. 거의 항상 수컷이 인상적인 외모를 갖추고 있다는 사실은 암컷이 짝짓기 상대를 결정한다는 또 다른 증거다. 암컷이 깊은 인상을 받는(또는 아닐 수도 있다) 반면, 수컷은 그러한 인상을 심어줘야 하는 까닭이다. 잠시 남녀 사이의 평균 신장 차이를 한번 떠올려보자. 이러한 신장 차이는 성적으로 다른 모습이며, 우리 인간에게도 성적인 자연도태의 규칙이 적용된다는 증거일 수 있다.

암컷이 수컷을 선택하는 자연도태의 압박을 받자 수컷은 불균형한 성생활에도 불구하고 성공적으로 짝짓기할 수 있는 기회를 높이기 위해 온갖 적응 방법을 개발하게 되었다. 성적인 자연도태는 짝짓기 행위가 자신의 생존보다 더 중요할 정도로 강력하게 영향을 미쳤다. 예를 들어, 수컷 거미와 수컷 사마귀는 암컷과 짝짓기를 하는 도중에 또는 이후에 암컷이 자신을 잡아먹게 내버려둔다. 고등 동물 역시 그와 비슷한 전략을 개발했다. 오스트레일리아에 서식하는 안테키누스(antechinus: 주머니고양이과에 속하는 유대류—옮긴이)는 성년에 도달한 뒤 오로지 번식 기회를 최적화할 수 있도록 신진대사를 조정한다. 암컷을 찾는 데 더 많은 에너지를 사용하기 위해 신체의 기능을 억누르는 것이다. 이렇게 절약한 에너지 덕분에 이들은 거대한 구역을 돌아다닐 수 있으며, 그 과정에서 만난 모든 암컷과 짝짓기를 한다. 짝짓기 목적을 따르기 위해 차단한 기능들은 생존에 반드시 필요한 것이므로 수컷은 짝짓기 시기가 끝나면 생리적 스트레스로 인해 갑자기 죽어버린다. 이것은 유전적으로 심어진 프로그램이자 성적으로 성숙해지면 작동하는 프로그램으로, 암컷과 접촉하지 못하도록 가둬둔 동물에게서도 나타난다. 그들에겐 삶의 유일한 목적이 번식에 성공하는 것이다. 뭐, 어쩌겠는가.

교미를 가장 수월하게 할 수 있는 수컷은 화려하고, 아름답고, 강한 알파 수컷이다. 녀석이 섹시한 꼬리 깃털을 한번 세우면, 둘러싸고 있던 모든 암컷이 무릎을 꿇고 만다. 반대로 알파 수컷보다 덜 화려한 깃털을 가진 수컷은 자기 능력을 계속 입증해야 한다. 언젠가 어떤 암컷이 만족할 때까지, 아니면 수컷 자신이 지쳐서 포기할 때까지 춤을 추고, 노래를 부르고, 선물을 바쳐야 한다. 수컷의 성공은 싸워서 얻은 지위에 상당한 영향을 받는다. 요컨대 서열이 높으면 높을수록 짝짓기를 하고 후손을 얻을 기회가 더 많아진다. 많은 종들의 경우, 성공 가능성이 적은 수컷은 그럼에도 불구하고 후손을 가질 기회를 얻기 위해 전략적 대안을 개발한다.

푸른색 아가미를 가진 농어는 다양한 전략을 갖고 있다. 힘이 덜 센 수컷은 암컷의 외모와 태도를 모방한다. 그렇게 일종의 위장을 하고 경쟁자의 영역으로 침입한다. 영역의 지배자가 암컷 한 마리와 짝짓기를 하면 '위장한 수컷'이 밀고 들어가 열심히 수정을 하는 것이다. 또한 하위 서열의 다른 수컷은 기회주의자 또는 인공위성처럼 힘센 수컷 주위를 맴돈다고 해서 '위성 수컷'이라고도 부르는데, 이들은 지배적인 수컷의 영역 바깥에 숨어 있다가 슬쩍 수정하는 행동을 보인다. 암컷이 알을 낳는 순간 힘센 수컷한테 밀린 다른 수컷들이 자신의 정자를 뿌려버리는 것이다. 수컷이 어떤 방법을 사용할지는 성적으로 성숙하기 전에 이미 결정되어 있다. 대안으로 선택한 전략이 성공적인 것으로 드러나면, 물고기는 성년이 되기 전에 그 영역에 사는 정상적인 수컷과는 전혀 다른 수컷으로 성장하게끔 생리적으로 바뀐다. 푸른색 아가미를 가진 수컷 농어 가운데 거의 4분의 1이 이와 같은 대안을 통해 자신의 행운을 찾는다.

서열상 높은 지위에 있는 수컷 주변을 맴돌다가 다가오는 암컷을 낚아

채는 위성 수컷은 다양한 종류의 개구리, 조류, 곤충에서도 찾아볼 수 있다. 수컷은 융통성 있게 여러 가지 전략을 번갈아가면서 사용하고 재빨리 전략을 바꾸기도 한다. 일종의 기생을 하는 이런 수컷은 이론적으로 금세 하나의 영역을 확보할 수 있지만, 또한 다른 기회주의자들에게 둘러싸일 수도 있다. 암컷 개구리는 수컷의 외모가 아니라 외침에 반응한다. 따라서 위성 수컷이 자기 비밀을 털어놓지 않는 한 암컷은 유혹하는 수컷의 품에 안겼다는 사실을 알아차리지 못한 채 짝짓기를 한다.

기존의 방법으로는 경쟁자에게 대항할 수 없는 서열 낮은 개코원숭이 수컷들은 플라토닉한 방법으로 암컷에게 접근한다. 이 수컷들은 인간이 연애를 못 하고 친구 관계로만 머무는 것을 두려워하는 프렌드 존(friend zone)에 자발적으로 들어가고, 암컷이 언젠가는 기회를 줄지 모른다는 희망을 품은 채 성적인 행동이 아니라 정신적인 관계를 맺는다. 실제로 일부 암컷은 이처럼 우정이 첨가된 '우정 플러스' 모델의 관계를 좋아하는 것으로 알려져 있다.

하지만 암컷을 얻기 위한 대안으로 선택한 전략이 아무리 약삭빠를지라도 모든 수컷이 성공할 수는 없다. 우리는 로맨스에 있어서도 평등해야 한다고 믿는 경향이 있는데 이는 오류다. 일대일이라는 성별의 대비가 당연히 모든 수컷은 언젠가 암컷을 만난다는 의미는 아니다. 경쟁자를 걸러내는 작용을 하는 여성 선택으로 인해 수컷 가운데 오로지 일부만이 짝짓기를 하고 번식할 수 있다. 대안으로 선택한 전략 덕분에 알파 수컷들만 후손을 보는 것은 아니지만, 그럼에도 다수의 수컷은 암컷과 짝짓기를 하는 데 실패한다. 가장 끔찍한 경우는 평생 단 한 번도 못 할 수 있다.

대략적인 통계에 의하면, 성숙한 암컷 가운데 80퍼센트가 오로지 20퍼센트의 수컷만 허락한다고 한다. 나머지 80퍼센트의 수컷은 짝짓기를 하지 못한다는 의미다. 이런 수컷은 나머지 20퍼센트의 암컷을 두고 싸움질을 할 수밖에 없다. 정확한 수치는 알 수 없지만, 수컷 대부분이 짝짓기를 못 한다는 건 예외가 아니라 표준이다. 수컷 바다코끼리의 경우, 같은 집단에 속하는 성숙한 수컷 가운데 대략 30퍼센트만이 짝짓기 시기에 교미를 한다. 유전자를 검사해보니 우리 인간의 조상들도 다르지 않았다. 오늘날의 인류는 남자 조상보다 여자 조상이 2배나 많았는데, 문화가 발생하기 이전 시대에는 대략 70퍼센트의 여자가 35퍼센트의 남자하고만 섹스를 했다. 그래서 나머지 65퍼센트의 남자는 나머지 30퍼센트의 여자를 두고 경쟁해야만 했다. 여자가 유리한 입장이던 2 대 1의 남녀 비율은 농업 발명 이후에는 놀랍게도 17 대 1까지 되었다.

채워지지 않는 성적 욕망으로 인해 남자는 '돈을 주고' 여자를 구매할 정도였다. 동물 세계를 둘러봐도 암컷이 수컷으로부터 비교적 값비싼 물건을 받고 성행위를 해주는 예를 찾아볼 수 있다. 수컷 아델리펭귄은 보금자리를 짓는 데 이용할 수 있는 재료를 선물함으로써 이미 짝짓기를 하고 새끼를 부화시키는 일에 몰두하는 암컷으로부터 성적인 애정을 구매할 수 있다. 우리 인간과 생물학적으로 가장 가까운 친척이라 할 수 있는 암컷 침팬지와 보노보도 별도의 먹이를 얻기 위해 짝짓기를 해준다.

이처럼 돈은 아니지만 그에 상응하는 뭔가를 받고 해주는 성행위는 그 자체로 공격적이지도 않고 착취를 당하는 것도 아니다. 이런 행위는 양측이 모두 이득을 얻을 수 있는 간단한 교환일 뿐이다. 암컷은 이런 방식이 아니면 확보하지 못 하거나 에너지를 많이 소모해야 구할 수 있는 것을 손에 넣고, 수컷은 성적인 위로를 얻는다. 섹스를 위해 매번 치러야 하는 반대급부는 이토록 다양하지만, 변함없는 부동의 원칙도 있다. 즉, 항상 수컷이 섹스를 위해 지불하고, 암컷은 절대 지불하지 않는다. 성적으로 성숙하고 짝짓기할 준비를 마친 암컷은 크기나 외모 또는 서열과 무관하게 요란하고도 지속적으로 교미하려는 수컷들에 의해 둘러싸여 있기 때문에 늘 파트너를 발견할 수 있다. 요컨대 성적인 충동을 채우지 못할 때가 없다는 얘기다.

여성 선택이라는 시스템에서 상대를 찾지 못하고, 그래서 교미를 못하는 수컷은 비극적인 예외가 아니다. 수컷 대다수가 여기에 속한다. "냄비에는 그에 맞는 뚜껑이 있다"(한국식으로는 "짚신도 짝이 있다"—옮긴이)는 독일 속담은 문화적으로 바뀌지 않은 성생활에서는 현실과 그리 동떨어져 있지 않을지도 모른다. 그러나 불편하게 들릴지 모르겠지만, 자연에 따르는 것이야말로 최상의 길이다. 여성 선택이라는 원칙으로부터 예외에 속하는 경우는 소수다. 해마를 예로 들 수 있다. 해마는 소수의 난자와 수많은 정자가 차례로 만나지만, 암컷의 몸 안에서가 아니라 수컷의 배 주머니에서 그렇게 한다. 물떼새목에 속하는 몇몇 조류의 경우 암컷은 보통 수컷이 하는 것처럼 행동한다. 알을 낳은 뒤 첫 번째 수컷이 수정된 알을 부화시키는 동안, 암컷은 다음번 수컷과 짝짓기를 한다. 이러한 소수의 예외가 없다면, 여성 선택은 그야말로 자연의 법칙이라고 부를 수 있으며, 중력과 마찬가지로 거부할 수 없다. 물떼새와 해마야, 예외를 보여줘서 고마워.

이렇듯 기능 장애가 있는 난센스를 과연 누가 고안해냈으며, 어떻게 널리 퍼져나갈 수 있었는지도 역시 궁금할 수 있다. 다른 그 어떤 메커니즘도 암컷이 엄격하게 수컷을 걸러내는 이와 같은 절차만큼 진화를 추진하지 못했기 때문이다. 소중한 알을 지키고자 하는 투쟁은 수컷에게 자연도태라는 과중한 압박감을 주었고, 그래서 수컷은 결국 집단에 저항하는 능력을 키우고 융통성 있게 행동할 줄 아는 유전자를 만들어냈다. 이것은 수백만 년이 흘러도 바뀔 이유가 없을 만큼 효율적이었다. 비록 수컷 대부분이 좌절하고 후손 없이 죽더라도 말이다. 여성 선택과 특히 성적 갈등이라는 말은 미친 발명가의 머리에서 나온 아이디어처럼 들릴지 모르지만, 그것은 가장 안정적이고 가장 넓게 자손을 퍼뜨릴 수 있는 번식 모델임에 틀림없다.

폭력이 해결책이다
성적 갈등이 빚어낸 결과

성적 갈등이란 암컷에게는 지속적으로 보호하는 태도를 의미하고, 수컷에게는 늘 부족하다는 것을 의미한다. 두 성별의 접촉은 성적인 상호 작용으로 축소되고, 수컷 한 마리는 무엇보다 암컷이 짝짓기할 준비가 되어 있는지 의문을 갖고 접근한다. 후손을 낳기 위한 전략으로 인정사정 없이 공격적 태도를 보이는 성(性)은 번식이라는 본성을 마주 보고 있지만, 번식이라는 이 시스템에서 성욕은 채워지지 않는다. 이로부터 문제가 발생하리라는 것은 굳이 천재가 아니라도 알 수 있다.

수컷이 지닌 두 가지 큰 어려움 중 하나는 덜 화려한 수컷한테는 번식할 기회가 적다는 것이다. 그리고 두 번째는 암컷의 번식 가능 기간이 정해져 있으므로 대부분의 시간 동안 수컷은 강렬한 충동을 충족시킬 수 없다는 것이다. 앞에서 우리는 후손 낳을 기회를 향상시키기 위해 수컷이 취하는 전략을 살펴보았다. 눈에 띄는 점은 이와 같은 전략도 대체로 암컷의 협력을 내포하고 있다는 사실이다. 암컷이 처음의 잘 선별한 우수한 수컷이 아니라 중간에 끼어든 수컷의 품에 안겼다는 걸 모를 수도 있고, 아니면 덜 우수한 수컷의 전략을 의도적으로 선택했을 수도 있다. 이두 가지 중 어느 경우에도 암컷은 신체적으로 온전하며 자유로울 수 있다. 그런데 아래와 같은 경우에는 전혀 그렇지 않다.

이로써 우리는 인간 사회에서 지극히 문제시되고 있는 남자의 성생활 특징과 마주친다. 즉, 폭력은 수컷에게 문제가 아니라 해결책의 일부라는 것이다. 나는 이 장에서 동물의 세계에 이야기를 한정할 것이고, 폭력의 종류를 평가하기보다 진화라는 자연의 결과로서 이를 보여주고자 한다. 하지만 그렇다고 해서 내가 인간의 폭력은 바꿀 수 없는 것이라거나 용서할 수 있는 것이라고 여긴다는 뜻은 아니다. 여성 선택과 성적 갈등 그리고 이것들이 초래하는 모든 결과가 인간에게 얼마만큼 해당되는지 여부는 2부 4장 '그러면 인간은?'에서 다룰 것이다.

우선 생식의 기회를 높여줄 수 있는 전략부터 살펴보자. 그 어떤 수컷도 부족한 생식 자원을 두고 벌이는 투쟁을 미리 포기할 수는 없다. 그래서 암컷은 무관심하게 행동하더라도 수컷의 집요함에 압박을 받을 수밖에 없다. 구혼자는 암컷 뒤를 따라다니고, 구애를 하고, 암컷의 성기를 만지며 몰아붙이려 한다. 수컷 비둘기, 수컷 사슴, 수컷 야생 산양과 수컷 돌고래도 어떤 경우에는 다른 수컷들과 함께, 사소한 징후라도 포착해 즉각 이용하기 위한 목적을 갖고 불쾌할 정도로 암컷에게 밀착하곤 한다. 이처럼 밀어붙이는 수컷의 행동으로 인해 암컷은 스트레스를 받고 위험에 빠질 수도 있다. 특히 양서류나 뱀처럼 물에 사는 동물의 경우, 동시에 여러 마리 수컷이 암컷에 다닥다닥 붙어 있으면 수컷들의 무게가 암컷을 밑으로 눌러 결국 익사하게 만들 수도 있다. 수컷이 경쟁자보다 1밀리미터 뒤로 밀리느니 차라리 암컷의 죽음을 택하는 이런 행동은 수컷의 본능이 얼마나 강력한지 말해준다.

이렇듯 마구 밀치는 수컷의 행동은 파트너를 지키거나 보호하는 이른바 메이트 가딩(mate guarding)의 한 형태다. 이때 중요한 것은 가능한 한 암컷의 곁을 지키는 일이다. a) 경쟁자와 접촉하는 것을 막기 위해서, b) 만일 암컷이 짝짓기할 준비가 되면 자신이 제일 먼저 공략하기 위해서다. 수컷은 이런 방식으로 암컷이 짝짓기하는 동안 또는 이후에 다른 수컷과 접촉하는 것을 차단한다. 메이트 가딩은 거의 모든 동물의 수컷에게서 널리 발견할 수 있는 성향일 뿐 아니라, 해부학적으로도 순응하는 모습이다.

무척추동물의 수컷은 짝짓기를 한 뒤 자신의 성기가 뜯겨나가는 희생을 치르면서까지 암컷의 생식기 입구를 차단한다. 척추동물의 수컷은 대체로 암컷의 시야와 행동반경을 제한함으로써 다른 경쟁자인 수컷과 접촉하는 것을 막는다. 송사리 수컷은 암컷이 수컷 경쟁자를 거의 볼 수 없는 위치에 자리하곤 한다. 암컷이 수컷에게는 어느 정도 한정된 자원이라는 상황으로 인해 수컷이 항상 질투심을 가지고 암컷을 지키는 것이다. 수컷은 경쟁자와 싸움을 해서 승자가 되면, 어떤 대가를 치르더라도 암컷이라는 자원을 잃지 않기 위해 노력하는, 이를테면 재산을 소유한 가장이 되는 것이다.

수컷이 '의붓자식'을 살해하는 행위는 포유류 사이에 널리 퍼져 있는 또 하나의 전략이다. 암컷은 새끼에게 젖을 먹이는 동안 대체로 배란을 하지 않으므로, 영역이나 무리에서 새롭게 지도자가 된 수컷은 예전 지도자의 모든 자손을 죽인다. 어린 동물을 죽이면 암컷은 새끼를 잃고 얼마 후 또다시 배란을 하고 짝짓기를 할 수 있게 된다. 그렇지 않으면 새로운 지도자 수컷은 경우에 따라 몇 년간 지속될 수도 있는 수유 기간이 끝날 때까지 기다려야 한다. 많은 포유류가 이런 전략을 개발했다. 특히 덩치가 큰 살쾡이, 긴꼬리원숭이과에 속하는 콜로부스와 개코원숭이, 침팬지와 마운틴고릴라 같은 다수의 영장류, 그리고 많은 설치류, 다양한 종의 곰과 몽구스, 귀신고래(회색고래)와 미어캣 같은 동물도 그런 전략을 사용한다.

또한 성숙한 암컷에게 짝짓기를 강요하는 행동 역시 생식의 기회를 높일 수 있다. 수컷이 암컷보다 덩치가 더 크고 힘도 더 센 종들에게는 강요하는 방법이 적어도 짝짓기를 하고 번식하는 데 가장 잘 성공할 수 있는 모델이다. 척추동물에게서는 상대적으로 드문 방법이기는 한데, 소수의 종만이 이를 번식 전략으로 사용한다. 왜 그럴까?

다시 한번 진화를 떠올려보자. 진화는 살아남을 능력이 있는 후손을 더 많이 낳을 수 있는 행동을 지원한다. 수컷이 짝짓기할 때마다 폭력을 사용한다면 정반대의 결과가 나올 가능성이 많다. 암컷의 스트레스, 부상, 심지어 죽을 위험까지 따르는 폭력은 후손에게 직접적 위험이 되는 것이다. 고삐 풀린 폭력을 행사해 짝짓기한 뒤의 결과를 수컷 역시 통제하기 힘들 수 있다. 이런 공격을 받고도 암컷이 다치지 않고 살아남아서 건강한 새끼를 낳을 수는 있으나, 반드시 그렇게 되리라 기대할 수는 없다.

매번 이러한 전략을 사용하는 종은 오랑우탄으로, 이들의 수컷은 번식기회를 갖기 위해 두 가지 전략을 개발했다. 어떤 영역을 자신의 것이라 주장하고, 얼굴에 거대한 볼을 가진 수컷이 되는 것이다. 이 영역을 지나가는 암컷은 자발적으로 그런 수컷과 짝짓기를 하고, 심지어 수컷보다 먼저 짝짓기를 시도할 수도 있다. 다른 전략으로는, 방석처럼 생긴 커다란 볼도 없고, 자기 영역도 없는 수컷에게서 볼 수 있다. 그들은 이리저리 돌아다닌다. 이처럼 영역 없이 돌아다니는 방랑 수컷은 암컷과 짝짓기하려면 대체로 강압적이어야 한다. 후손의 수를 고려한다면 아무래도 영역을 소유하는 전략이 강압에 의한 전략보다 훨씬 우수하다. 볼이 커다란 지배적인 수컷은 서열 낮은 수컷에 비해 대체로 더 많은 후손을 보게 된다. 최근의 연구에 따르면, 암컷은 배란이 되지 않는 시기에 자발적으로 난폭한 수컷과 짝짓기를 함으로써 매번 당하는 폭력에 대응한다고 한다. 이렇게 하면 암컷은 한편으론 자신이 당하는 폭력을 줄일 수 있고, 다른 한편으론 원치 않는 수컷의 새끼를 밸 위험성도 낮출 수 있다.

약간 다르지만, 덜 난폭한 전략은 오리의 교미에서 볼 수 있다. 수컷 오리는 보통 단 한 마리의 암컷과 산다. 하지만 수컷은 짝짓기 기간이 아닌 다른 암컷에게 짝짓기를 하자고 강요한다. 낯선 수컷이 암컷에게 짝짓기를 강요할 경우는 그 강도가 2배는 더 세다. 수컷들의 싸움이 끝나면 원래 파트너였던 수컷은 다른 수컷의 수정 성공률을 줄이기 위해 자기 암컷 곁으로 간다. 이처럼 암컷 오리는 너무 자주 짝짓기를 강요당하는 희생물이 되는 까닭에 낯선 수컷에 의해 새끼를 배지 않도록 하는 장치를 개발했다. 동물 세계에 널리 퍼져 있는 '열쇠-자물쇠'의 원칙과 반대로 그들의 생식기는 좀더 크게 발달하지 않았다. 오히려 그 반대가 되었다. 수컷의 성기는 코르크 마개 뽑기처럼 한 방향으로만 돌아가고, 암컷의 생식기 부분은 다른 방향으로 돌아가게 되어 있다. 수컷의 성기가 손쉽게 암컷의 생식기 안으로 들어가지 못하게끔 되어 있는 것이다. 자발적인 짝짓기를 할 때 암컷은 잘 맞지 않는 장기임에도 수정이 가능하도록 하체 근육의 긴장을 풀어준다. 오리가 짝짓기할 때 암컷과 수컷의 성생활이 너무나도 반대로 진행되는 까닭에 의학 전문 잡지 〈네이처〉는 다음과 같은 깜짝 놀랄 만한 제목의 기사를 실은 적도 있다—"오리의 교미 전쟁."

오랑우탄과 오리의 암컷이 적응하는 모습을 보면, 짝짓기할 때마다 가해지는 폭력은 암컷으로 하여금 그런 전략이 성공할 가능성을 대폭 줄이는 장치를 세대에 걸쳐 개발할 수밖에 없게 만든 자연도태의 압박이었음을 알 수 있다. 그 밖에 강요된 짝짓기는 자발적으로 하는 짝짓기에 비해 수컷에게도 힘과 에너지 소모량을 늘어나게 한다. 그렇지 않아도 암컷을 차지하기 위해 다른 수컷과 혹독한 경쟁을 치러야 하는데, 거기에 덧붙여서 또 상당한 에너지를 소모해야 하는 것이다. 또한 수컷은 부상에 대한 위험도 안아야 한다. 상당한 에너지 소모와 부상 위험이 있음에도 후손을 볼 가능성은 매우 희박함으로, 대부분의 종들에게 강제적 짝짓기는 서열 낮은 (그리고 성적으로 매우 좌절된 상태의) 수컷에게 결코 매력적이지 않다. 강제적인 짝짓기는 직감과는 너무 상반된 행동이다.

이러한 이유 덕분에 성숙한 암컷은 어느 정도 수컷의 폭력으로부터 보호받을 수 있다. 수컷은 부상, 죽음 또는 암컷이 폭력에 대항할 수 있는 조치를 만들어냄으로써 자신의 번식 기회를 빼앗길 수 있다. 그런 까닭에 수컷은 어느 정도의 수준을 넘어서는 폭력은 가할 수 없다.

그래서 번식 가능성 없는 개체가 특이한 행동을 하는 경우도 흔히 있다. 암컷을 얻지 못한 서열 낮은 수컷은 자신의 성적 충동을 어린 동물, 죽은 동족, 무생물이나 심지어 종이 다른 동물에게 푼다. 캘리포니아 앞바다에 사는 해달은 어린 바다표범을 붙잡아서 죽이고는 며칠에 걸쳐 그

시체에 성적 충동을 행사한다고 한다. 돌고래는 하수 배출관에 그 같은 행동을 하고, 기각류(바다코끼리, 물개, 물범 등)는 임금펭귄에게, 침팬지는 개구리에게, 여우원숭이는 꽃사슴에게 그와 같은 행동을 한다. 이처럼 대체물을 통해 성적 만족을 얻는 행동은 야생 동물에게서뿐 아니라 갇혀 사는 동물에게서도 광범위하게 볼 수 있다. 인터넷을 검색하면 그 같은 수컷의 파괴적이고 수치스러운 성생활을 찍은 수많은 비디오 영상을 볼 수 있다. 오리, 펭귄, 제비, 다양한 파충류와 해양 포유동물이 죽은 동물과 섹스를 한다는 보고가 자주 나온다.

죽은 시체에 충동을 푸는 시간(屍姦)뿐 아니라 성숙하지 않은 어린 암컷이나 다른 종에 속하는 개체와 짝짓기하는 행동도 어느 모로 보나 번식을 할 수 없어서 구석에 내몰려 취하는 행동이다. 이는 그 어떤 진화적인 목표도 충족시키지 못한다. 그럼에도 수많은 동물에게서 번식과는 무관한 폭력적인 성적 행동을 발견할 수 있다. 성적으로 성숙한 암컷과 강제로 짝짓기하는 경우보다 더 많다. 번식이라는 관점에서 무의미해 보이는 이런 행동은 수컷의 충족되지 않은 충동이 얼마나 지대한 영향력을 발휘하는지 잘 보여준다. 성적 충동이 지속적으로 채워지지 않으면 성적인 좌절과 공격성으로 이어지고, 결국 수컷은 자신을 방어할 수 없는 모든 대상을 상대로 성행위를 하게 된다.

수컷의 성적 충동은 언젠가 저절로 사라지는, 일종의 쾌락을 추구하는 갈망이 결코 아니다. 지속적으로 섹스를 포기해야만 하는 수컷은 점점 더 공격적으로 변하고, 시간이 흐르면 다른 존재에 물리적 위협을 가한다. 우리는 이 책에서 이런 끔찍한 상황을 인간의 경우에도 다루어야 한다.

냄비와 뚜껑에 대하여
파트너 관계의 탄생

여성 선택과 관련해 상대방을 고르는 많은 패턴이 동물 세계에서는 안정적이고 서로 비교 가능하다면, 파트너 관계는 이 원칙으로부터 필연적으로 동반되는 현상이 아니다.

아비와 어미가 후손을 생산하는 데 참여하는 기여도(우리는 수컷이 사정을 완료한 뒤 형식적으로는 번식 행위가 끝난다는 사실을 알고 있다)에서 서로 차이가 나기 때문에, 동물 세계에서는 짝짓기 순간이 지나서도 단 하나의 유일하고 대체 불가능한 관계가 생겨난다. 바로 어미와 새끼의 관계다. 남매, 이웃, 고모, 이모 또는 아비와 사는 모든 형태의 공동생활은 선택적이고 다양한 반면, 어미의 역할은 항상 동일하다. 어린 새끼든 알의 형태를 띤 후손이든 한때는 어미 신체의 일부를 차지한 채 어미의 피, 에너지원, 영양분을 받아서 성장한다. 그리고 오로지 어미의 신체를 통해 탄생한다(해마를 비롯한 이런저런 동물들도). 포유류의 경우 새끼는 어미로부터 젖을 얻어

먹어야 하기 때문에 태어난 뒤에도 어미와의 관계는 끊어지지 않는다. 어미를 잃어버려 젖을 먹지 못한 어린 새끼는 100퍼센트 죽는다. 반대로 아비 없는 새끼는 아무런 문제없이 건강한 성년 동물로 성장할 수 있다.

이런 기본적 원칙에 따라서 많은 종의 어미들은 온갖 과제를 떠안은 채 새끼를 임신한 뒤에도 출산과 영양 공급을 혼자서 도맡아야 한다. 어미는 홀로 행동하는 존재인 것이다. 우리는 특히 거미, 집게벌레, 비단뱀, 귀신고래, 호랑이, 여우, 오랑우탄에게서 홀로 새끼를 키우는 어미를 찾아볼 수 있다. 새끼에게 먹이를 챙겨주는 아비는 매우 드물다. 조류 가운데 90퍼센트는 암컷과 수컷이 공동으로 새끼를 키우지만, 그 밖의 다른 모든 동물에게서 그와 같은 모델을 찾아보기는 매우 힘들다.

수컷이 새끼를 돌보는 경우에도 인간의 아버지와 자식 사이에서 볼 수 있는 다정한 애정은 상상할 수 없다. 수컷의 보호는 주로 새끼를 야생 동물이나 다른 무리로부터 지켜주는 데 그친다. 동물 세계에서 적극적으로 양육에 참여하는 수컷으로 여겨지는 최소한의 기준은 단순하게 곁에 있어주는 것이다. 여하튼 그렇다.

아비는 새끼의 영양 공급을 도움으로써 새끼가 살아남는 데 기여하는 것으로 알려져 있다. 이에 상응해 발생하는 다양한 파트너 관계의 모델을 설명하기 위해 진화생물학적 가설을 끌어들일 수 있다. 하지만 수컷이 짝짓기 뒤에도 암컷과 또는 다수의 암컷들과 함께 살아가는 관계는 매우 드문 예외에 속할 뿐 아니라, 후손이 살아남기 위해 반드시 필요하지도 않다.

암컷이 홀로 새끼를 키우는 햄스터와 수컷이 양육을 도와주는 햄스터 두 종을 조사한 결과, 실제로 어미가 도움을 받는 경우 새끼들의 생존 확률이 더 올라간다는 게 밝혀졌다. 물론 이와 같은 도움을 굳이 새끼의 아비로부터 또는 다른 수컷으로부터 받아야 하는 것은 아니다. 인간으로 치면 자매나 고모 또는 이모에 해당하는 암컷들로부터 도움을 받더라도 새끼가 생존할 확률은 올라간다.

암컷의 연대로 맺어진 공동체의 힘과 저항력은 예를 들어 아프리카와 인도의 코끼리에서 볼 수 있다. 이들 코끼리의 경우, 아비는 홀로 살아가고 어미는 다른 암컷과 어린 새끼들로 이루어진 작은 무리로 살아간다. 수컷은 짝짓기를 하는 시기에만 무리 근처에 머문다. 하지만 짝짓기 이후에는 다시 무리에서 쫓겨난다. 암컷들은 모든 새끼의 양육을 함께한다. 임신한 암컷이 출산할 때 도와주고, 출산한 뒤 다친 새끼가 있으면 함께 보살핀다. 매우 비슷한 삶의 방식을 코가 큰 곰에게서도 볼 수 있다.

수컷과 암컷 사이의 파트너 관계는 여성 선택에서 획일적으로 나오는 결과가 아니다. 동물 세계에서 관계를 맺는 모델은 매우 다양하다. 또한 파트너 관계라는 이 주제는 나중에 인간의 성생활을 관찰할 때 특별히 중요하다. 따라서 문화적으로 변하지 않은, 진화상 발생한 파트너 관계의 다양성을 살펴보기로 하자.

2개의 성별 사이에 만들어지는 관계를 많은 언어권에서는 일부일처(오로지 단 한 명의 파트너와 맺는 관계) 그리고 일부다처(여러 명의 파트너와 맺는 관계)라고 부른다. 이런 명칭은 매우 중립적으로 들리지만, 몇몇 소수의 예외를 제외하고 일부다처는 항상 수컷 한 마리에 여러 파트너 암컷을 거느리는 체계를 의미한다. 한 남편에 여러 아내기 딸린 이슬람의 하렘은 남자의 시각에서 보면 일부다처이지만, 여자의 시각에서 보면 일부일처다. 여자는 한 남자와 잠을 자고 살기 때문이다. 여자는 한 명의 남자와 함께 사는 모델이 가장 흔하며, 동시에 여러 명의 파트너와 사는 여자는 그야말로 매우 드문 경우에 속한다.

일부일처/일부다처라는 개념은 오로지 남성적 시각에서 비롯된 말이다. 사소해 보이는 이런 언어적 형태가 세상이 얼마나 남성적 입장에서 정의 및 묘사되는지를 알려주기도 한다. 우리가 지각하는 것에서 이와 같은 남성 중심적 필터를 걸러내기 위해 지금부터는 이런 개념을 사용하지 않으려 한다. 앞으로는 정확하게 여자의 수에 따라 맺는 남녀 관계가 어떤 체계인지 표시하기로 하겠다. 달리 설명이 없다면, 항상 남자 한 명과의 관계라고 보면 된다.

가능한 관계 형태

	암컷 하나	암컷 다수
수컷 하나	일처일부	다처일부
수컷 다수	일처다부	난혼

다양한 관계의 분포 상황을 비교하면, 극적으로 불공평하다는 사실이 눈에 띈다. 가장 흔히 볼 수 있는 형태는 다처일부 모델로, 포유류의 90퍼센트가 바로 이런 관계를 맺고 있다. 한 마리의 수컷이 여러 마리의 암컷과 지속적으로 함께 살고 있는 하렘뿐 아니라, 수컷이 지속적인 관계를 맺지 않은 채 여러 마리의 암컷과 짝짓기만 하는 관계도 여기에 속한다. 그 뒤로 수컷 한 마리와 암컷 한 마리 사이에 맺어지는 일처일부(포유류 가운데 3~5퍼센트)가 있다. 마지막으로 다수의 수컷이 한 마리의 암컷과 관계를 맺는 일처다부 체계는 포유류에서 매우 드물게 관찰된다.

이렇듯 관계의 유형이 공평하게 분배되지 않은 이유는 진화상 성공을 이룬 결과의 차이에 있다. 20마리의 암컷과 짝짓기하는 수컷 한 마리는 최소한 20마리의 자손을 둘 수 있고, 이는 단 한 마리의 파트너와 짝짓기해서 얻을 수 있는 자손보다 훨씬 많다. 그래서 다처일부는 번식을 크게 성공시킬 수 있는 관계다. 반대로 20마리의 수컷과 짝짓기하는 암컷 한 마리는 한 번 임신을 해서 최대로 낳을 수 있는 자손 그 이상은 키울 수 없다. 암컷이 유일한 파트너인지 아닌지에 대한 의문은 자손이 살아남을 가능성이 많을 정도로 자원이 풍부하다면 중요하지 않다. 자손을 최대한 생산하라는 진화의 압박으로 말미암아 다처일부가 상당히 발달했고, 그 밖의 형태인 일처일부와 일처다부는 전혀 발달하지 못했다. 충동의 측면에서 보더라도 일대일 관계를 맺는 일처일부는 수컷에게 전혀 장점을 제공하지 못한다. 순수하게 생식적 기능을 하는 암컷의 성생활을 기본으로 하면, 이제 막 알이 부화하고, 새끼를 품고 있거나 영양을 공급하고 있는 암컷은 수컷에게 성적인 만족을 주지 못한다.

동물 세계에서 수컷 한 마리가 암컷 한 마리 또는 여러 마리와 함께 사는 것은 무엇보다 자원의 이용 여부에 달려 있다. 자원이 부족하면, 수컷은 오로지 좁은 영역만을 주장할 수 있고, 그리하여 이 영역에서 살 수 있는 암컷의 수도 줄어들 것이다. 먹이가 부족할 때는 일처일부가 유리하며, 살아남을 후손을 더 많이 생산할 수 있다. 먹이가 부족한데 여러 암컷을 거느리는 다처일부를 고집하는 것은 수컷에게 유리하지 않다. 더 많은 새끼가 태어나더라도, 이들 가운데 살아남는 자손은 줄어들 테니 말이다.

수컷이 암컷과 진지하게 관계를 지속하는 것은 대체로 번식 기간에만 그러하다. 특정한 시기에만 지속되므로 이를 일컬어 '연속적 일처일부'라

부르는데, 평생 파트너 관계를 유지하는 경우는 지극히 드물다. 포유류의 경우 관계 지속 기간은 대체로 새끼의 젖을 뗄 때까지다. 그 이후가 되면 암컷은 다시 임신 능력을 갖게 되고 새로운 파트너를 찾을 수 있다. 새들은 새끼가 날 수 있을 때까지 함께 살아간다. 하렘 수컷은 도전자가 나타나 왕좌에서 자신을 무너뜨릴 때까지 그 자리를 계속 유지한다.

두 성별이 좀더 장기간에 걸쳐 맺는 진지한 관계가 진화 과정에서 생겨난 원인을 설명하려면 결국 몇 가지 애매한 주장만이 남는다. 하지만 이런 설명을 납득하기 힘들게 만드는 것은 '정절'이란 실제로는 거의 존재하기 않기 때문이다. 새들에게서 우리는 로맨틱한 관계를 관찰하지만 그들 역시 한 배우자에게 정절을 지키지도 않으며, 일부일처로 살아가는 종들의 경우에도 새끼의 30퍼센트가 암컷이 낯선 수컷과 짝짓기해서 얻은 후손이다.

한 마리의 수컷에게 한 마리의 암컷만 제한하는 것은 물론 번식 기간이 지나서도 파트너 관계를 연장하는 것은 기본적으로 진화상의 장점이 되지 않으며, 오히려 상황에 따른 형태로 보인다. 많은 종이 자원의 상태에 따라 일처일부와 일처다부를 번갈아가며 선택하는 것이다.

따라서 여성 선택은 자동적으로 수컷과 암컷이 밀접하게 살아가는 공동생활로 이어진다. 많은 종의 경우 번식은 하룻밤의 섹스와 다르지 않다. 그러나 한 쌍이 한동안 함께 산다면, 이들의 관계는 매우 다양할 수밖에 없다. 지속적으로 수컷 한 마리와 살아가는 암컷이나 여러 마리의 암컷과 살아가는 수컷처럼 서로 상이한 번식 전략을 따른다. 수컷은 가능한 한 많은 암컷과 교미를 하고자 노력하고, 반대로 암컷은 양보다는 높은 수준을 요구함으로 비교적 한 마리의 우수한 수컷 곁에 머문다. 이렇듯 각각은 자신의 전략에 맞게 살 뿐이다.

그러면
인간은?

이제 왜 우리가 인간인지를 살펴보자. 복잡하고 자연으로부터 강력하게 벗어난 문명으로 인해 언뜻 알아보기는 힘들지만, 인간 역시 여성 선택 이라는 법칙을 따르고 있다.

포유류와 인간 사이의 유사점은 이 책을 읽는 과정에서 이미 알아차렸을 텐데, 바로 생식세포의 수, 임신 기간과 횟수, 번식을 위해 치르는 신체적 비용과 성적 충동의 강도에서 나타나는 차이다. 여자는 배란 때마다 오로지 1~2개의 난자를 내놓지만, 남자는 사정할 때마다 정액 1밀리리터당 평균 5000만 마리의 정자를 방출한다. 매달 성숙해지는 여자의 난자는 몇 시간 동안에만 임신할 가능성이 있지만, 남자는 매일 24시간 아이를 만들 수 있다.

충동의 강도를 고려해보면 분명하게 차이가 난다는 걸 보여주는 증거들이 있다. 2011년 오스트레일리아에서 실시한 연구에 따르면, 장기간 연인 관계를 유지할 때 남자의 56퍼센트가 여자 파트너에게 섹스를 더 많이 요구한 반면, 여자의 경우에는 겨우 28퍼센트였다. 심지어 14퍼센트의 여자는 파트너와 섹스를 더 적게 하길 원했다. 캐나다 학자들 역시 170명의 대학생을 대상으로 실시한 설문 조사에서 비슷한 결과를 얻었다. 특히 장기간 지속되는 관계에서 섹스에 대한 남녀의 열망은 불균형한데, 이때 충동의 강도뿐 아니라 줄곧 한 남자와 관계를 맺는 여자도 중요한 역할을 한다. 여자는 일단 생식 단계가 지나면 다른 남자에게 끌리는데, 이는 진화 과정에서 나타난 아주 간단한 생식 전략이다. 그러나 또 다른 연구는 성별에 따라 성적 충동이 매우 다르다는 사실을 발견했다. 게이 짝은 이성애 짝에 비해 섹스를 더 많이 하는 반면, 레즈비언 짝은 더 적게 한다고 한다. 특히 레즈비언 짝이 섹스를 적게 한다는 것은 매우 많이 보고되었다. 그래서 이를 폄하해 레즈비언 침대 죽음(lesbian bed death, LBD)이라 부르기도 한다. LBD에 대한 비판은 특히 레즈비언 단체로부터 많이 나오는데, 이 단체는 성행위의 남성적-이성애적 정의를 타깃으로 삼는다.

여자가 남자보다 정말 더 까다롭게 상대를 선별하느냐는 질문에는 확실하게 대답할 수 있다. 수년 전부터 상당한 인기를 누리고 있는 사회 실험은 2명의 유혹자가 성적인 프러포즈를 했을 때 행인들이 어떤 반응을 보이는지 조사했다. 젊은 여자가 길거리에서 완전히 낯선 남자에게 다가가 자신과 섹스하고 싶은지 물었다. 그리고 유혹자 역할을 맡은 젊은 남자가 동일한 질문을 지나가는 여자에게 했다. 결과는 유혹자의 국적, 나이, 외모와 상관없이 분명했다. 섹스 제안을 받은 남자 대부분은 즉각 낯선 여자와 섹스를 할 수 있다고 했다. 반대로 제안을 받은 여자는 모두가 거절했다.

또한 여자를 얻기 위해 남자가 보여줘야 하는 성과나 능력은 문화사를 통틀어서 시종일관 나타난다. 전 세계 어디에서든 수동적인 신부라는 모티브를 발견할 수 있는데, 남자는 신부 혹은 신부의 가족에게 연가를 불러주거나, 용기 또는 특별한 재산을 보여줌으로써 자신이 훌륭한 파트너라는 사실을 증명하고자 한다. 민속 음악, 동화 그리고 그 밖의 민속적인 이야기에는 사랑하는 여인에게 구애하는 열정적인 청년의 모습이 등장하는 반면, 여자는 창가에 앉아 흥분된 마음으로 남자를 기다리는 모습이 그려진다. 항상 남자가 요란한 쇼를 하고, 여자는 승낙하는 말만 하면 된다.

이는 오늘날 우리 시대에도 반영되어 있다. 온라인 데이트 주선 포털 파십(Parship)이 약 2000명의 싱글들에게 설문 조사를 한 결과에 따르면, 여자의 69퍼센트는 애무할 때 남자보다 먼저 시작할 준비가 되어 있지 않거나 오로지 예외적으로만 하겠다고 대답했다. 대부분은 남자가 먼저 시작해주는 걸 더 선호했다. 또 다른 데이트 주선 포털 엘리트파트너(ElitePartner)는 2013년 4000명 넘는 회원들에게 파트너가 없는 이유에 대해 물었다. 여자가 가장 흔하게 제시한 대답은 눈이 너무 높다는 것이었고, 남자는 자신이 수줍음을 타는 성격이기 때문이라고 했다. 또한 남자는 관계를 맺고자 하는 의지가 없기 때문이다, 여자에게 충분한 걸 제공할 수 없을 것 같기 때문이라는 답도 나왔다. 너무 슬프게 들릴지 모르지만, 암컷이 오로지 화려한 모습의 수컷에게만 짝짓기를 허락하는 동물 세계에서도 비슷한 현상을 볼 수 있다.

이는 남자가 만든 문명이 여성 선택이라는 패턴을 억압했다는 주장과 상반되는 것처럼 들린다. 그러나 복제를 장려하는 자연의 시스템과 일치하는 본능은 남자에게서나 여자에게서나 사라지지 않았다. 다만 여자에게서는 이와 같은 본능을 드러낼 가능성이 없었을 따름이다. 실제로 여성 운동이 점점 더 압박에 대항해왔기 때문에 우리는 성적으로 다른 행동 방식과 우선순위를 재발견할 수 있었다.

여자가 성적으로 더 자유로울 수 있는 곳에서는 대체로 최소한 자신과 비슷한 파트너 또는 올려다볼 수 있는 남자를 원한다. '올려다본다'는 말은 그 뜻 그대로 대부분의 여자가 자신보다 더 큰 파트너를 선호하기 때문이다. 여자는 수백 년 또는 수천 년 전부터 자신보다 더 큰 신체를 선호했으므로 오늘날의 남자는 평균적으로 여자보다 더 크다. 이는 암컷 개체의 성적인 자연도태에 직접 영향을 주어서 생긴 성적 이형(sexual dimorphism, 性的二形)으로, 같은 종이지만 다른 특징으로 발전한 것이다.

여자는 가능한 한 가장 화려한 알파 동물에 가까운 엘리트 남자를 원한다. 지적이고 힘세고 독립적인 남자, 특히 정착 생활을 한 뒤부터는 부유한 남자이기도 해야 한다. 오늘날 우리 문명의 사회 위계질서에서 차지하는 남자의 지위는 그와 같은 요소들의 상징이다. 간호사는 의사한테 빠지고, 여승무원은 조종사한테 빠지며, 비서는 사장한테 빠진다. 페미니즘 덕분에 여자가 높은 지위에 오르게 된 곳에서는 이런 상징들이 섹시하다는 의미가 점점 줄어든다. 대학을 졸업한 여자도 탁월한 남자를 선호하지만, 자신이 이미 높은 지위에 있어 선택할 수 있는 남자가 줄어들며, 그리하여 남자를 만날 때 어려움을 겪는다.

반대로 남자는 여자가 자신보다 덜 벌고 덜 지적이고 덜 독립적이라고 해도 전혀 문제가 없을 뿐 아니라, 오히려 그와 같은 여자를 찾는다. 그런 여자는 감동시키기도 쉽고 관계도 쉽게 맺을 수 있는 까닭이다. 미국의 학자들이 실시한 연구에 따르면, 남자는 자신보다 더 지적인 여자를 덜 지적인 여자보다 더 열망할 가치가 있다고 느낀다고 한다. 그러나 정작 그런 여자와 실제로 만나거나, 그런 여자를 파트너로 삼을 생각이 있느냐는 질문에는 다수가 뒤로 물러났다. 처음엔 여자의 지성이 매력적이라고 했지만 더 이상은 알고 싶어 하지 않았다.

이것으로 우리를 우울하게 만드는 데 충분하지 않는지, 텍사스에 있는 오스틴 대학 소속 연구원들이 남자 대학생을 상대로 설문 조사를 실시해 알아낸 게 있다. 남자 대학생은 성적 매력이 있는 여자의 사진을 봤을 때 훨씬 더 매력적이라고 여긴다는 것이다.

동물의 세계에서 수컷이 암컷을 방어하는 메이트 가딩 역시 인간에게서 찾아볼 수 있다. 극단적인 경우로 이슬람 여자에게 주어지는 금지 사항을 들 수 있다. 이슬람 여자는 남자를 동반하지 않으면 공공장소에 나갈 수도 없거니와 여행도 할 수 없다. 또한 이슬람 여자가 쓰는 베일도 3000년 이전부터 여자를 다른 남자들의 시선으로부터(남자들의 접근으로부터) 감추기 위한 목적이었다. 여자 친구의 휴대전화를 통제하고, 다른 남자와 사귀는 것을 금지하고, 여가 시간에 즐기는 활동조차 세부적으로 보고받고자 하는 남자는 동물 세계에서 암컷을 감시하는 수컷의 모습과 별반 다르지 않다.

나는 특히 트위터 토론을 통해 여자를 소유하려는 욕구를 인상 깊게 경험했다. 미국의 트위터 사용자 한 사람이 자신의 팔로워들에게 만일 여자 친구가 강간을 당했다면 어떻게 행동할 것인지 물었다. 그녀의 편에 서주겠는가, 아니면 그녀를 떠날 것인가? 많은 남자 트위터들은 남자 친구 없이 외출한 여자는 스스로에게 책임이 있고, 그러니 헤어져야 한다는 의견이었다. 이런 대답은 물론 남자를 대표하는 것은 아니지만, 그럼에도 "내 여자는 자유롭게 돌아다녀서는 안 된다"는 기준이 남자의 사고방식에 존재한다는 것을 보여준다. 여자 역시 질투심이 매우 많아졌는데, 이는 여자의 성생활 때문이 아니라 정착 생활을 하게 된 문명의 부작용 때문인 것으로 보인다. 남자에게만 재산이 주어짐으로써 남자는 중요한 자원을 담당하는 관리자가 되었고, 여자는 자기 남자가 다른 여자와 접촉하지 않을까 의심을 품고 지켜보게 되었다.

인간의 공격 패턴 역시 동물의 공격성과 비슷하다. 2019년 독일 연방 치안청이 보고한 통계에 따르면, 남자 범죄자는 여자에 비해 3~4배나 많다. 특히 폭력 범죄일 경우는 남녀의 차이가 심하고, 절도 같은 경범죄의 경우에는 차이가 적었다. 동물 세계의 여성 선택 시스템에서 하나의 목표를 충족시키기 위한 폭력성은 인간에게도, 특히 남자에게 내재되어 있다. 100명 중 99명이 남자 용의자인 성범죄는 폭력과 성생활 사이에 밀접한 연관성이 있음을 분명하게 보여준다. 나는 지금 성적인 폭력에 대해 얘기하는 것이다. 즉, 이미 토착화한 성적 측면을 강조하는 폭력에 대해 얘기하는 게 아니다. 여성 운동은 오랫동안 성적인 공격은 무엇보다 힘(의지력)이 중요하지 섹스(충동적 행동)가 중요한 게 아니라는 주장을 펼쳐왔다. 그 배후에 담겨 있는 생각이 무엇인지 이해할 수는 있지만, 나는 성적인 번식이라는 진화상의 특수성을 바탕으로 '성적인 폭력'이 합당한 개념이라고 간주한다. 문화적 요소가 강간이라는 결정을 자극할 수 있다는 사실을 나는 결코 의심하지 않는다. 내가 성적인 폭력에 대해 설명할 때, 이런 성폭력을 의미 있게 해결하기 위해 그걸 이해하는 데 중점을 둔다는 것을 기억해주기 바란다.

　동물 세계에서도 성폭력은 매우 복잡한 주제다. 윤리적 이유 때문에 동물 세계로부터 획득한 지식을 인간에게 적용하려면 매우 신중해야 한다. 생물학자 랜디 손힐(Randy Thornhill)과 인류학자 크레이그 팔머(Craig Palmer)는 2000년 성폭력은 진화에 의한 복제 전략일 뿐이라는 주장을 소개했고, 이로 인해 대중으로부터 엄청난 비난을 샀다. 전반적 내용과 무엇보다 이런 내용에서 풍기는 암시는 많은 사람에게 성폭력을 너무 합리화하려는 것처럼 들렸다. 그렇기 때문에 매우 조심스럽게 다루어야 한다.

　이미 살펴봤듯 폭력성은 복제 전략을 선택한 수컷의 본질적 성향이다. 이런 폭력을 통해 수컷은 경쟁자와의 투쟁에서 또는 암컷을 지키는 행동에서 이길 수 있는 기회를 더 얻는다. 테스토스테론이 공격성을 증가시키는 것은 결코 우연이 아니며, 진화의 과정에 적응한 결과다. 좌절에 빠지면 이런 공격성은 번식 능력이 없는 개체를 향하게 되어 일종의 압박감을 준다. 한편으로 폭력은 성공적인 짝짓기를 하려 할 때 문제가 발생하면 이를 해결하는 수단이 되지만, 다른 한편으로 짝짓기에 성공하지 못한 채 성적인 충동만 쌓아두고 있는 수컷으로부터 나온 결과이기도 하다.

　이렇듯 폭력(그리고 이러한 폭력의 목표)의 두 가지 종류를 관찰해보면, 성폭행에 대해 약간 차별화된 그림이 나온다. 섹스를 전혀 할 수 없거나 흡족할 만큼 할 수 없는 남자는 공격적으로 반응하는데, 이 점에 있어 인간은 동물과 별반 다르지 않다. 여자로부터 선택받지 못해 섹스를 조금밖에 못 하거나 섹스할 가능성이 선혀 없는 남자는 특히 심하다. 지난 수년 동안 인터넷에서는 이런 부류의 남자를 일컬어 비자발적 독신주의자, 즉 인셀이라고 불러왔다.

통계에 따르면, 사회적으로 낮은 지위에 있는 여자는 남자의 폭력에 희생될 위험이 가장 높다고 한다. 그런 여자가 똑같이 사회적 지위가 낮은 남자들이 살고 있는 환경에 처해 있다면 어떻게 될까. 사회적 지위가 낮은 남자는 섹스할 기회가 상대적으로 적고, 그리하여 폭력적으로 대응하는 경우가 많다. 이런 남자는 후손을 생산하지 못하며 그로 인한 좌절로 폭력적이 된다. 그들이 폭력을 가하는 대상은 다른 남자, 아이, 노인 또는 낯선 사람이다. 따라서 이런 폭력은 성적 충동의 직접적 결과는 아니다. 흔히 이런 남자는 가능한 한 모든 것에 대해 분노한다. 어떤 정치 진영에 반대하는가 하면, 온갖 세계나 특정 소수자에게 화를 내곤 한다. 어쨌거나 이들에게서 공통적으로 발견할 수 있는 특징은 무한하게 열망하는 자원을 자신에게 주지 않는 여자에 대한 증오심이다.

오랑우탄의 예에서 본 것처럼 성폭력은 또한 직접적인 복제 전략이 될 수도 있다. 독일 연방치안청의 통계에 따르면, 성폭력을 당하는 대부분의 여성 희생자는 성적으로 성숙한 나이라고 한다. 이는 성폭력이라는 범죄는 일반적 논의에서와 달리 오히려 섹스가 핵심이라는 사실을 뒷받침한다. 페미니즘이 수십 년 전부터 주장해왔듯 성폭력이 오로지 권력 때문이라면, 아이와 노인도 그 대상이 되어야 할 것이다. 이들도 희생자가 되긴 하지만 대체로 성폭력의 주된 대상은 섹스와 번식을 할 수 있고 성적으로 성숙한 소녀나 성인 여자들이다.

우리가 남자의 성폭력을 관찰할 때 범하는 실수는 복제 전략이 갖고 있는 의도를 생각한다는 것이다. **저기 저 여자를 지금 임신시키고 싶어. 그래서 내가 저 여자를 성폭행하는 거야.** 손힐과 팔머의 주장에 대한 비판은 복제가 진정으로 중요하다면 더 많은 희생자가 임신을 해야만 한다는 것이다. 그런데 실제로 성폭행을 하는 사람은 자기 행동의 배후에 깔려 있는 목표를 의식하지 못한다. 하지만 진화 과정에서 발전한 복제 전략은 성폭행을 하는 행동과 결정에 영향을 준다. 성폭행을 한 남자는 반드시 벌을 받게 될 결정을 의도적으로 했으나, 알고 보면 그건 수백 년 동안 쌓여온 본능을 따른 것이라 볼 수 있다. 물론 이런 본능을 남자는 모르고 있을 테지만 말이다.

무엇보다 우리는, 인간의 성폭행은 여성 선택이라는 특징에 따라 번식 과제를 충족시켜야 하는 다른 종들과 매우 유사한 점이 있다는 것을 받아들여야 한다. 그리고 우리는 자유 사회에서 삶과 모순되는 성폭력이 남자의 성생활-DNA의 일부일 뿐 아니라, 문제를 훨씬 덜 일으키는 경쟁적 태도라는 사실도 주목해야 한다.

남자의 성생활에 공격적인 부분도 있다는 점을 고려할 때, 여자가 한 남자와 좁은 공간에서 오랫동안 살아가는 진실한 관계는 매우 위태롭다. 어떻게 이러한 관계가 생겨났으며, 어떻게 이것이 자연의 패턴에 어울리는지는 관찰해볼 만한 이유가 충분히 있다.

우선 인간은 왜 사회적 관계를 개발했는지에 대해 의문을 던질 수 있다. 이런 사회적 관계를 반드시 성적인 번식과 연관시킬 필요는 없다. 이유는 직립보행에 있다. 과거의 인류는 똑바로 걸음으로써 골반이 그만큼 밑으로 압박을 더 많이 받았을 것이다. 산도(産道)가 좁아지는 동안 신생아의 머리는 더 커지고 지적 수준은 점점 높아졌다. 이에 대한 유일한 해결책은 후손을 불완전한 상태에서 출산하는 방법이었다. 임신 기간은 점점 짧아졌다. 아이가 원래 성숙할 수 있는 기간 이전에 세상 밖으로 나온 것이다. 다른 포유류와 비교할 때 인간의 아이는 미성숙하다. 태어날 때

아이의 뇌는 성인의 30퍼센트(침팬지는 약 50퍼센트, 웨들해물범의 경우는 약 70퍼센트) 크기밖에 되지 않는다.

인간의 아이는 이렇게 산도를 통과해 나오지만, 대화를 하거나 움직이는 능력은 갖추지 못했다. 그야말로 아무것도 하지 못했다. 일종의 울기만 하는 애벌레인 갓난아이는 하루 종일 엄마의 손에 의지했다. 어머니 역시 갓난아이처럼 자신을 지원해줄 수 있는 친밀한 무리의 도움을 구했다.

산업 국가의 국민들이 맺고 있는 관계뿐 아니라 토착 문화의 인간관계에 대한 정보 또한 얻기가 쉽지 않다. 토착민 대부분은 기독교 선교사와 식민주의자 그리고 세계화의 압박으로 인해 밀접한 관계를 포기하든가, 그렇지 않으면 적어도 서구 세계의 가치관에 맞게 살아가고 있기 때문이다. 인류학자들이 원시 문화와 최초로 조우했을 때, 토착민은 적어도 수백 년 전부터 유럽의 선원들이 가져온 물건과 정신으로부터 영향을 받은 상황이었다. 그럼에도 인류학자 조지 머독(George P. Murdock)은 토착 문화를 연구해 1962~1980년 1231개의 문화 습관에 대한 자료를 모았다.

이러한 자료에 의하면, 대다수 문화 그러니까 1041개의 문화는 지속적으로 한 남자와 다수의 여자가 사는 시스템(하렘)에 따라 살았다. 그리고 186개의 문화는 한 여자와 한 남자가 사는 일처일부, 4개의 문화는 다수의 남자와 한 여자가 사는 일처다부였다. 이러한 비율은 동물 세계에서 볼 수 있는 짝짓기 시스템의 분포를 반영한다. 진화의 압박을 받은 인간은 무엇보다 다처일부-일처일부 시스템을 산출해냈다.

'다수의 남자' 시스템이라고 했을 때, 하렘과 반대로 우리는 막강한 여자가 여러 명의 남자와 난해한 놀이를 하는 모습을 생각할 수 있다. 하지만 대부분은 여자가 한 명의 남자뿐만 아니라 그의 형제, 경우에 따라서는 아버지와도 동시에 결혼하는 형태다. 이런 것을 '형제간 일처다부'라고 부른다.

언뜻 보면 형제간 일처다부에서 여자는 정절을 포기한 것 같다. 그러나 여자는 전통적 의미에서 충실하지 않은 듯 보일 뿐이고, 남자들의 밀접한 친인척 관계 때문에 오로지 남자의 동일한 유전 물질만 있을 따름이다. 즉, 여자는 한 남자와 사는 것은 아니지만, 대신에 '동일한 유전자'만 얻는다. 여러 명의 남자와 섹스하지만, 그들은 단 하나의 유전자 라인에 속하는 남자인 것이다. 형제들과 섹스를 통해 낳은 아이는 그들 가운데 누가 정자를 제공했든 상관없이 남자의 가족 유전자를 갖게 된다. 여러 명의 남자와 한 명의 여자로 이루어진 일처다부 번식 전략은 성공하기에 충분하지 않았기 때문에 동물에게서나 인간에게서 널리 퍼져나가지 못했다.

지구의 북쪽과 서쪽에 위치한 거의 모든 국가에서는 여러 명의 아내를 두는 것을 금하고 있는데, 한 사람과 관계를 맺고 가능한 한 평생 그 사람과 사는 것을 당연하게 여긴다. 일부일처는 이렇듯 다른 대안이 없는 것처럼 보이고, 우리는 이런 태도를 타고난 것으로 여긴다. 실제로 지난 수십 년간 자연과학은 인간의 일부일처와 육아에 참여하는 아버지에 대한 진화생물학적 설명을 다방면으로 연구해왔다.

가장 널리 알려진 설명으로는 '은폐된 배란(concealed ovulation)'이라는 이론을 들 수 있다. 이 이론은 영장류의 경우 암컷의 성기 부분이 부풀어 올라서 생식 기간을 알아볼 수 있는 데 반해 사람의 배란은 눈에 띄지 않는다는 관찰에서 비롯되었다. 이에 따라 남자는 여자가 언제 임신이 가능한지 여부를 알지 못한다고 결론지을 수 있다. 오로지 지속적으로 여자와 함께 살고 잠자리를 반복함으로써, 배란의 비밀에도 불구하고 그녀를 임신시킬 수 있는 기회가 더 많아진다. 은폐된 배란은 남자의 시선으로만 세상을 해석하고, 그리하여 실수를 범한 과학으로부터 나온 또 하나의 사례이기에 특히 흥미진진하다. 사실상 은폐된 배란이라는 것은 없기 때문이다.

은폐된 배란이라는 개념은 1960년대에 동물학자 데즈먼드 모리스(Desmond Morris)가 최초로 공식화한 이론이다. 당시의 학문 단체는 대부분 1940년대와 1950년대, 그러니까 정숙한 체하는 시대에 사회화한 남자들로 이뤄져 있었다. 이러한 학자들은 성생활에 대해 오랫동안 심사숙고했고, 그러는 가운데 자신들의 여자를 지켜보며 이렇게 생각했다. **웃기는 구먼. 나는 그녀의 난소에서 무슨 일이 일어나는지 도대체 알 수가 없단 말이야.** 그래서 고민에 싸인 그들은 책상에 앉아 연필을 씹어대며 이렇게 썼다. "배란: 알 수 없음." 그리고 이들과 비슷한 시기에 사회화를 거친 남자 동료들이 이런 글을 읽고 고개를 끄덕이며 생각했다. **제기랄, 당신들이 말하듯 나 역시 아무것도 모르겠어.** 그들은 불현듯 깨달았던 것이다. 이런 주장은 과학의 세계에서 너무나 명료해 보여 실제로 배경을 캘 필요도 없이 신속하게 생물학적 사실로 다뤄졌다.

하지만 현실에서 여자의 임신 여부는 매우 다양한 변화를 통해 나타난다. 배란 중인 여자는 다르게 보인다. 냄새도 다르며 행동도 다르다. 입술과 눈은 평소보다 더 충만하고 반짝인다. 쾌락을 더 많이 추구하며 섹스할 때도 주도적이곤 한다. 다양한 연구에 따르면, 남자도 이와 같은 변화를 잘 알아차린다. 함께 사는 여자든 (그래서 잘 아는 여자든) 낯선 여자든 상관없이 말이다. 남자는 배란기에 있는 여자의 얼굴을 더 매력적으로 여기며, 파트너 여자 역시 배란기에 더 끌린다고 한다. 심지어 스트립쇼를 하는 배란기의 무희는 그렇지 않은 여자 동료에 비해 더 많은 팁을 받는다고 한다. 따라서 여자의 발정기는 분명하게 알 수 있고, 한 여자와 한 남자가 장기간 맺는 관계에 대한 설명으로는 '배란의 비밀'을 제외할 수밖에 없다.

이제 우리는 사랑에 빠진 사람이 유독 한 사람만 쳐다보고 정절을 지키는지에 대해 분명한 증거를 댈 수 없다. 그러나 자연스러운 매력이란 대체로 유효 기간이 있다. 몇 달부터 몇 년 사이에 어느 시점이 되면 사랑의 감정은 식어버린다. 특히 여자의 열정은 더 빨리 식는다. 인류학자 헬렌 피셔(Helen Fisher)는 2011년 미국인 부부의 이혼은 결혼한 지 4년 안에 대부분 이루어진다는 사실을 밝혀냈다. 독일, 스위스, 프랑스에서는 부부 관계가 이보다 더 오래 유지되어 5~7년 사이에 이혼한다.

이 같은 사랑의 유효 기간은 남아프리카의 산족(San, 부시먼), 탄자니아의 하드자족(Hadza) 그리고 이누이트족처럼 원래 유목민이던 원시 민족에게서도 나타난다. 장기간 지속되는 자연스러운(문화적 압박에 장악당하지 않은) 관계도 있기는 하지만, 이는 매우 드문 경우다. 그래서 다음번에 가질 아이를 위해 그때그때 파트너를 새롭게 선택하는 것이 규범이었음을 알 수 있다. 한 남자가 여러 명의 여자와 관계를 맺는 다처일부는 자원이 얼마나 풍부한지, 그리고 첫 번째 부인이 얼마나 참아주는지에 달려 있다. 앞에서 장기간의 관계에서 여자의 욕구는 줄어든다고 언급했는데, 이는 남녀의 충동에 차이가 있다는 표시일 뿐 아니라 여자는 평생 정절을 지키는 부부라는 모델과 무관하게 새로운 파트너에게 갈 시점을 찾는다는 징후이기도 하다.

여성 선택이 우리 인간의 유전자에 새겨져 있다는 증거는 지금까지도 압도적이다. 신체 구조, 자손의 생산 과정, 파트너를 선택하는 여자의 행동, 상이한 충동의 강도, 폭력, 파트너 모델의 분포 등등 이 모든 것은 여성 선택을 통해 성적인 선택을 한 뒤 기대할 수 있는 패턴과 완전히 일치한다.

하지만 우리는 다르게 살고 있다. 진화생물학적으로는 모든 게 그렇게 돌아가야 하지만, 일상에서는 여성 선택이라는 강력한 규칙이 잘 지켜지지 않는다. 사회 전반적으로 공동생활에 대한 권한은 대부분 남자의 손에 달려 있다. 남자가 여자로부터 거절당하듯이 여자 역시 남자로부터 거절당하는 경우가 많다. 통계에 따르면 여러 명의 여자와 한 명의 남자로 이루어진 다처일부가 우리의 본성에 적합함에도 불구하고, 우리는 대부분 한 명의 여자와 한 명의 남자로 이루어진 남녀 관계 속에서 산다. 이러한 모든 요소가 우리의 시야를 흐리게 하고, 여성 선택이라는 패턴을 일그러뜨리며 인식하기 힘들게 만든다.

일부일처의 진화적 기원에 대한 주장은 인간이 1만 년 전부터 비로소 일부일처 시스템으로 살기 시작했다는 유전적 검사를 통해 치명타를 입고 있다. 그러므로 어떤 시점부터 남녀의 공동생활이 근본적으로 바뀌고, 오늘날과 같은 문명의 초석을 이룬 시도가 이뤄졌을 것이다.

FEMALE
CHOICE

새로운 시작
유목민에서 농부로

남성 문명이 자연적 생식 패턴을 어떻게 무너뜨렸는지를 이해하려면, 우리는 문명이 발생한 시점으로 돌아가야 한다. 이 시기는 대략 1만 년 전에 시작했으며, 인간이 경작과 축산을 배웠을 때였다. 이 단계가 그때까지 통용되던 공동의 삶을 어떻게 바꾸었는지 살펴보자.

지금 이와 같은 과정을 그려보는 것은 깊은 곳에 묻힌 채 전 세계에 분포되어 있으나 오랫동안 온전하게 맞출 수 없었던 3만 개의 퍼즐을 맞추는 행동과 비슷하다. 그럼에도 과거 인간 사회의 삶에 대해 통찰할 수 있는 간접 증거들이 있다. 우선 고고학적 발굴이 있다. 치아와 뼈는 영양 공급, 나이, 운동이나 외모에 대한 증거다. 발굴된 도구, 냄비, 무기 따위는 조상들의 문화적 발전과 사회적 공동생활에 대해 중요한 사실을 말해준다.

대부분 보잘것없는 발굴품을 정렬할 때 도움을 주는 것은 유전학이다.

이때 생식 과정에서 아버지의 DNA와 혼합되지 않고 어머니가 아이에게 상속하는 미토콘드리아 DNA(mtDNA)가 상당히 중요한 역할을 한다. 특히 가계를 추적할 때 매우 중요하다.

우리 조상들의 삶의 방식을 추정할 때 도움을 주는 또 다른 간접 증거는 오늘날에도 자연과 가깝게 살고 있는 민족들과 비교함으로써 나온다. 수백 년 동안 선교도 하고 식민지로 삼았기에 외세로부터 전혀 영향을 받지 않은 고대의 삶의 방식은 더 이상 존재하지 않는다. 그럼에도 불구하고 적어도 환경으로부터 받는 특별한 요구 및 이와 연관된 문화적이고 사회적인 측면에 대한 근거는 제공한다. 서구에서 식민지를 폄하하며 '부시먼'이라고 부르던 남아프리카의 산족이 특히 의미심장하다. 이들은 세계에서 가장 오래된 문화 가운데 하나를 가졌으며, 과거 인류와 매우 비슷한 환경에서 살고 있다. 그리고 자신들의 전통적인 삶의 방식을 비교적 오랫동안 백인들에 맞서 유지할 수 있었다. 개별적인 규율이 이들의 인식을 해석할 때 항상 동일한 의미를 제공하는 것은 아니지만 근접한 모습을 보여주긴 한다.

최초로 직립보행을 했던 호모 에렉투스(Homo erectus)는 전 세계로 번져나갔고, 심지어 불을 사용하기도 했다. 대략 30만 년 전 지구의 다양한 지역에서는 이 종족으로부터 다른 인간들이 발생했다. 유라시아에서는 거친 네안데르탈인, 아시아에서는 작은 체구의 플로레스인, 동아프리카에서는 오늘날 유일하게 살아 있는 종인 호모 사피엔스가 생겨났다.

농업을 발명하기 전 인류의 조상들은 직접 식량을 생산할 수 없었다. 그들은 식량을 좇아 이동해야만 했고, 그러다 보니 자연히 유목민의 삶을 살았다. 이동 속도는 느렸다. 1년에 대략 1킬로미터였는데, 동물 떼가 대대적으로 움직이는 방향을 따라갔다. 이렇듯 천천히 이동했기 때문에 동아프리카에 살던 인간이 유럽에 도착한 것은 대략 5만 년 전의 일이다. 유목민의 식량으로는 식물과 동물이 있었다. 소·영양·염소가 식량이었고, 매머드와 동굴 곰도 먹었다. 이런 동물은 식량만 제공하는 데 그치지 않고 사람들에게 가죽, 뼈, 털가죽 그리고 똥도 제공했다.

여자는 식량 공급자 역할을 맡는 것 외에 무리에게 가장 중요한 어머니 역할도 했다. 무리는 어머니와 자녀라는 끊을 수 없는 일체 관계가 바라는 욕구, 이런 일체 관계가 해낼 수 있는 능력, 그리고 할 수 없는 것을 제한하는 것을 위주로 조직되었으며, 한마디로 **어머니 중심**이었다. 어머니 중심의 가족(matrifocality)을 가부장제와 혼동해서는 안 된다. 이는 권력이나 사회적 가치를 불공평하게 분배하는 지배 형태가 아니다. 어머니 중심의 가족 사회란 기본적으로 갓난아이에게 젖을 먹이는 어머니가 있으면, 무리는 자동적으로 그녀에게 필요한 것을 **줘야 한다**는 의미다. 또한 무리가 소중한 후손의 목숨을 위태롭게 만들지 않는다는 의미이기도 하다.

남녀가 무리를 지어 살아가는 삶에 적응하기 위해 남자의 테스토스테론 수치는 점차 줄어들었다. 남자는 진화에 의해 사회 능력을 갖춘 사람이 되었다. 호르몬으로 인해 남자의 공격성은 낮아진 반면, 경쟁자와 협력하는 자세와 인내심이 늘어났다. 유타(Utah) 대학 소속 학자들은 인류사에서 다양한 시기에 속하는 1400명의 인간 두개골을 비교 연구한 결과, 테스토스테론에 의해 좌우되는 두개골 형태, 예를 들어 눈 위의 뼈가 융기한 부분이나 각진 아래턱이 시간이 지나면서 퇴화했다는 사실을 입증했다. 가장 오래된, 대략 8만 년 된 인간의 두개골은 탄탄하고 거친 형태를 보여주었으나, 현대 남자들은 좀더 부드럽고 덜 강한 형태다. 성적인 선별에 따라 여자는 세대를 거치며 덜 공격적인 남자를 선호하게 되었다고 볼 수 있다.

오늘날에도 우리 조상처럼 사냥과 수집을 하며 살아가는 민족들에게서 관찰할 수 있듯 당시의 인간은 지도자 없이 무리를 지어 살았던 것 같다. 이들은 다양한 혈족에 속하는, 요컨대 다양한 일족이나 씨족에 속하는 100여 명 안팎의 무리였다. 무리에는 단 한 명의 지도자도 없고 씨족들이 공동의 생활을 함께 영위해나갔다. 개인의 영향력은 각자의 능력과 특징에 달려 있었다. 어머니는 매우 많은 시간을 들여 갓난아이를 보살펴야 했기 때문에 노동 분배가 이루어졌다. 사냥처럼 그때그때 융통성이 많이 필요하거나 힘이 들어가는 작업은 남자의 과제가 된 반면, 여자는 과일과 산딸기를 수집하고 아이들 돌보는 일을 맡았다. 여자는 아이를 둘둘 묶거나 들고 다닐 수 있는 천과 바구니 덕분에 손을 자유롭게 사용할 수 있었다.

유목 생활을 할 때 여자는 사냥을 하지 않았다. 어머니와 아이의 부상 위험이 너무 컸고, 등에 묶어둔 아이가 울기라도 하면 사냥에 성공할 확률이 낮았다. 여자는 아마 집 근처에 머물렀을 테지만, 집안일과 아이를 교육하는 것 외에도 많은 일을 했다. 사냥은 확실하게 식량을 얻을 수 있는 방법이 절대 아니다. 사냥은 흔히 오랜 시간을 소비해야 한다. 며칠씩 걸릴 수도 있고, 심지어 사냥하기 힘든 시기에는 몇 주가 걸리기도 한다. 이 시기에 여자가 아무 일도 하지 않은 채 아이들에게 젖만 먹인다면, 아마도 남자들이 노획물을 가지고 돌아올 때까지 굶주려야만 했을 것이다. 남자가 거대한 포유동물을 잡으려 웅크리고 있는 동안 여자는 과일, 뿌리 그리고 어느 정도 안전하게 먹을 수 있는 식재료를 채집했다. 우리는 이와 같은 분업을 남아프리카에 사는 산족에게서 찾아볼 수 있다. 이곳의 여자들은 대체로 무리가 섭취하는 영양분의 80퍼센트를 차지하는 식물성 식품을 채집한다. 남자는 좀더 귀하지만 드물게 고기를 가져오기도 한다. 하지만 무리에게 식량을 공급하는 주된 역할은 여자가 맡는다.

유목 생활을 하는 여자는 식물과 동물에 대해 탁월한 지식을 가지고 있으며, 상당량의 식량을 무리에게 공급했다. 여자가 무리를 위해 그토록 많은 일을 했지만, 남자도 쓸모는 있었다. 그들은 성공 확률이 높지 않음에도 불구하고 거대한 야생 동물을 사냥했다. 만일 남자들이 물소나 매머드 또는 그와 비슷한 거대한 동물을 사냥하는 데 성공하면, 고기는 자신의 씨족뿐 아니라 무리 전체에게 돌아갔다.

초기 석기 시대 사람들은 그날 먹이를 구해 그날 먹고 살았을 가능성이 많다. 오랜 기간 식품을 보관하는 방법을 몰랐고, 가볍게 옮겨다 저장할 용기 같은 것도 없었다. 식량이 될 만한 장소에서 음식을 다 챙겼다면, 다음번 식량원을 찾아다니며 몇 주 정도 먹을 수 있는 저장품을 챙겼을 수는 있다.

기후에 따라 다르지만 무리는 가벼운 소재로 지은 오두막 외부에서 생활한 것으로 보인다. 음식 준비, 아이들 수업(유목민의 아이들도 세상에 대해 배워야 하니까), 공동으로 하는 손작업과 사회적 교류는 지붕이 없는 곳에서 이루어졌을 것이다.

무리는 공동체 생활을 했고, 이때 각자는 뭔가 성과를 이뤄낸 다음 이 성과물을 분배했을 것이다. 그리고 개인은 자신이 필요한 만큼 성과물을 모았을 것이다. 모든 사람이 그야말로 모두에게 의지했기 때문에, '우리'

라는 집단 개념이 '내 것'보다 더 중요했다. 우리라는 집단 개념이 강력하게 발달한 이유는 소유물(생존에 반드시 필요하지 않은 물건이라는 의미에서)이 거의 존재하지 않았기 때문이다. 소유권은 물이 있는 장소처럼 자원을 취할 수 있는 곳과 사냥감을 분배받을 권한에 한정되었다. 물건을 소유하면 다른 사람들과 경계를 짓고 시기심을 불러올 수 있었다. 그럼에도 모든 사람은 자신의 소유를 원했으며, 이웃이 갖고 있거나 받는 것을 자신도 원했다.

아이들은 3~4년 간격으로 태어났다. 이 기간 동안 여자는 젖을 먹이기 때문에 자주 임신하지 않았다. 여자가 젖을 주는 동안에는 다른 포유류와 마찬가지로 대체로 배란이 되지 않는다. 오늘날까지도 인위적인 방식으로 젖을 규칙적으로 뽑아내고, 이를 피임 수단으로 사용하는 지역이 많다. 오랫동안 젖을 먹여 첫째 아이가 충분히 독립적이 되고 어머니의 보살핌이 더 이상 필요 없을 때, 둘째 아이가 태어난다. 이렇듯 긴 간격을 두고 출산하면 여자는 가임 기간 중 네다섯 명의 자식만 낳을 수 있다. 어머니로부터 젖을 더 이상 먹지 못하는 아이들은 무리에 속한 다른 여자와 남자들의 보살핌을 받았다.

한 여자가 낳은 아이들은 아버지가 각기 다를 경우가 자주 있었으며, 원시 시대의 남녀는 시한부 파트너 관계였다. 진화에 의해 인간의 신체는 남녀 사이에 아이가 생기고 그 아이가 독자적으로 음식을 먹고 유목 생활을 하는 무리에 자기 힘으로 들어가서 이동할 수 있을 때까지 함께 살도록 만들어졌다. 그래서 이보다 더 오랫동안 맺는 남녀 관계는 예외라고 할 수 있다.

이 모든 게 석기 시대의 로맨틱으로 조화롭게 들리고, 자연의 법칙이 아직 잘 살아 있는 것처럼 들리지 않는가? 그러나 유목민으로 살아가는 삶은 그야말로 혹독했다. 첫째 아이가 충분히 성장하기 전에(항상 이런 예외적인 상황은 생기므로) 여자가 임신을 하면, 둘째는 죽어야만 했다. 너무 일찍 새로 임신한 산족의 여자는 무리로부터 응징당할지 모른다는 두려움에 태어난 신생아를 덤불에 버리기도 했다.

또한 유목 생활은 에너지를 매우 많이 소모해야 하며, 삶의 수준이라는 것도 확실하게 보장되지 않고 모든 것을 매일 작업해야 한다. 불리한 기후, 사냥감 부족 같은 모든 것이 사람들을 굶주리게 만들었다. 여건이 좋지 않을 때 무리는 먹이를 발견하기 위해 아주 먼 곳까지 가야만 했다. 신체에 비축해둔 에너지도 거의 없고, 그래서 유목 민족은 대부분 매우 여위었다. 유목민으로서 삶은 그리스 신화에 등장하는 시시포스와 비교할 수 있는데, 이 불행한 인물은 무거운 돌을 짊어진 채 산을 올라가야 하는 벌을 신으로부터 받았다. 그런데 시시포스가 정상 가까이까지 가기만 하면 돌이 떨어져 다시 산 밑으로 굴러가버리곤 했다. 유목민도—은유적으로 표현하면—끊임없이 돌을 날라야만 했다. 쉬는 시간도 없고, 도착하는 곳도 없고, 처한 상황을 향상시킬 방법을 깊이 생각할 명상의 시간도 없었다. 모든 것을 자기 보존과 살아남는 데 집중했다. 아픈 허리를 쭉 뻗고 기중기 같은 것을 이용해 수월하게 돌을 드는 과제를 생각할 여유를 가질 수 있도록 잠시라도 시시포스의 돌을 들어주는 이는 아무도 없었다.

그래서 깊은 한숨을 내쉬며 유목민 시대로 돌이기려는 사람이 없는 것이다. 하지만 여기에 덧붙여 채워지지 않는 성생활이라는 상황도 있다. 유목민 사회에서는 여성 선택이 완벽하게 작동하고 있었기 때문이다. 산족의 경우 젊은 여자의 어머니가 딸의 남자를 선택한다. 하지만 어머니는 딸의 파트너를 선택할 때 자신에게도 중요한 기준에 따라 결정한다. 미래의 아버지가 될 사위를 사냥 실력을 통해서 고르는 것이다. 운이 없는 사냥꾼은 선택받지 못한 채 총각으로 남는다. 그 밖에도 남녀는 일종의 시험 기간을 갖고, 여자는 거부권을 행사할 수 있다. 여기에서도 생식을 결정하는 쪽은 여자이며, 남자는 자신이 뽑힐 수 있도록 성과를 보여줘야 한다. 여성 선택에 관해 우리가 알고 있는 모든 지식을 바탕으로 우리는 원시 유목민 가운데 남자 중 일부는 여자를 갖지 못했으며, 섹스를 두고 남자끼리 벌이는 경쟁이 상당히 치열했을 거라고 추측할 수 있다.

남자에게 불만이었을 여성 선택 시스템과 이로써 생긴 결과로 인해 우리의 욕구 피라미드에서 성 충동을 해결하는 과제가 상당히 절박했을 것이다. 요컨대 성생활에 과도하게 집중하게 되었다. 성행위의 상징이던 여자의 신체는 동경하는 목표가 되었고, 남자의 머릿속을 온통 차지했다. 약 3만 년 전, 그라베티안(Gravettian) 문화기에 남부 유럽에 살았던 크로마뇽인은 자신들의 모습을 그리기 시작했다. 이런 그림을 보면 여자에게 고정되었던 남자의 관심과 여자의 성적 매력이 분명하게 드러난다.

동굴 벽화를 포함해 그라베티안 문화기에 속하는 구상 예술품을 보면 특히 여자가 두드러지게 묘사되어 있다. 우선 남자상에 비해 여자상이 매우 자주 등장한다. 인물과 벽화가 무엇을 의미하든 상관없이 이미 수치로만 비교해도 지극히 불공평하다. 이런 그림을 그린 사람은 남자 신체보다 여자 신체를 더 중요하게 간주했던 게 분명하다. 또한 여자를 항상 나체로 그렸다는 점도 눈에 띈다. 당시 사람들은 옷을 입었으니, 일부러 발가벗은 모습을 예술적으로 강조한 것 같다. 특히 이 시기에 나온 작품으로는 몇 센티미터 크기밖에 되지 않지만 성기 부분을 두드러지게 표현한 여자 조각상이 많다. 그중 빌렌도르프의 비너스(Venus von Willendorf: 오스트리아 니더외스터라이히주 빌렌도르프 근교의 구석기 시대 지층에서 1908년에 발견된 11.2센티미터 크기의 여자 조각상—옮긴이)는 가장 유명하다.

인물의 가슴과 생식기 그리고 엉덩이를 강조한 것이 특히 두드러진다. 신체와 털은 놀라울 정도로 상세하게 묘사한 반면, 얼굴은 윤곽만 있고 누구인지 정체성을 확인할 수 없다. 조각상을 만든 예술가에게 여자의 머리는 그다지 중요하지 않았던 모양이다. 반면, 하체와 가슴은 항상 과도하게 묘사했다. 릴리프(relief, 양각), 파서 새긴 글자와 동굴 회화에서도 이처럼 성기 부분만 압축해서 보여주는 양식이 발견된다. 많은 작품이 여성성을 신체 가운데 오로지 생식기만 보여줄 정도로 압축시키며, 성기를 포함해 삼각형 모양의 여성 음모는 예술 분야에서 수천 년에 걸쳐 가장 널리 보급된 모티브였다.

남자를 묘사한 작품이 비교적 적기 때문에 서로 비교하기도 어렵다. 바위에 새겨진 남자는 사냥같이 어떤 활동을 하고 있는 모습이다. 그들의 손에는 흔히 무기나 도구가 들려 있고, 이동 중인 경우가 많다. 주위 환경과 전혀 연결되지 않은 채 정적으로 보이는 여자의 신체 묘사에 비해 남자의 모습은 훨씬 더 생동적이고 다이내믹하다. 예술가들의 눈에 특별히 의미심장했던 여자의 신체 일부는 여자가 무슨 일을 하는지 또는 그녀가 누구인지와 상관이 없었다. 의미 있는 부분은 바로 성적인 특징이었다. 그래서 예술가늘도 여자의 역할이 무잇보다 성적인 측면에 있다는 것을 분명하게 보여줄 뿐이다. 여자는 여신과 다산(多産)의 상징이거나 그렇지 않으면 쾌락과 에로틱을 위한 성적 대상물이었다. 대부분의 남자 고고학자가 선사 시대의 여자는 벽에 붙이는 미녀 사진이라는 이론을 추종하는 반면, 대부분의 여자 고고학자가 어머니-여신이라는 이론을 추종하는 것도 놀랄 일이 전혀 아니다.

예술가들이 다산의 상징으로 임신한 여자를 그릴 수는 없었냐는 의문도 생긴다. 아니면 갓난아이와 함께 있는 여자, 젖을 주거나 막 출산한 여자 말이다. 당시에는 여자가 피임할 방법이 부족해서 매번 아이를 낳아 매고 다니거나 보살펴야 했으니 이는 흔히 볼 수 있는 모습이었을 것이다. 가끔 임신한 것처럼 보이는 여자상이 보이기는 한다. 하지만 대다수는 임신한 모습을 알아볼 수 없으며, 아이들은 그림에 거의 등장하지도 않는다. 예술적 묘사가 중점을 두었던 것은 여자의 다산이나 임신 능력이 아니라, 임신하지 않고 아이와 손도 잡지 않고 있는 아주 짧은 시기다. 우연일지 모르지만 이러한 시기는 바로 남자가 성공적으로 성행위를 할 수 있는 때다. 형체를 알아볼 수 있는 비너스 조각 가운데 그 어떤 것도 젖꼭지가 두드러진 묘사는 없다. 배꼽, 주름, 외음부, 머리카락, 장식품도 다 있건만 유독 젖꼭지만 없다. 다산과 출산의 상징으로 여자를 묘사해야 하는데, 모성 또는 아이에게 젖을 먹이는 모습에 관한 묘사를 완전히 포기해버렸단 말인가? 당시의 여자가 대단한 어머니 혹은 여신이었다는 이론은 이 지점에서 모순되는 까닭에 설득력이 없다.

사람들이 자기 모습을 그리기 시작하면서부터 나체의 여자를 묘사한 그림은 인류 역사 전체를 통틀어 중단 없이 등장한다. 이러한 중심 테마는 얼어 죽지 않기 위해 온갖 노력을 해야만 했던 수천 년간의 빙하기까지 이어졌고, 그라베티안 문화기부터 현재까지 멈추지 않았다. 우리 스스로도 미래 세대에 발가벗은 여자의 모습만 가득한 세계를 남겨놓게 될 것이다. (전달 매체가 그때까지 사라지지 않는다는 전제하에 말이다.) 위대한 대가들이 그린 회화에서부터 어디에서든 볼 수 있는 성적인 광고에 이르기까지 젊은 여자의 발가벗은 신체는 모든 곳에 있다. 아마 미래 세대도 우리 세대의 여자가 잠재적인 어머니로 숭배를 받았는지, 그렇지 않으면 잠재적인 성적 대상으로 취급당했는지에 관해 논쟁을 벌일 것이다. 그러나 미래의 고고학자들이 파헤칠 질문에 대한 대답을 우리는 이미 알고 있다. 우리가 고고학적 발굴의 의미를 생물학적으로 정확하게 표현할 수 있다면, 나체 여자에 대한 묘사는 과거에나 지금이나 대부분 단 하나의 목적에 봉사한다. 바로 남자의 욕망을 일깨우거나 만족시키는 데 있다.

물론 지난 3만 년 동안 지속적으로 여자를 성적 의미로 강조한 요인이 완전히 바뀌었을 가능성도 배제할 수 없다. 과거에는 여자를 성적 배경 없이 정신적 숭배를 위한 목적 아래 나체로 묘사했고, 오늘날에는 숭배는 하지 않고 에로틱한 관계로만 본다고 말이다. 하지만 내 생각에 이런 가정은 현실적이지 않다. 오히려 남자는 인류가 존재한 초기부터 나체 여자 그림에 둘러싸여 있었다고 보는 게 더 맞다. 나체 여자 그림은 섹스에 대한 채워지지 않은 욕망을 해소할 수 있는 대체물이기 때문이다.

남자는 수천 년 전부터 채워지지 않은 욕망으로 인해 여자를 대체할 시각적 대상이나 구상물을 만들었다. 이런 대체물을 통해 그들은 적어도 상징적으로나마 여자의 성을 마음대로 할 수 있었다. 이렇듯 작은 형체의 조형물은 항상 손에 들어갈 수 있다. 남자는 이 조형물을 끄집어내고, 관찰하고, 만졌다. 그리고 여자의 승낙을 기다릴 필요 없이 원할 때마다 이 조형물에 성적 욕망을 손쉽게 분출할 수 있었다. 그러고 나서 2000년쯤 후에 이와 같은 남자의 충동으로부터 하나의 산업이 등장했으니, 바로 외설적인 포르노다. 여기에 대해서는 나중에 다루겠다.

선사 시대의 예술은 남자에게 완전히 새로운 욕망이 들끓기 시작했다는 것을 보여주는 증거다. 미래 문명의 구조가 어떤 특징을 지니게 될지 보여주는 하나의 충동으로서 여자의 성을 통제하고자 하는 바람이기도 했다. 하지만 유목민인 남자는 여자의 성을 장악할 가능성도 없고 그럴 능력도 없었다. 유목민의 삶 전체는 바깥에서 무리를 지어 이뤄지기 때문에 이런 점이 여자를 보호해주는 기능을 했다. 산족의 경우, 무리는 중요한 조정 역할을 한다. 만일 약자를 폭력적으로 대하거나 학대하면 대체로 무리가 나서서 이를 중단시킨다. 이런 상황을 바꾼 것은 바로 농업을 시작하면서부터였다.

시간이 지나면서 사냥감을 추적하다가 가축으로 길들게 되었다. 이제 사람들은 길들인 가축 떼를 몰고 초원을 찾아다니는 생활을 했는데, 이를 일컬어 목가적 유목민이라고 부른다. 소와 염소한테 줄 식물을 재배하는 데 성공했을 때야 비로소 지속적으로 한 장소에 머물며 정착 생활을 할 수 있는 조건이 만들어졌다. 농업의 기점은 북아프리카에 있는 비옥한 나일강 삼각주와 오늘날의 이라크를 관통하는 2개의 강, 즉 유프라테스와 티그리스 사이였다. 이들 지역 가운데 특히 기후 조건이 유리한 곳에 새로운 문화적 기술이 퍼져나갔다. 이러한 단계는 신석기 시대의 시작을 알렸다. 이른바 신석기 혁명이다.

'혁명'이란 마치 이러한 과정이 몇 년 만에 완성되는 것처럼 들리는 까닭에 오해를 불러올 여지가 있는 개념이다. 실제로 삶의 방식은 갑작스럽게 바뀌는 게 아니며, 차분한 속도로 수천 년에 걸쳐서 변화한다. 농업에 대한 최초의 징후는 기원전 1만 년부터 발견되지만, 들판에서 농사를 지어 인간과 가축의 식량을 완벽하게 공급할 때까지는 그야말로 오랜 시간이 걸렸다. 들판에서 딴 열매를 보관한 다소 거친 최초의 질그릇은 기원전 7500년에 등장한다. 경작을 시작하고 2500년이 지난 후였다. 농업은 아나톨리아와 그리스를 거쳐 대략 기원전 5000년 중유럽에 전해졌다. 지금까지의 진화 속도로 측정해보면 이와 같은 발전은 점점 더 빠르게 이뤄졌지만, 우리는 이런 단계에 오늘날의 시간 관념을 적용해서는 안 된다.

사람들에게 영양분을 공급하기 위해 어떤 곡물과 채소를 얼마나 재배해야 하는지에 대한 학습 과정은 우선 많은 시간을 필요로 한다. 발굴된 조상들의 치아를 조사해보니, 농산물은 충분히 공급되기는 했지만 과거에 비해 농업 식품에 치우쳐 무엇보다 영양 부족 현상이 나타났다. 오늘날의 시각에서 보면 과거의 정착 생활은 상상할 수 없으리만큼 심각한 궁핍을 겪었을 것으로 추측할 수 있다.

그럼에도 흙으로 만들고 내부에서 출입을 차단할 수 있는 탄탄한 집과 농업의 발명은 삶의 조건을 현저히 향상시키는 안정적인 기초가 되어주었다. 더 많은 사람이 생식 기능을 갖춘 성숙한 나이까지 살아남았으므로 세계 인구가 늘어나기 시작했다. 이제 순수한 의미에서 살아남는 생존이 아니라, 점차 **어떻게** 사느냐가 더 중요해졌다. 농업은 시시포스의 무거운 돌을 들어주는 기중기와 어느 정도 비슷하다. 농업으로 인해 갑자기 숨 돌릴 틈이 생겼다. 그래서 사람들은 앉아서 해가 지는 모습을 지켜보고 자신의 인생에 대해서도 깊이 생각해볼 수 있었다. 이런 가운데 중요한 몇 가지를 깨달았던 게 분명하다. 이후 몇천 년 동안 공동생활의 모든 측면이 철저하게 변했기 때문이다.

무리에 속하는 모든 개인이 동일한 노동을 한 유목민 세계에서는 장소라는 게 오로지 식량 공급의 원천으로서 의미만 지니고 있었고, 노동과 장소는 개인의 정체성에 대한 근거를 거의 제공하지 않았다. 그런데 정착 생활을 하게 되자 고향이라는 느낌과 출신이라는 것이 중요한 역할을 했다. 이른바 새로운 자아상이 발전한 것이다. 장소는 개인이 하는 일과 마찬가지로 정체성의 일부가 되었다. **나는 어디에 사는 사람이고, 어떤 일을 하는 사람이다.**

농업으로 인해 완전히 새로운 활동 분야가 생겨났다. 무엇보다 습득해야 할 능력들이 갑자기 늘어났다. 사람들은 몇 주가 아니라 더 오랫동안 버텨줄 집을 어떻게 짓는지 배워야 했다. 흙을 다루고 농산품을 수확할 때 필요한 장치와 도구를 만드는 법도 배워야 했다. 들판에서 딴 과일을 저장하고 보관하는 법도 배워야 했다. 게다가 노동을 좀더 수월하게 해주고 수확물의 양을 늘리려면 어떤 도구가 적합한지도 배워야 했다. 더 많고 더 특수한 지식이 필요했다. 그 모든 능력을 습득하는 데 들어가는 비용은 개인에게 너무 컸다. 그래서 어떤 사람은 농업에 집중하고 또 어떤 사람은 도구 제작하는 일을 담당하고, 마지막에는 생산한 물건을 서로 교환했다. 분업을 통해 농부뿐 아니라 큰 낫을 만드는 대장장이도 각각의 분야에서 자신의 지식을 향상시킬 수 있었다.

신석기 혁명은 속도 혁명과 같았다. 무엇보다 남자는 여자를 얻으려면 이제 사냥 솜씨가 아니라 완전히 다른 능력을 갖추어야 했다. 모든 걸 빠르게 배워야 했다. 오로지 가장 똑똑하고 솜씨 좋은 남자만이 굉장한 속도로 변하는 세상이 요구하는 걸 제대로 갖추고 자손을 볼 수 있었다. 그래서 이제는 여성 선택이 남자에게 그야말로 혹독하게 적용되었다. 이러한 시스템에서 대부분의 남자는 파트너 여자가 없고 섹스도 할 수 없었다. 그리하여 공격적으로 경쟁하고 여자를 대신해줄 게 필요했다. 하지만 정착 생활을 한 뒤 남자가 기대한 것과 비교했을 때 자연의 남녀 비율 80 대 20은 하찮기만 했다.

농업이 생겨난 후 남녀 비율이 무자비하게도 95 대 5로 밀려났기 때문이다. 여자는 정착 생활로 넘어가는 과도기에 남자 가운데 지극히 소수만을 파트너로 선택했다. 전 세계 연구원들이 모여서 만든 국제 연구팀은 2015년 유전자 연구를 통해 유럽 남자의 유전자 계통은 대략 농부 문화가 유럽에 전해진 시점에 유전적 병목 현상이 나타났고, 따라서 갑자기 남자의 일부만이 후손을 보게 됐다는 사실을 입증할 수 있었다. 이는 이때 여성 선택이 완벽하게 적용되었다는 것을 말해준다. 단 한 명의 알파 남자가 17명의 여자를 통해 후손을 봤다. 나머지 남자는 자손 없이 죽었다.

정착 생활은 무자비하게 남자를 골라냈다. 오로지 아이디어가 뛰어나고 창의적인 남자만, 그러니까 일종의 신석기 시대 슈퍼맨들만 새로운 세상을 건설할 수 있도록 안전장치를 마련하기 위해서였다. 생식 상태는 남자에게 그야말로 대재난이나 마찬가지였다. 그렇지 않아도 상당한 수준으로 받고 있던 성적인 도태 압박이 유전적 병목 현상으로 인해 무한정 증폭되었다. 그리하여 남자는 너무나 심한 경쟁에 내몰려 공동체 생활을 할 수 없을 정도가 되었다. 여자 없는 남자는 다른 모든 동물의 수컷과 비슷한 방식으로 행동했다. 바로 공격성이다. 이 같은 공격성은 사람들에게 아주 어려운 과제를 던져주었다. 정착 생활이 제대로 자리 잡기도 전에 점차 취락 지구를 위태롭게 하는 경우가 많았기 때문이다.

여성 선택이라는 불편한 관계 속에서 살았던 유목민의 경우에도, 성적 욕망을 분출하지 못한 다수의 남자는 한편으론 매일 생존을 위해 투쟁하고, 다른 한편으론 공동체의 삶을 살아감으로써 위험을 방지해야만 했다. 하지만 이제 생존 투쟁은 느슨해졌고, 인간은 서로를 공격했다. 남자는 더 이상 혼자 또는 작은 무리를 지어 사냥하러 다니지 않았다. 매일 좁은 공간에서 서로를 만났다. 정착 생활로 옮겨가는 과도기에 성관계를 갖지 못해 좌절한 다수의 남자가 있는 사회를 상상해보라. 농업이 삶을 수월하게 만들었다 해도 최초의 농부 문화는 꽃피는 미래가 아니라 야만을 마주 보고 있었다.

정착한 뒤 여자들의 가슴을 차지한 5퍼센트의 남자에게도 이러한 상황은 매우 불안정한 승리였다. 그들은 여자 없는 남자의 성생활은 통제하는 게 너무 어렵다는 걸 간파했다. 심지어 새로운 삶의 방식을 위험에 빠뜨릴 정도로 파괴적인 특징을 내포하고 있다는 사실을 감지했다. 뭔가 조치를 취해야만 했다. 그것도 시급하게 말이다. 이를 위해 한편으론 특별한 남자가 아닌 남자들을 통제하고, 다른 한편으론 여성 선택의 비율을 바꾸는 구조가 필요했다.

그와 같은 구조를 가능케 해준 결정적 요소는 농업을 통해 발생한 개인 재산 덕분이었다. 알파 특징을 타고났기에 사회적으로 높은 지위를 차지하게 해주었던 좋은 유전자에서 이제 문화적인 대체물로 옮아간 것이다. 유전자와는 반대로 남자가 스스로 일궈낼 수 있는 대체물이었다. 이로써 평가 절상과 평가 절하를 할 새로운 가능성이 생겼지만, 사람들을 선동할 수도 있게 되었다. 재산을 바탕으로 사람들과 그들의 노동력, 그리고 전투력을 통제하기 위해 일종의 중앙 관청 같은 것이 나타났다. 또한 위계질서를 갖춘 국가 구조는 법을 통해 남자와 여자의 관계에 직접 개입할 수도 있었다. 그리하여 여성 선택을 압박할 수 있는 가장 효과적인 도구가 등장했으니, 한 명의 여자와 한 명의 남자가 살아가는 일처일부 제도였다.

이로 인해 생겨난 모든 발전은 오랫동안 이어졌고, 세대에 걸쳐 생물학적 본능과 충동 그리고 생존 방식의 요구 조건에 개입했다. 이러한 발전은 서로의 조건이 되고 서로를 강화시켰다. 그래서 각각의 세대는 좀더 확실하게 이해할 수 있는 문화적 구상을 고정시켜나갔다.

소유와 존재
소유물, 그리고 그것은 인간을 어떻게 바꾸었나

오늘날에는 순전히 필요한 물건이 아닌 것을 소유하는 걸 지극히 당연한 일로 여기지만, 농부 문화로 넘어가는 과도기에 있던 유목민에게 이는 획기적으로 새로운 일이었다. 그때까지 사람들이 '소유물'이라고 불렀던 모든 것은 순전히 살아남기 위해 필요한 옷, 도구, 식량 같은 물건이었다. 가끔 조개나 돌로 만든 장식품이 있었고, 코끼리 뼈나 다른 뼈로 만든 피리, 볼록한 가슴이 새겨진 자그마한 입상(立像)이 있었으나 우리가 오늘날 알고 있는 것과 같은 사유 재산은 존재하지 않았다. 그런데 농업이 등장함으로써 사람들은 처음으로 살아가는 데 필요한 양 이상을 생산할 수 있어 상황이 바뀌었다.

재산을 바탕으로 한 세계 질서는 땅과 그 땅에서 자라는 열매와 가축의 분배로 시작했다. 처음에 자원은 무리에 속한 모든 개인이 똑같이 수익을 얻는 공동의 재산으로 이해되었다. 그러나 거주지에 사는 주민의 수가 늘어나면서 경계를 정하고자 하는 욕구가 생겨났다. 공동체를 중시하던 '우리-감정'은 이제 개인을 중시하는 '나-감정'으로 바뀌었다. 그리고 누군가의 정체성을 결정하는 요소로 장소와 일 외에 이제 소유물도 포함되었다. **나는 내가 소유하는 것으로 결정된다. 많이 가지면 가질수록 나는 그만큼 더 가치 있는 사람이다.** 존재와 소유가 일체로 녹아 들어갔다. 공동으로 이용하던 식기와 물 같은 것은 더 이상 중요하지 않았다. 동등한 시민으로서 서로에게 똑같이 의지하던 남녀 무리는 점차 더 작은 하위 단위로 쪼개졌다. 이들은 더 이상 넓은 구조물에서 함께 살지 않고 훨씬 작은 구조물에서 따로 살게 되었다. 처음에 사람들은 집 바깥에 화덕을 설치해 공동체의 음식을 마련했지만, 이제 화덕은 점차 모든 사람의 집 안으로 들어갔다. 이는 사람들이 노동으로 얻은 수확물을 무한정으로 무리와 나누어 갖지 않고 함께 음식을 준비하지도 않았다는 의미다. 개인 가정이라는 기본 원칙이 등장한 것이다.

소유물은 남자에게 속했다. 영토와 이곳에서 나오는 자원은 남자의 손에 들어갔다. 이런 사실은 바뀔 수 없었다. 남자가 농업을 통해 자원, 그 자원의 크기와 양 그리고 종류에 영향을 미칠 수 있었기 때문이다. 오로지 영토는 이제 남자의 집과 그의 땅이었다. 아이들 역시 자연스럽게 남자들 '영토'의 일부가 되었다. 진화론적으로 보더라도 아이들을 부양하는 일이 가장 중요했기 때문이다. 그리고 아이들은 어머니 없이 살아남을 수 없기에 여자 역시 남자 가까이에 붙어서 살았다. 여기까지 발전한 것은 남녀의 본능이 이끈 결과였다고 볼 수도 있다. 하지만 그것으로는 부족했다.

개인적인 가계가 생겨나자 사회적 삶은 두 가지로 나뉘었다. 우선 공적인 삶으로, 이것은 길 위에서, 들판 위에서, 시장에서 이루어졌다. 공적인 삶에서 직업을 찾고, 복지도 만들어내고, 정신적 이념도 공식화했다. 발명도 하고, 전쟁도 치르고, 정치적 결정도 내렸다. 이 영역은 남자가 지배했다.

또 다른 영역은 비공식적이었으며, 집이라는 한적한 곳에서 이뤄졌다. 이곳에서는 음식을 준비하고, 아이들을 돌보고, 노인과 환자를 보살폈다. 이곳은 '여자의 왕국'이기는 하지만, 여자는 자신과 떨어질 수 없는 아이와의 일체감으로 인해 아이들 곁에 머물러야 했다. 그런데 실제로 가계는 말로만 '여자의 왕국'이었다. 집과 땅뿐 아니라, 가정 전체와 이 가정의 모든 구성원이 남자에게 속했기 때문이다.

이처럼 공동체의 삶이 외부와 내부로 나뉜 것은 남성 위주의 사회, 다시 말해 남성 문명이 태어난 시간과 다르지 않다. 남자는 '자신의' 가정에 대한 결정권을 통해 여자를 외부 사회로부터 완전히 배제할 수 있었다. 내부 세계와 외부 세계로 나뉘어 있지 않던 유목민 시대에는 남자도 아이들을 돌봤고, 여자 역시 무리의 삶의 방식과 구조에 영향력을 행사할 수 있었다. 처가에 거주하는 제도를 통해서도 그렇게 할 수 있었다.

그런데 이제 무리에서 남자의 영향력이 강해졌다. 남자는 사적인 영역과 공적인 영역을 만들어나갔고, 여자의 영향력은 줄어들어 오로지 사생활의 작은 영역만 만들어나갈 수 있었다. 외부 세계에서 일어나는 공적인 사건과 발전은 흔히 거주지 전체에 영향을 미쳤다. 전쟁은 부족 전체를 위협했고, 새로운 거래 상대가 생기면 모든 사람이 일할 수 있는 기회가 더 늘어났다. 기술적인 발명품은 그에 상응하는 활동을 수월하게 만들어주었다. 그래서 공적인 세계에서 일어나는 사건은 사적인 영역에도 매우 강력한 영향을 주었다. 반대로 사적인 영역에서 일어나는 일은 대부분 공적인 삶에 거의 아무런 영향도 주지 않았다. 사적인 영역에서도 매일 결정을 내려야 하고 여러 과정을 조율해야 하지만, 이러한 결정으로 인한 결과는 대부분의 경우 각 가정의 가족이 떠안으면 그만이었다. 정착 생활 이전에만 하더라도 노동을 투입해야 할 필요가 있으면 여자와 남자는 여건에 따라 참여했다. 하지만 이제는 여자의 일과 남자의 일, 여자의 문제와 남자의 문제로 분리되었다. 정착 생활에 의한 문명이 가져온 이런 두 가지 영역 사이에 넘을 수 없는 담이 등장했다.

공적인 세계에서는 오로지 남자만이 활동했기에 남자는 이러한 세계 구조에서 기준이 되었다. 남자의 욕망, 우선순위, 의견, 성과, 능력이 어떤 관습을 관철시키고 어떤 요구 사항을 충족시켜야 하는지 결정할 때 기준이 된 것이다. 남자가 가장 우선순위에 둔 욕망은 기본적으로 섹스라는 자원을 통제하려는 바람과 재산을 점점 많이 축적하길 원하는 갈망이었다. 반대로 여자의 특징과 욕망 그리고 능력은 무리의 삶을 만들어나갈 때 거의 완전하게 사라졌다고 볼 수 있다.

이 같은 과정은 상업을 통해 훨씬 수월하게 진행되었다. 사람들은 농업의 발달 덕분에 처음으로 남아도는 수확을 했고, 이를 다른 물건과 매번 교환할 수 있었다. 상업은 처음에는 직접 물건을 교환했지만, 나중에는 단일한 통화를 통해 거래되었다. 처음에는 들판에서 딴 과일도 일종의 돈으로 사용했으며, 쌀과 곡식은 일반적인 지급 수단이었다. 하지만 이러한 통화는 한편으론 취급하기 어렵고(매번 무거운 곡식을 과연 누가 이고 다니겠는가?) 다른 한편으론 가치가 안정적이지 않았다(먹을 수 있는 '돈'은 시간이 지나면 썩어버렸다). 따라서 이를 대체할 지속적이고 실용적인 통화가 필요했다. 처음에는 귀한 돌이나 달팽이집 같은 자연의 재료를 통화로 사용했지만, 금속 제련 기술을 발명한 뒤부터 구리·동·은·금으로 만든 괴와 동전을 사용했다.

돈의 발명은 문명의 구조가 발생할 수 있었던 중요한 표지판이다. 오늘날 우리는 돈이란 단지 또 다른 형태의 매머드이며, 유목민이 약탈해야 했던 자원의 대체물(또는 더 발전한 결과물)이라고 믿는다. 과거에 남자는 여자를 부양하기 위해 사냥을 했지만, 오늘날에는 일하러 사무실로 출근한다. 하지만 돈은 인간이 정착 생활 이전에 수집했던, 삶에 필요한 다른 모든 자원과는 근본적으로 차이가 있다. 돈은 자연적인 자원과 달리 포만감이라는 것을 주지 않는다. 선사–신석기 시대의 세계에서는 모든 자원이 어떤 형태로든 한정되어 있었다. 이는 부족한 자연 자원 또는 유목민의 생활 방식으로 인한 한계 때문이었다. 유목민은 최대한 자신이 들고 다닐 수 있을 만큼만 사냥했다. 보존할 방법이 없었기에 상하게 내버려둘 수밖에 없었다. 그런데 새로운 통화가 생겨나자 상황이 달라졌다. 이 통화는 작고 비교적 가벼운 편이었다. 그래서 대량으로 저장하고 들고 다닐 수 있었다. 그리고 언제든 새로운 물건과 교환할 수도 있었다.

삶에 중요한 재화를 쌓아두려는 것은 하나의 충동이자, 소중한 식량과 원자재를 자발적으로 포기할 수 없는 세상에서 나온 원시적 충동이다. 이러한 충동은 어떤 원료든 무관하게 뇌에서 "집어!"라는 신호를 내보낸다. 무리에 속한 모든 개인을 부양하거나 자연적인 공급이 끊겼기 때문에 어느 수준 이상은 수집하지 말아야 한다는 한계가 정해져 있는 한 제회의 수집 충동 사이의 균형은 무너지지 않는다. 하지만 식량처럼 포만감도 없을뿐더러 사람이 인위적으로 직접 생산할 수 있는 물질인 통화를 원하는 충동은 결코 꺼지지 않는 엔진을 가동하는 셈이다. 이는 절대 사라지지 않으며 오늘날에도 마찬가지다. 돈으로 교환할 수 있는 새로운 물건이 항상 존재하기 때문에 "이제 충분해. 돈 모으는 일을 나는 그만둘 수 있어"라고 내면에서 말해주는 목소리는 없다. 경쟁의식을 타고난 남자는 항상 자신보다 더 많은 것을 가진 이웃이 있기 때문에 소유하고자 하는 엔진을 더욱 세게 돌린다. 돈의 소유는 남자에게 삶의 주요 원동력이 되었다. 그들은 자원을 사냥함으로써 다람쥐 쳇바퀴처럼 쉴 수도 없고, 되돌아갈 수도 없고, 동정심도 얻지 못한 채 오로지 본능만이 지배하는 하나의 시스템을 만들었다.

돈을 도입함으로써 교환 재화는 인위적 가치를 얻었다. 고기 한 조각이나 도구 하나는 인위적으로 만든 통화의 금액에 상응하며 금액은 공급, 수요, 협상 솜씨나 판매자의 파렴치함, 또는 귀한 제품인지 아니면 생산하기 힘든 물건인지 같은 요소에 의해 결정되었다. 이제부터 사람들은 직접적인 노동으로 먹고살지 않았다. 노동을 통해 받는 돈으로 살았다. 임금 노동이 탄생한 것이다.

이는 무엇보다 사회적 차원에서 모종의 결과를 가져왔다. 인간의 노동력은 물론 인간 스스로도 이제 인위적 가치를 지니게 된 것이다. 가능한 한 많은 돈을 받고 노동하는 사람은 적은 돈을 받고 노동하는 사람이나 노동을 전혀 하지 않는 사람보다 더 소중한 사람으로 간주되었다. 이로써 한 사람의 사회적 지위를 더 강력하게 결정하는 인자(因子)는 땅과 자연의 산물을 소유하는 것보다 돈이 되었다. 위계질서 있는 시스템이 등장했고, 이 시스템 안에서는 더 이상 알파 특징을 지니고 태어난 사람이 영향력을 더 갖는 게 아니라 문화적 환경이 이를 결정했다. 이 같은 환경은 바뀔 수 있고 위쪽으로 올라가는 한계가 존재하지 않는 까닭에 위계질서는 더욱 가팔라졌다. 높은 사회적 지위에 있는 남자가 얼마나 부자인지와 상관없이 이론적으로는 항상 자신보다 더 잘사는 누군가가 있을 수 있었다.

새로운 소유물이 있는 시스템에 상응해 인물을 묘사하던 예술은 점차 꾸미고 장식하는 형태로 발전했다. 장식품은 일상의 물건, 무기, 옷에 부착하거나 직접 들고 다니기도 했다. 남자는 머리 장식품, 버클, 반지같이 완전히 새로운 소유물로 자신의 가치를 올리면서 재산을 보여주며, 자신이 성공을 거두었고 소중한 사회의 일원이라고 자랑할 수 있었다. 남자의 옷 어깨에 달린 장식품은 부를 상징했고, 이는 수컷 새가 장식용으로 보여주는 깃털의 기능과 동일했다. 즉, 여자에게 열망을 불러일으키기 위함이었다. 그리고 여자도 남자의 자기 과시에 봉사하는 요소가 되었다. 여자라는 장식품은 남자가 더 많은 여자에게 구애한다는 의미일 뿐 아니라, 다른 남자들을 물리치고 얻은 승리라는 것을 의미했다. 영어로 트로피 와이프(trophy wife: 성공한 중장년 남성이 수차례의 결혼 끝에 얻은 젊고 아름다운 전업주부를 일컫는 말—옮긴이)라는 표현은 바로 이 같은 기능을 분명하게 보여준다.

인간의 노동에 대한 인위적 평가는 여자를 그야말로 불리한 위치에 밀어 넣었다. 여자는 처가 거주가 관습이던 시기에 상업의 중심에 있었지만, 이제 젖을 먹이는 어머니의 무용성 때문에 돈을 버는 일에 남자와 동등하게 참여할 수 없었다. 게다가 여자가 하는 일은 돈을 벌 수 있는 게 아니었다. 여자는 아이를 출산하고, 돌보고, 시키지만 돈이라고 부를 수 있는 것을 생산하지는 못했다. 처가 거주 시기에는 여자의 부담이나 규칙이 존중받았으나 이제 여자가 하는 일은 '돈을 전혀 벌지 못하는 노동,

즉 무의미한 것'으로 전락해버렸다. 이제 어머니-아이 사이의 일체를 유지하는 게 욕망의 중심이 아니었다. 남자의 소유물이 중심이었기 때문이다. 여자와 어머니는 사회에서 꼴찌가 되었다.

돈에 의한 계층화보다 더 심각한 일은 남자가 돈을 이용해 여자의 자급자족 능력을 완전히 차단해버린 것이었다. 이론적으로 여자는 들판에서 여전히 식량의 80퍼센트를 구해왔지만, 이는 상업을 통해야만 돈이되었다. 그런데 상업은 남자가 지배하고 있었다. 처음에는 여자에게도 소유물을 허락했다. (메소포타미아나 고대 이집트에서 그러했다.) 그러나 돈에 지렛대 같은 작용이 있다는 점을 파악한 남자는 여자가 돈에 근접할 수 없도록 빗장을 걸어버렸다. 초기 남성 문명은 지중해 남동쪽에서 서서히 유럽본토에 도착하기까지 수백 년이 걸렸다. 그러는 동안 여자의 소유권은 점점 제한을 받았다. 예를 들어, 그리스 여자는 시장에서 영업을 할 수 있었지만 보리 한 자루 이상을 거래해서는 안 되었다. 지금까지 전해 내려오는 법규에는 여자의 소유권을 거부하는 사례가 많다.

이와 같은 금지 조항으로 인해 상속은 부계로 이어졌다. 동산은 물론부동산도 아버지로부터 아들에게 전해졌다. 아들이 없을 경우에만 미혼의 딸들이 상속을 받았다. 그러나 이 경우에도 딸들은 직접 상속 재산을마음대로 처분할 수 없었다. 관리하거나 임대를 준다거나 팔고자 할 경우에는 남편의 허락을 반드시 받아야 했다. 남편은 아내의 소유물을 자유롭게 처리할 수 있고, 원하면 선물을 해도 되었다. 죽은 남편의 집과 땅은아들이 상속받았기 때문에 과부는 빈손이었다. 다만 평생 집을 사용하고거주할 권리만 있었다. 남편이 죽은 뒤에도 여자는 자신의 집에서 손님으로 살아야 했던 것이다.

여자는 구매할 수도 없고, 영업을 하거나 소유물을 가질 수도 없고, 상속도 받지 못했다. 따라서 집이 없거나 끔찍한 가난 속에서 지내기 싫으면 그 모든 것을 갖춘 남자와 살아야 했다. 남자는 여자가 어떠한 경우에도 될 수 없었던 사람, 즉 재화를 관리하는 사람이 될 수 있었다. 이로 인해 여자는 독립적인 삶을 살 수 없었다. 늦었지만 이제야 모든 것이 남자한테 유리하게 돌아간 것이다. 남자는 자신들의 조상과 똑같이 여자의 성─여성 선택─에 좌우될 필요가 없고, 여자를 유혹하고 압박할 수단을 손에 쥐었다. 이로써 여자는 최고의 유전자가 아니라 남자의 재산을 기준으로 파트너를 선택하게 되었다. 자연스럽게 DNA에 프로그래밍되어 환경에 최고로 잘 적응하는 알파 남자라는 원칙에서 부유한 남자라는 문화적 구조물로 여자의 선택이 이동한 것이다.

잠시만 요약해보기로 하자. 남자는 돈으로 하나의 자원을 발명했는데, 이 자원이 없으면 새로운 세상에서 살아남지도 못하고 사회에서 명망도 얻지 못한다. 그리고 남자는 여자가 이 자원을 소유하는 걸 금지시켰다. 페미니즘에 대해 어떤 입장을 취하든 이러한 속임수는 제임스 본드 영화에 나오는 불량배에게는 물론 천진난만한 합창단 소년에게도 영향을 미칠 사악한 천재성을 지니고 있었다.

각자 한 명의 여자하고만
일처일부 결혼

소유물은 정착 생활을 하는 사람들의 시급한 문제를 해결하기 위해 최적의 조건을 제공했다. 주요한 문제는 여전히 대다수 남자가 섹스도 할 수 없고 후손을 낳을 기회조차 갖지 못하게 만드는 불공평한 여자 분배였다. 이런 남자들 사이에서 경쟁과 공격성이 너무나 강해졌다. 정착 생활을 하게 된 거주지에서 함께 살 수 없을 정도였다. 그러니 여자를 새롭게 분배하는 해결책을 찾아야 했다. 과도기에 남자의 좌절감을 포착해 해소해줘야만 했다. 이 두 가지 과제는 오로지 핵심 지도층에서 떠맡았다. 씨족이 함께 결정했던 유목민 사회에서는 계층이 없었지만, 정착 생활을 한 뒤부터는 완전히 바뀌었다. 단 한 명 또는 여러 명의 남자가 전체를 관리하는 권력을 쥐게 된 것이다.

생식 기회를 두고 서로 다툴 때 모든 남자가 동일하게 강하지는 않기 때문에 남자 사이에 형성된 계층은 여성 선택으로 인해 어쩔 수 없이 여자를 두고 경쟁을 벌일 수밖에 없다. 농업 발명 후 첫 세대에서만 하더라도 지도자는 그야말로 알파 남자였다. 그래서 지적이고, 솜씨도 좋고, 자연스러운 권위도 지니고 있었다. 그러나 부계 상속과 재산 그리고 사회적 지위의 동등화로 인해, 아버지로부터 재산과 지위를 승계한 남자 역시 지도자의 권력을 갖게 되었다. 재산을 상속받으면 대체로 직위와 권한 그리고 권력도 넘어오기 때문이다. 이론적으로는 최고의 남자가 최고의 자손을 낳겠지만, 최고의 DNA를 **생물학적**으로 상속받는 자손은 매 세대마다 새롭게 자신의 능력을 증명해야 한다. 반대로 **문화적** 상속으로 인해 발생한 복지는 태어날 때부터 소유자에게 높은 지위를 선물한다. 이런 방식으로 능력 있는 알파 남자와는 상반된 남자가 갑자기 권력을 잡게 되었다. 단순하고 솜씨도 없거니와 진화상 생존에 부적합한 남자가 대규모 공동체를 지휘하게 된 것이다. 요컨대 높은 계층에 있는 남자 모두가 타고난 알파 남자는 아니라는 의미다. 또한 타고난 알파 남자라고 해서 모두가 상류층에 속한 것은 아니라는 의미다.

섹스를 불공평하게 분배하는 사회에서는 지도층이 더 많은 권력과 더 많은 재산을 추구한다. 권력과 재산을 더 늘리기 위해 상류층 남자는 하층에 속한 남자들의 노동력과 전투력에 의지한다. 달리 말하면, 정착 생활을 하는 무리의 지도자는 애초부터 다수의 불만족해하는 남자를 자신의 이익에 악용하려 했다. 영토 확장과 생산량 증가는 저절로 이뤄진 게 아니다. 여기서 개인 자산은 여자에게만 아킬레스건이 되었던 게 아니다. 평범한 남자에게도 그러했다. 자신의 자원이 위협받고 있다는 주장이 단순한 추측에 불과하든 실제로 일어날 수 있든, 이러한 위협은 애초부터 문명의 고통스러운 동행자였다. 권력자는 바로 그와 같은 두려움을 중요한 도구로 조종해 불을 붙이곤 했다. 영토 획득 또는 영토 방어와 관련한 선동은 단순한 남자들을 착취하기 위해 들이붓는 연료와 마찬가지였다.

그리하여 단순한 남자들은 싸우기 위해 달려가고, 대학살을 벌이고, 자신도 학살을 당했다. 전투에서 승리한 남자는 적군의 여자들을 성적 만족과 자손을 낳기 위한 목적으로 데려갔다. 이런 일은 하층의 평범한 남자에게 타격을 주었다. 가장 중요한 자원인 여자를 빼앗기는 것은 최대의 굴욕이었기 때문이다. 여자를 데려가는 것으로 충분하지 않을 경우, 남자들을 살해하거나 노예로 만들었다. 그리고 전쟁이 끝나면 오로지 특권층만이 약탈한 물건, 여자, 권력 그리고 부를 나눠 가졌다. 이런 사실을 알게 된 하층민은 실망했지만, 달리 해소할 방도는 없었다.

착취와 전쟁은 정착 생활을 하게 된 민족이 안고 있던 세 가지 주요 문제를 상당히 효과적으로 해결할 수 있게끔 해주었다. 요컨대 남자의 공격성을 경제적인 생존과 적들에게 향하도록 할 수 있었고, 지도자의 권력을 지켜내고 확대할 수 있었으며, 적으로부터 여자와 소녀들을 약탈해옴으로써 부족한 여자를 보충할 수 있었다. 하지만 이는 긴장을 풀고 느긋하게 있을 정도로 상황을 안정시키기에는 충분하지 않았다. 남자는 문명을 꽃피우기 위해 방해받지 않은 채 여자의 성생활로 진입할 수 있어야 했다. 동시에 지금까지의 발전과 함께 새로운 형태의 공동생활이 자리를 잡았는데, 바로 여자 한 명과 사는 결혼 생활이었다.

여자를 위해서는 연속적으로 한 남자하고 살도록 계획하고(시간적으로 한정되어 있으며 한 남자에게 충실한 관계를 맺는다. 내락 임신부터 젖을 뗄 때까지 지속된다), 남자를 위해서는 여러 명의 여자와 관계를 맺는 것이 진화의 프로그램이었다. 따라서 대부분의 남자는 파트너가 없었고, 오늘날 남녀 관계의 대세인 일대일 관계가 될 때까지는 오랜 세월이 걸렸다.

여성 선택이 갖고 있는 불편한 비율을 지속적으로 향상시키기 위해서는 여자로 하여금 덜 매력적이고 우수하지 않은 남자하고도 섹스를 허락해야 했다. 그리고 아이를 낳은 후 (타고난 습관은 아니지만) 3~4년만 아이들 곁에 머물게 해야 했다. 여자가 열망하는 소수의 남자와 열망하지 않는 다수의 남자로 이루어진 불리한 비율은 진보와 부를 위험에 빠뜨릴 수 있었다. 이런 비율은 여자가 본능적으로 좋아하는 성적인 파트너 때문에 나타난 것이었다. 하지만 여자의 타고난 선택 행동이 문제의 원인이라면, 오로지 한 가지 해결책이 있었다. 이 해결책은 폭력적일 뿐 아니라 효과적이기도 했는데, 바로 여자가 직접 파트너를 선택할 수 없게끔 만드는 방법이었다.

이렇게 하려면 세 가지 요구 사항을 충족시킬 수 있는 시스템이 필요했다.

- 남자가 여자의 생식 파트너를 결정하고 자신의 (권력) 이익에 따라 분배할 수 있어야 한다.
- 장애물을 마련함으로써 여자가 남자를 떠나는 것을 막을 수 있어야 한다.
- 권력 정치와 인구 정책을 위해 중요한 생식에 대해 부차적인 통제가 가능하도록 공권력이 남녀 관계에 개입할 수 있어야 한다.

이렇게 하여 외부에서 남녀 관계를 조정할 수 있는 결혼 제도가 탄생했다. 이런 제도는 여자를 새롭게 분배하고, 이를 통해 성적으로 만족을 얻지 못한 채 공격적이 된 남자들을 줄이고, 많은 사람이 좁은 공간에서 살 수 있게 해줬다. 이제 통계적으로 한 명의 여자를 한 명의 남자에게 할당할 수 있었다. 이렇듯 일처일부는 남자들 사이의 경쟁을 줄어들게 했을 뿐 아니라, 이제는 각각의 남자가 한 명의 여자를 얻을 수 있기 때문에 경쟁이라는 것도 없어졌다. 핵가족이 인류의 무대에 등장했고, 남자는 한 명의 여자와 함께 살며 둘 사이에 여러 명의 자식을 둘 수 있었다. 과학자들은 대략 4500년 전 세계에서 가장 오래된 고고학적 증거, 즉 아버지와 어머니 그리고 2명의 자녀로 구성된 가족이 살았다는 증거를 2005년 오늘날의 독일 작센안할트(Sachsen-Anhalt) 지역에 있는 한 무덤에서 발견했다.

남녀 관계를 공식 문서로 남겨둔 증거는 기원전 2400년경 과부와 고아들을 위한 규칙을 제정한 수메르 왕 우루카기나(Urukagina)의 법전에서 찾아볼 수 있다. 고고학자들의 견해에 따르면, 당시에도 한 명의 여자와 사는 결혼 형태가 공식적으로 인정되었다. 이후에 나온 문서들은 한층 더 분명하다. 우르남무(Ur-Nammu) 법전(기원전 2100년경)과 특히 함무라비 법전(기원전 1800년경)은 결혼과 가족이라는 주제에 대해 비교적 많은 내용을 담고 있다. 법전에 이러한 주제가 강력하게 언급되었다는 사실은 권력자가 문명의 발전을 위해 특히 남녀 관계의 중요성을 잘 알고 있었다는 표시일 것이다.

법적인 근거를 갖추면서 결혼은 지배층이 여자와 남자를 통제하는 구조적 도구가 되었다. 사람들은 법을 통해 사생활 깊숙이 관여하고 남자의 공격성과 만족도를 조정할 수 있게 되었다. 이 두 기지는 상류층 남자가 권력을 확장하는 데 매우 중요했다. 만일 남자 노동자가 좌절하면, 이들은 공권력에 반대해 장벽을 쌓게 된다. 이들 노동자가 만족하게 되면, 뭔가를 바꿀 원인이 없으므로 군이 이들을 정치적 목적으로 동원할 필요가 없다. 오로지 배고픔과 배부름 사이의 좁은 범위 안에서만 평범한 남자는 권력자에게 가치가 있다.

수치상으로 남녀 비율이 균형을 이루고 대부분 이성애적인 사회에서는 하나의 성에 대한 모든 행동은 직접적이며 즉각적으로 다른 성에게도 영향을 준다. 그 때문에 남자를 획득하려면 여자의 성생활을 제한하기만 해도 지극히 충분하다. 그래서 대다수 문화를 보면 남자보다 여자에게 한층 가혹한 규칙을 정해둔 사례를 많이 발견할 수 있다. 우리에게는 남성 위주의 법전이 성차별적으로 한 방 먹이는 것처럼 보이지만, 이는 사실상 합목적성에 따른 것이라고 볼 수 있다. 여자는 간단하게 말해서 정절과 처녀성 때문에 대부분의 시간 동안 다리를 오므리고 있어야 한다. 반면 남자에게 다리를 오므려야 한다는 규칙은 무절제의 가능성만으로 축소된다. 따라서 오로지 여자에게만 규칙을 내려도 사람들은 하나의 가격으로 두 가지를 얻는, 이른바 1+1의 결과를 얻을 수 있었다. 사람들이 자신의 성생활에 참견하더라도 여자는 심하게 반항하지 않았다. 계급 사회인 국가는 늦어도 고대부터 여자의 모든 시민권과 참여권을 거부했기 때문에 여자는 대중 집회 때 자신들의 의견을 제시함으로써 복수할 수도 없었다. 이는 남자에게 지시를 내리고 다음번 선거에서 남자들의 반대에 부딪히는 것보다 훨씬 간단하고 효과가 있었다.

일석이조의 이런 원칙이 어떻게 작동하는지는 시대 전환기에 로마에서 나타났다. 특히 재산과 사회적 지위를 통해 더 많은 가능성을 가졌던 상류층 남자는 결혼이라는 성적인 절제를 항상 강력하게 무너뜨렸으며, 무절제 및 매춘으로 자신들의 시간을 낭비하곤 했다. 이는 그들이 여러 명의 여자를 거느리는 유전자를 부인할 수 없었다는 표시다. 섹스는 이들에게 점점 일종의 여가 활동이 되었다. 반대로 상속권을 이어받을 후손을 만드는 행위는 중요하지 않은 일이 되어버렸다. 이는 공권력에 커다란 문제였다. 거대한 로마 제국은 늘 군인으로 일할 후손이 필요했고, 점령지의 거대한 영토를 유지하는 데 많은 돈이 필요했다. 그 외에도 오합지졸인 하층민은 매춘부와 잘 돈도 없고 방탕한 파티도 열 수 없기에 여전히 계속 후손을 낳았다. 반대로 상류층은 후손이 없었는데, 이는 기존의 권력 관계를 무너뜨리고 위험에 빠뜨릴 수 있는 상황이었다.

최초의 로마 황제 아우구스투스는 그와 같은 타락을 막는 법을 제정했다. 황제가 제정한 혼인법은 결혼을 깨뜨리면 더욱 강력하게 처벌하고, 생식 가능한 나이의 모든 남녀에게 결혼과 자손 낳을 의무를 부여하고, 여러 명의 아들을 둔 아버지에게 혜택이 돌아가게 했다. 이런 결혼 개혁은 무엇보다 남자의 향락주의적 충동을 막아야만 했지만, 오로지 여자에게만 적용되었을 뿐이다.

인구라는 차원에서 볼 때 결혼은 국가의 공권력이 통제할 수 있는 도구이며, 개인적 차원에서 보면 남자가 여자를 통제할 수 있는 도구다. 결혼 제도를 통해 남자는 마침내 자신들의 이익에 따라 젊은 여자를 서로 분배할 수 있는 가능성을 얻었기 때문이다. 이러한 접근법은 딸이 사춘기에 있을 때 가능한 한 일찍 아버지들이 나서서 결혼을 강요하는 것이었다. 아이가 성장해서 성인이 되기 전에 시키는 강제 결혼은 딸에 대한 처분을 반대할 권리를 차단할 수 있었다. 이런 방식은 지극히 효과가 좋았고, 오늘날에도 세계의 많은 지역에 여전히 이뤄지고 있다.

아버지는 당연히 남자의 기준에 따라 딸을 결혼시켰다. 여성 선택이 작동할 때처럼 지성과 재능 그리고 힘은 더 이상 남자의 생식 기회를 결정하는 기준이 되지 못했다. 재산이 그 기준을 대신했다. 신랑이 신부 아버지에게 신붓값을 지불해야 했기 때문이다. 남자는 가족을 이룰 정도로 재산을 모으려면 충분히 나이가 들어야 했으므로, 대체로 신랑은 어린 신부보다 2배는 더 나이가 많았다.

지금까지 당신이 남녀의 동등한 교환에 의해 평생 결혼 생활을 유지하는 문화적 설명에 동조했든(이럴 경우 남자는 아내에게 경제적으로 안전장치를 마련해주고 여자는 남자에게 후손을 낳고 섹스할 수 있는 기회를 준다), 그렇지 않으면 아이들이 생존할 기회가 더 많은 진화생물학적 남녀 관계를 찬성했든 이는 전혀 중요하지 않다. 이런 결혼 모델은 정착 생활을 하는 사람들에게 전혀 해당되지 않았기 때문이다. 두 가지 모델이 성립하려면, 소녀와 성인 여자들은 **자유롭게** 파트너를 결정해야 한다는 전제 조건이 필요하다. 하지만 그렇지 못했다. 제한된 기간 동안 한 남자와 함께 살고 자유롭게 직접 성적인 문제를 결정했던 여자들이 아버지가 쨍그랑 소리 나는 동전을 받고 파는 상품이 된 것이다.

고대 그리스·로마 시대의 신부는 아버지의 결혼 합의에 동의해야 했다. 하지만 이때 '동의'라는 표현은 조심스럽게 판단해야 한다. 신부가 단순히 따르기만 해도 이미 그런 합의는 이루어진 셈이기 때문이다. 스스로 결정하는 것은—고작 열두 살 먹은 소녀 신부가 성인 남자와의 성적인 관계로 인해 발생할 신체적 결과를 추측할 수도 없을뿐더러 자신의 아버지한테 맞설 만큼 용기도 없었을 테니까—말도 안 되는 일이었다. 그래서 소녀의 미래와 생식 파트너인 남자를 결정하는 일이 그야말로 남자들의 손에 달리기에 이르렀다.

신붓값을 받긴 했지만 딸을 결혼시킨 아버지한테 이익이 되지 못한 원인은 지참금 때문이었다. 지참금이란 신부 아버지가 문화권에 따라서 딸에게, 신랑과 신부 두 사람에게, 또는 신랑의 아버지에게 반드시 해야만 하는 선물이었다. 이것은 흔히 부부가 가정을 이루는 데 필요한 살림살이일 때도 많았다. 그렇지 않으면 돈의 형태를 띤 것일 수도 있었다. 지참금의 액수는 신랑의 사회적 신분에 달려 있었다. 그래서 명성이 높지 않은 집안의 여자는 비슷한 수준의 남자와 결혼했다. 이처럼 지참금은 아버지와 딸이 상류층의 부자 남자를 결혼 상대로 정하는 걸 막아주었고, 이로 인해 열망의 대상이 되는 남자와 그렇지 못한 남자 사이의 불균형이 발생했다. 이 같은 방식으로 지참금은 여자의 자연스러운 분배에 역행하는 효과를 낳았다.

여자의 축소된 권리는 오늘날에도 많은 문화에서 찾아볼 수 있다. 흔히 아직 어린아이에 불과한 신부의 결혼과 비교해보면 오늘날 아버지가 딸의 손을 잡고 입장하는 상징적 몸짓은 전혀 해롭지 않은 것처럼 보인다. 하지만 이런 무해한 전통도 결혼이 자연스럽게 상대한테 끌려 결정하는 게 아니라 아버지와 결혼 후보자의 이익에 의해 결정되기 때문에, 남자를 선택할 때 여자의 의지가 부모의 의사에 따른다는 점을 보여준다.

아버지가 강제로 시키는 결혼 외에 신부를 훔치는 특수한 경우도 있었다. 무엇보다 새로운 거주지가 생긴 지역에서는 여자들이 부족한 경우가 많았다. 무한하게 팽창해 세계의 중심이 되고자 했던 로마 제국은 추측컨대 기원전 8세기경 에트루리아(Etruria) 거주지 몇 곳이 모여 형성된 작은 도시에서 생겨나기 시작했다. 점점 더 많은 남자들, 행운을 찾고자 하는 사람들 그리고 추방당한 사람들이 이 새로운 도시로 진입하려 했다. 이곳은 여자가 부족해서 긴장감이 팽배한 나머지 머지않아 폭발할 것 같은 거친 사회였다.

남자들 사이에 불만이 쌓여갔고, 이들은 전설에 휩싸인 인물이자 도시를 건설한 로물루스(Romulus)에게 여자를 요구했다. 그러자 로물루스는 그곳에 정착해 살던 민족인 사비니(Sabini) 사람들에게 사비니 여자들과 결혼할 수 있게 해달라고 부탁했다. 그러나 사비니 사람들은 거절했고, 로마인은 폭력적으로 사비니 여자와 소녀들을 획득하기 위해 덫을 놓았다. 연회를 크게 열고 사비니 사람들을 초대한 뒤, 축제를 즐기던 사비니 남자들을 덮쳐서 죽이고 수백 명의 사비니 여자를 사로잡은 것이다.

신부 약탈은 석기 시대를 막 지나온 시기의 신화가 결코 아니었다. 바이킹은 9세기에 아이슬란드에서 새로운 삶을 시작하기 위해 고향을 떠나는 도중 영국에 도착해 성숙한 켈트족 여자와 소녀들을 잡아갔다. 오늘날의 아이슬란드인을 대상으로 유전자 검사를 해보니 그런 사실이 드러났다. 보코 하람(Boko Haram) 같은 이슬람 테러 단체와 이슬람 국가들은 주기적으로 젊은 소녀 수백 명을 유괴해서 임신시키며, 이를 자발적인 투사들로 '신의 나라'를 가득 채우기 위해서라고 선동하고 있다. 그러나 신부 약탈은 영토 점령을 하지 않고도, 남녀 관계가 균형 잡혀 있는 사회에서도 일어난다는 사실을 키르기스스탄에서 볼 수 있다. 이곳에서는 결혼하는 부부의 50퍼센트가 신부 약탈을 통해 이뤄진다고 전해진다.

성의 완성은 결혼을 인정하기 위해 반드시 필요한 전제 조건이다. 결혼한 여자는 남편과 잠을 잘 때에만 부인(남편으로부터 물질적 부양을 요구할 수 있는 권한도 포함해서)으로 인정받는다. 대부분의 문화권에서 남녀 모두에게 성관계에 대한 의무를 공식적으로 부여하지만, 이런 규칙을 향유하는 쪽은 남자다. 그 어떤 다른 문화도 남자에게 이토록 많은 권한을 부여해 여자를 마음껏 성적으로 이용해도 무방하도록 허용하지 않기 때문이다. 한 달에 딱 한 번 생리 기간을 제외하고 남자는 어떤 날이든 여자에게 성적인 행동을 할 수 있다. 남자는 법을 통해 여자에게 섹스를 요구할 권리가 있으며, 여자는 이를 거부할 수 없다. 거부하면 결혼이 깨지고, 그러면 여자는 모든 경제적 안정과 사회로부터의 인정을 받을 수 없게 된다.

어린 신부가 희망할 수 있는 최상은 자신을 형편없이 대우하지 않는 남편이고, 그 밖의 다른 것은 추가 선택으로 인한 보너스일 뿐이다. 여자가 자발적으로 선택하지 않고, 그래서 열망하지도 않는 남자는 비록 친절하더라도 여전히 여자가 원하는 남자가 아니다. 신랑 신부가 실제로 서로에게 애정을 갖는 운도 따를 수 있지만 보통은 그렇지 않다. 부부의 섹스는 대체로 어린 신부가 성인 남편에게 채워줘야만 하는 의무이며, **남편**이 원하면 언제든 응해야 한다.

결혼을 통한 출산 리듬은 1년에서 2년까지 줄어들었다. 잦은 임신은 젖을 주는 기간에 섹스를 자주 함으로써, 또는 수유 기간을 줄임으로써 생긴다. 여자가 젖을 주는 기간에 섹스를 자주 하면 할수록 또다시 임신할 위험은 더욱 커진다. 젖을 끊게 되면 다음 아이가 생길 가능성도 많다. 사생활이 등장한 뒤 여자의 노동이 엄청나게 늘어났기 때문에 젖을 주는 기간이 줄어들었다. 아이 보살피는 일을 더 이상 공동체에서 도와주지 않고, 어머니 혼자 떠맡아야 했다.

지금껏 전해 내려오는 모든 사료를 보면 이혼은 여자에게 허용되기는 했지만, 자신이 아니라 다른 사람이 결정해주는 시스템으로부터 벗어나지는 못했다. 이혼한 여자는 법정에서 독자적인 인간으로 인정받지 못했고, 남자 후견인이 나타날 때까지 기다려야 했다. 여자는 이혼한 뒤 다시 아버지 집으로 돌아가야 했다. 결혼으로 생긴 아이들은 대체로 남편의 집에서 자랐다. 그래서 여자는 이혼하기 전에 깊이 생각해야 했을 것이다. 최고로 운 나쁜 경우 여자는 이혼 뒤 열망하지는 않았으나 적어도 예의 바르던 남편을 떠나 진짜 더러운 남자를 만나기도 했다. 그러니 자기 남편이 정말 견딜 수 없는 사람이 아니라면, 그와의 삶(섹스도 포함)은 그나마 작은 불행으로 그칠 수 있었다.

　신체상의 열등함에도 불구하고 섹스에 대해 스스로 결정할 수 있었던 여자의 원래 위치는 이제 거꾸로 불편하게 강요당하는 처지에 놓였다. 이렇듯 결혼으로 인해 사회에서 고립된 여자는 남편의 성적 욕망뿐 아니라 폭력에도 무방비로 노출되었다. 이런 점은 고대 함무라비 법전과 여자에게 가한 범죄를 벌하는 조항에서 나타난다. 희생자는 대체로 '누군가의 여자/다른 남자의 여자'라고 표기된다. 따라서 자신의 아내에게는 다른 규칙을 적용했으리라 짐작해볼 수 있다. 이런 의심이 옳다는 것은 독일의 법전을 들여다보면 된다. 독일에서도 성폭행은 오랫동안 혼외 관계에서 일어나는 과정으로 분명하게 정의되었다. 그러다 1997년에야 비로소 혼인 외 및 혼인 내 성폭행을 동일하게 다루기 시작했다. 그동안은 사적인 국면을 공적인 국면과 차단함으로써 가정에서 폭력이 일어날 수 있는 전제 조건을 제공했던 것이다. 우리는 공격성이란 테스토스테론으로 인한, 남자의 타고난 본질이라는 사실을 기억하고 있다. 그리고 이에 따른 좌절과 분노는 섹스에서뿐 아니라 노동 세계에서도 표출되고 가족에게서도 나타날 수 있다.

　결혼으로 인해 여자는 남자의 소유가 되었기 때문에 여자가 당하는 성폭행은 당사자에게 가한 범죄라기보다 오히려 남편에게 가한 범죄로 여겨졌다. 그리하여 성폭행 범죄자에 대한 처벌의 경중은 부부 관계의 여러 상황에 좌우되었다. 예를 들어, 범인이 거주하는 장소를 벗어나 다른 곳에서 여자를 덮쳤다면 유죄다. 하지만 남편의 집에서 여자를 덮쳤다면 성폭행의 죄는 여자에게 돌아갔다. 이런 차이를 고고학자들은, 여자는 숲에 있으면 범죄를 막을 도리가 없지만, 안전한 집에 있으면 고함이라도 질러서 다른 사람의 도움을 받을 수 있기 때문이라고 설명했다. 또 다른 문서 기록을 보면, 성폭행 범인이 여자가 한 남자와 결혼한 상태임을 알았는지 여부도 매우 중요한 문제로 다뤘다. 범죄에 대해 속죄를 해줄 권리는 남편이나 여자의 아버지에게 있었다. 여자에게는 그런 권리가 없었다. 강간 문화는 따라서 애초부터 남성 문명의 본질적 성분이었다.

앞서 언급한 이탈리아의 고대 종족, 즉 **사비니 여자들에 대한 약탈**은 그와 같은 현상을 매우 분명하게 보여준다. 후세에 전할 전통이 시작될 때부터 역사를 윤리적으로 잘 다듬는 시도는 매우 많았다. 오늘날 유럽 국가들의 특징을 가지고 있던 막강한 로마 제국이 알고 보니 생식 목적으로 죄 없는 소녀들을 대대적으로 강간했다고 상상하는 일은 그야말로 구역질난다. 그래서 성폭행이라는 말 대신에 '납치'라고 썼고, "남자는 여자에게 섹스와 자손 낳기를 강요했다" 대신에 "남자는 여자에게 결혼을 강요했다"로 기록했다. 많은 이야기를 읽어보면, "무방비 상태의 소녀들에게 끔찍한 폭력을 가했다"가 아니라 "여자가 자발적으로 원한 일종의 거래"라고 되어 있다. **사비니 여자들에 대한 약탈** 이야기는 오늘날 신화로 여겨지곤 하는데, 이 역시 동일한 목표를 추구한다고 볼 수 있다. 이 같은 '건국 신화'는 생식 가능성이 없었다면 세계에 흔적조차 남길 수 없었을,

영토 확장에 주력했던 남자의 역사와 매끄럽게 들어맞는다.

그리스는 레반트(Levant: 그리스와 이집트 사이에 있는 동지중해 연안 지역을 통틀어 이르는 말—옮긴이) 지역의 초기 문화 그 이상으로 세계를 2개의 국면으로 분할했는데, 각각의 국면은 하나의 성이 지배적이었다. 남자가 그리는 최고의 이상은 여자가 결혼한 뒤 남편에게로 이사 와서 그 집을 죽을 때까지 떠나지 않는 것이었다. 남편 차지가 된 여자는 길거리에서 완전히 사라져야만 했다. 아마도 매우 부자인 남자만이 노예를 거느릴 수 있었으므로 아내를 사회로부터 고립시킬 수 있었을 것이다. 노예가 없는 가난한 노동자 계층의 여자는 집 밖에서 봐야 하는 일상의 과제를 직접 해결할 수밖에 없었다.

성별의 사회적 분리는 생물학적 현상인 메이트 가딩의 문화적 연장선이었으며, 암컷을 지키고자 하는 성향은 인간 남자의 유전자에도 여전히 남아 있었다. 다시 말해, 다른 남자와 어떤 접촉도 못 하게 여자를 완벽하게 고립시키려는 성향이다. 강제 결혼으로 여자를 분배받긴 했으나 남자는 여전히 성적인 본능을 잃지 않았고, 여자가 끌리는 남자를 만날 가능성도 존재했던 것이다. 로마 시인 오비디우스(Ovidius)가 쓴 사랑의 시에서 우리는 외도를 다루는 내용을 쉽게 읽을 수 있다. 여자도 남편한테 강제적이 아니라 상당히 많은 성적인 욕망을 느낀다는 내용이다. 오비디우스는 이 밖에 더 많은 얘기를 해준다. 여자는 비싼 선물을 받아야만 섹스를 한다거나, 오로지 부유한 최고의 남자를 애인으로 선택한다거나, 남자의 충동은 무분별하고 한 여자로 만족할 수 없다거나, 남자는 여자와 관련해서는 항상 서로에게 경쟁자라거나, 이런 경쟁을 하지 않으려면 여자를 가두어야 한다는 내용도 있다. 이 모든 내용은 여성 선택이라는 생물학적 기본 원칙에서 나왔다고 말해도 과언이 아니다.

경쟁자에 대해 태곳적부터 지니고 있던 남자의 두려움에 상응해 오래된 모든 법전에는 여자에게 정절을 요구하는 지시가 담겨 있다. 신부는 처녀여야 하고, 아내는 무조건 정절을 지켜야 하며, 자신의 남편 외에 다른 남자한테 열정을 품지 말아야 한다 등등. 고대 이집트에서 간통은 항상 벌을 받았다. 그런데 남자에게는 결혼만 깨면 그만이지만, 여자가 간통을 저지르면 죽음을 의미했다. 수메르인도 거의 비슷했으며, 히타이트인과 아시리아인은 간통을 저지른 남편을 자유롭게 풀어준 반면, 정절을 지키지 않은 여자와 애인은 모두 죽였다. 여자가 정절을 지키지 않았을 때 목숨을 잃는 경우는 대체로 예외가 아니라 정상에 속했다. 거꾸로 남편한테 아들을 낳아주었을 경우에 한해 여자는 남편의 정절을 요구할 권리가 있었으며, 아들이 없거나 딸들만 낳았다면 남편은 첩이나 소실을 둘 수 있었다.

여자를 지키기 위해 벌을 주는 위협 외에 베일을 쓰게 하는 것도 인기 있는 도구다. 남자에게 여자를 쳐다보는 것을 금지할 수는 없었다. 그런데 사실 이렇게 외간 남자가 쳐다보기만 하더라도 (여자로부터) 벌을 내릴 수 있는 열정을 불러일으키기에 충분하다고 여겼기에 남자 눈앞에서 여자를 숨기는 방법을 택한 것이다. 기원전 1100년경 아시리아인은 최초로, 한 남자에게 또는 한 아버지에게 속해 있는 단정한 여자는 오로지 베일을 써야만 공개적인 장소에 나갈 수 있다는 규정을 정해두었다. 이와 달리 비교적 자유로운 매춘부와 여자 하인에게는 베일을 금지했다. 이렇게 베일을 쓰지 말아야 한다는 내용을 추가함으로써, 베일은 남자가 여자를 지키는 도구로서뿐 아니라, 남자가 자유롭게 취할 수 있는 여자를 분명하게 표시한 것이다. 이처럼 쉽게 눈에 띄는 표식은 오늘날의 문화에서도 발견할 수 있다. 예를 들어 독일 슈바르츠발트(Schwarzwald) 산맥 지방에서는 전통 모자 위에 달린 커다란 털 방울이나 여자의 앞치마에 묶는 리본의 위치로 미혼과 기혼을 구분하기도 했다.

결혼으로 남자는 섹스를 할 수 있고 메이트 가딩을 통해 자유로운 관계보다 아들에게 자기 재산을 상속할 가능성이 더 많아졌다. 그 밖에도 결혼은 남자에게 일종의 맛있는 요리, 즉 작은 규모의 위계질서를 제공했다. 집에 아내와 아이들을 데리고 있으면 남자는 그 안에서 우두머리가 될 수 있었다.

결혼으로 남자가 유일하게 느끼는 일말의 씁쓸한 기분은 자신이 만든 후손을 부양해야 하는 의무를 갖게 된다는 점이다. 이는 자기 재산이 아이들로 인해 줄어든다는 의미다. 그래서 여자와 하는 섹스는 남자에게 경제적 위험이 될 수 있었다. 남성 위주의 문명에서 이는 물론 남자의 관심사가 아니었다. 이제 남자는 전 재산을 걸고 섹스하지 않을 수 있는 속임수가 필요했다. 그리하여 자식을 합법적인 자식과 비합법적인 자식으로 나누고, 오로지 결혼을 통해 낳은 자식만 부양하면 되었다. 많은 문화권에서 혼외 자식을 낳자마자 죽이는 방법을 이용했는데, 이는 나쁜 방식으로 문제를 해결한 사례다. 고대 북아프리카 마우레타니아(Mauretania) 지역 사람처럼 직접 죽이는 방법을 사용하든, 이슬람과 유럽의 식민 정책을 통해 강력한 가부장적 사막의 유목민처럼 죽이든, 아일랜드에서처럼 결혼하지 않은 여자가 낳은 아이를 방치하거나 학대해서 죽이든, 그리고 영국에서처럼 불법적인 탁아소 운영〔이른바 베이비 파밍(baby farming)〕을 통해 아이를 죽음에 이르게 하는 방법이든 모두 혼외 자식을 해결하는 방법에 속하며 20세기까지 유럽과 미국에서 횡행했다.

　원치 않는 임신을 막고자 하는 바람으로 인해 남자는 완전히 새로운 방식인 피임을 이용하기 시작했다. 이집트인은 기원전 2000년경부터 임신을 막는 가능성에 대해 보고한다. 이를 위해 그들은 정자를 죽이는 용도로 꿀 넣은 반죽을 이용하고, 대추야자 열매와 악어 똥을 으깨어 여자의 질에 발랐다. 그런가 하면 성교중절법(coitus interruptus)이나 성교차단법(cotius obstructus)을 사용하기도 했다. 이는 손을 사용해 남자의 신체에서 정액을 자신의 방광으로 역류하게 유도하는 피임법이었다. 수백 년의 세월이 흐르면서 사람들은 여자의 질 속에 작은 해면을 넣거나 항문 성교를 하거나 숫양의 방광으로 만든 단순한 콘돔으로도 시험을 했다. 이렇게 함으로써 인간의 문화는 진화의 주요 목표를 하향 조정했다. 가능한 한 많은 자손을 생산하는 것은 더 이상 남자가 최고로 꼽는 우선순위가 되지 못했다. 아니, 그걸 원치도 않았다. 그러나 원시적인 피임법은 19세기까지 매우 신뢰할 수 없었으며, 그리하여 여자와의 섹스는 남자에게 경제적인 위험으로 남아 있었다.

　만일 남자가 진정으로 열망하던 신부를 만난 행운아가 아니라면, 그가 바랄 수 있는 최선은 아내가 자신을 적대시하지 않고 섹스도 거부하지 않는 것이다. 아리스토텔레스가 가정 관리에 대해 쓴 글을 보면, 남편의 부재를 틈타 그를 배반하고자 하는, 사랑 없는 아내에 관한 내용이 나온다. 규칙적으로 충동을 해소하려는 남자는 강제 결혼한 아내와 열정이 줄어든 행위를 할 수밖에 없다. 만일 육욕적이고 애정이 가득 담긴 여자를 원하는 남자라면 여자에게 선택권을 줘야 하지만, 자신을 선택할 여자가 없을 수도 있다는 위험을 감수해야만 한다. 남자가 꿈꾸는 것이 반드시 에로틱한 낙원은 아닐 수 있다는 의미다.

여자는 어떻게든 자신을 돌봐주는 결혼을 원하고 남자의 마음에 드는 여자가 되길 원했다. 자신의 성생활을 소홀히 하며 자연적이고 문화적인 알파 남자를 훨씬 더 열망한다는 사실도 망각할 만큼 말이다. 혼외 자식 은 특히 어머니에게 가난과 불행을 안겨주었기에 이런 아이에 대한 두려 움은 남자에게 소중한 보호자 역할을 하게끔 했다. 여자는 자신의 성생활 이 존재를 위협할 수도 있다는 걸 두려워했고, 오로지 결혼을 통해서만 누그러뜨릴 수 있는 어떤 것이라고 배웠다. 결혼한 뒤에야 비로소 임신은 여자에게 더 이상 위험이 아니었다. 여자가 섹스라는 자원을 자주적으로 잘 통제할 경우 남자를 발견할 수 있었다. 그리하여 여자의 몸은 앞으로 태어날 아이를 위해 건강하고 힘 있는 집이 아니었으며, 남자의 마음에 들어야만 했다. 여자는 남자의 시선을 만족시킬 수 있도록 노력해야 했 다. 여성 선택을 통해 굴욕을 느낀 남자 세대로부터 복수심에 싸인 남자 가 등장하면서 이제 점차 패러다임이 변하는 시기를 맞이했다. 남자가 선 택하고 여자가 남자의 관심을 얻기 위해 노력하는, 이른바 여성 선택 대 신 남성 선택(male choice)의 시대로 변한 것이다. 이는 과거 동물 세계에 서 볼 수 있었던 과정이다.

이제 남자가 좀더 긴 지렛대에 앉아 있는 유리한 위치에 놓였고, 결혼 이라는 상황이 요구하는 조건들로 인해 지나치게 과민해질 필요도 없게 되었다. 오비디우스가 이미 통찰력을 보여주었다. 즉, 여자는 제모를 해 야 하며, 섬세하고 소극적이어야 하며, 소박하고 조용해야 하며, 섹스할 때 남자가 요구하는 여러 가지 체위를 취해야 하며, 적게 먹고 정해진 옷 을 입어야 하며, 머리카락은 묶지 않거나 묶어서 위로 올려야 하며, 머

여성 선택과 남성 선택

	여성 선택	남성 선택
적응	유전적, 지속적	미용적, 단기적
전파	유전	문화, 전통
목표	강하고 생존력 있는 자손 생산	남자의 성적 쾌락 증가

리를 덮거나 덮지 않아야 하며, 화장을 해야 하고 웃을 때 우아한 손으로 치아를 숨겨야 했다. 그전까지는 여성 선택이 생물학적으로 남자의 형태를 다듬었다고 한다면, 남성 선택은 문화적인 방식으로 여자의 형태를 만들어갔다. 태어날 때 전혀 축복이 아니었고 섹스라는 난장판에서 어떤 요구도 할 수 없던 남자가 갑자기 오로지 '예쁜' 여자들하고만 잠을 자려 한 것이다. 그런데 이렇듯 예쁜 여자는 남자의 판타지에서나 볼 정도로 줄어들었다. 여자는 어릴 때부터 자신에겐 부족한 게 많으며 불충분하다고 배웠다. 남자의 마음에 들기 위해 노력해야 하고, 섹스 파트너가 되는 게 바로 자신의 주요 목표라고 마음속에 새겼다. 그 결과 여자는 자신을 미워하게 되었다. 오늘날까지 여자는 건강에 신경 쓰지도 않고, 자신의 몸을 거부하고, 뜯어고치고, 적응시키려 하고 있다.

남성 선택은 생물학적 개념이 결코 아니며 여성 선택의 반대 개념도 아니다. 여자의 성에 따른 선발은 수백만 년이라는 진화 과정을 거쳐 지극히 똑똑하고 적응력이 뛰어난 종이 나오게 했던 반면, 남자의 '선별 과정'은 순전히 미용적인 성격을 띠었다.

자연적인 진화생물학적 생식 법칙을 적극적으로 억압함으로써 소녀와 여자들이 권한을 빼앗긴 것 외에도 또 다른 결과가 나왔다. 한 명의 여자와 함께 사는 사회에서는 오로지 극소수의 남자만이 여자가 없었다. 하지만 그래도 기본적으로 거의 모든 남자는 생식이 가능했다. 여성 선택 아래에서 여자를 발견할 수 없고 자손 없이 죽어야만 했던 남자들은 이제 여자를 만나 자손을 볼 수 있게 되었다. 그리고 진화에 의해 원래는 사멸해야 하는 그들의 유전자도 다음 세대로 전해졌다. 오로지 재산과 권력만이 어떤 남자가 생식을 할 수 있는지 여부를 결정했다. 물론 이러한 기준은 지성 같은 타고난 장점으로 어느 정도 보완되긴 하지만 그럼에도 문화적 유전자의 표식이었다. 이는 인간 공동체의 유전자 구조와 진화상 적응 가능성을 바꾸게 만든다. 진화상 적응이나 성에 의한 선별이라는 원동력은 수천 년 동안 강요당하고 평생 이어지는 여자 한 명과의 동거 체계인 일처일부로 인해 멈추었다. 이러한 원인 하나만으로도 나는 정착 생활 후 발생한 패턴을 순전히 진화생물학적으로 설명하려는 노력을 신뢰하지 않는다. 특히 남자 언론인이 자주 그렇게 이해하곤 하지만 말이다.

이 지점에서 아마 당신은 숨을 멈추지 않을까 싶다. 머릿속에서 나치의 이데올로기가 떠오르는가? 제발 그런 것은 잊어버리길 바란다. 여기에서 다루고 있는 내용은 유전적으로 흠이 전혀 없는 '초인'에 대한 바람이 아니고, 성에 따른 선별을 바탕으로 인간이 이룬 지금까지의 성공과 이와 같은 진화상의 선별 과정 없이 적응력을 바꿀 수 있다는 사실일 뿐이다. 그러니 숨을 다시 쉬어도 된다.

우리 마음에 들지 않더라도 일종의 성적인 기본을 제공한 일처일부는 과거에 언제라도 폭력을 휘두를 수 있었던 80퍼센트의 남자를 다닥다닥 붙여 공동체의 형태로 살 수 있게 만들었다. 독일 범죄학자 크리스티안 파이퍼(Christian Pfeiffer)는 2018년 초 한 인터뷰에서 여자가 남자를 문명화시켰다는 말을 했는데, 남녀에 관해 융통성 없는 상상을 한다는 이유로 좌파로부터 많은 조롱을 받았다. 그의 말은 여자의 적극적인 행동을 강조한 것 같아 다분히 서투른 측면이 있기는 해도 결코 틀린 얘기가 아니다. 문명은 매우 수동적으로 흘러간다. 여자 곁에 있었기에 남자는 문명화했다. 지속적으로 파트너 관계를 맺고 더 많은 섹스를 하게 됨으로써 남자는 문명화했다. 여자라는 자원을 더욱 공평하게 분배함으로써 섹스를 둘러싸고 벌이던 경쟁이 줄어들었고, 이 역시 남자를 문명화시켰다. 한 명의 여자와 함께 사는 결혼 생활 덕분에 남자는 사생활에서는 물론 사회와 기술의 발전을 이룰 수 있었다. 남성 위주의 문명은 수천 년 동안 한 명의 여자와 사는 일처일부 생활을 벗어던질 이유가 하나도 없었다.

윤활제가 되어준 수단
거룩한 성적 윤리

지금까지 남자의 문명은 '권력자들'이 용감하게 여자에게 금치산 선고를
내리고 충동에 의해 행동하는 불쌍한 남자를 억압함으로써 발전한 것으
로 읽혀왔다. 법 제정에 관해서는 실제로 그러했지만, 그래도 이는 부분
적으로만 맞다. 일반 시민은 자신의 성생활과 거리를 두었고, 성생활을
압박하는 걸 기꺼이 도왔기 때문이다. 자연적 충동을 매끄럽게 억압하게
끔 해준 두 가지 수단은 성적 윤리와 종교였다. 전자는 자신과 타인의 성
생활에 대한 모종의 불신이었고, 후자는 사람들에게 불신을 주관적으로
의미심장하게 보이도록 해주었다.

성 윤리적 느낌의 근원이 어디에 있는지는 불분명하다. 아마도 성행
위를 은폐하면서 시삭뇌었으리라 생각한다. 인간의 거의 모든 문화는 그
밖에 다른 문화적 특징을 가지고 있을지라도 섹스를 공적인 분야에서 차
단하는 데 있어서는 동일하게 움직였다. 여성 민족학자 에르네슈티네 프

리들(Ernestine Friedl)은 사적인 성행위는 사람들 사이에서 거의 일반적인 특징이라고 말했다. 성행위를 은폐함으로써 성생활에 대한 평가가 가능해졌고―은밀하게 하는 섹스만이 괜찮다―복잡한 섹스 윤리의 기초가 만들어졌다.

하나의 성질을 부여한 성적 윤리를 사회에서 관철시키려면, 사람들의 머릿속에서 성생활에 대한 기본적인 생각이 중립적인 상태에서 부정적으로 바뀌어야 한다. 자연 상태에서는 성생활이 가치 판단에서 제외되기 때문이다. 기본적으로 섹스할 준비가 되어 있는 남자는 여자에게서 파란불이 켜지는 것을 보면, 실제로 행동에 들어갈 수 있다. 섹스는 호흡이나 수면처럼 지극히 자연스럽고, 그 과정은 생물들이 당연히 밟는 행위일 뿐이다. 이렇듯 지극히 편견 없는 행동인 까닭에 사람들의 반항과 특히 외부에서 섹스에 가하는 강력한 제한은 남자의 거센 반발을 불러올 수밖에 없다. 따라서 사람들이 자유롭게 경험하는 섹스를 금지할 뿐만 아니라, 자유롭게 체험한 섹스는 뭔가 나쁘다는 확신을 사람들에게 심어줄 필요가 있었다. 그렇게 하면 사람들은 알아서 절제할 것이고 지시 사항을 자신의 욕망과 완벽하게 반대되는 규정이라고 받아들이지 않게 된다. 특이한 가치관에 얽매이지 않는 성생활은 평가를 받아야 한다. 그것도 가능한 한 부정적으로.

나는 앞으로 성적 윤리라는 개념을 성적인 규칙과 규범으로 파악할 것이다. 성적 윤리를 위한 근거는 여성 선택이나 그 밖의 다른 진화론에서 찾아볼 수 없다. 진화론상의 근거라고 하면, 성행위에 참여한 파트너가 손상을 입는다거나 성행위의 결과로 낳는 후손에게 약점이 생기는 정도일 수 있다. 성적 윤리란 집단행동을 통해 발생하는 규범의 이동이며, 또한 거꾸로 집단행동에도 영향을 미친다. 집단이 주는 압박감과 수치심 그리고 다른 사람들로부터 거부당할 수 있다는 두려움이 바로 성적 윤리를 작동시키는 본질적 원동력이다. 성적 윤리는 여성 선택의 억압을 목표로 할 뿐 아니라, 새로운 삶의 방식에 평화롭게 적응하는 것을 목표로 한다. 아울러 남자뿐 아니라 여자에게도 영향을 준다. 성적 윤리는 사람들이 자신의 자연스러운 성생활을 망각하고 그 대신에 일반 대중이 수용할 수 있는 수준에서 성적인 행동을 하게끔 만든다.

하나의 성적 윤리가 일관되게 퍼져나가려면 타고난 자연스러운 성이 사회에 의해 바뀌어야 했다. 모든 사람은 성적인 존재로 세상에 태어났으며, 성적 윤리가 없을 때까지만 하더라도 존재는 유전자와 염색체 그리고 호르몬으로만 구성되어 있었다. 이러한 요소가 외부로부터 통제받지 못하면 규범에서 벗어나거나 심지어 남자의 문명이 요구하는 것과 일치하지 않는 성적 자아(自我)로 나아갈 수도 있다. 따라서 아이들은 성적인 측면과 관련해 진공 상태에서 성장해야 하며, 가장 넓은 의미에서 성적인 충동과 연관되어 있는 그 어떤 것도 아이들과 만나게 해서는 안 된다고 생각했다. 나체, 노골적 표현, 여자의 몸, 이 모든 것은 엄격한 나이 제한을 정해두고 있다. 이와 같은 첫 단계에서 인간의 성과 관련한 칠판은 깨끗하게 지워진 상태가 된다. 훗날 학교나 부모 같은 어른들이 섹스에 관한 설명을 통해 뭔가 새로운 것을 가르쳐줄 수 있도록 하기 위해서다. 다시 말해 타고난 것, 자연적인 것이 청소년의 삶에 유입되는 뭔가 특별한 것이 되었다. 그것도 성인들이 정한 방식으로 말이다. 성적인 진공 상태란 자신의 성생활에 거리를 두고 불신하는 효과를 주며, 그 결과 자신의 성생활을 금기시하게 된다. 성적인 활동과 만족에 대한 기본적인 욕구 주변을 일종의 차단막처럼 막아두는 것이다.

성적 윤리는 확고한 구조물이 아니며, 시간과 공간 그리고 문화권에 따라서 변한다. 그럼에도 몇 가지는 안정적이고 널리 퍼질 수 있다. 결혼법이 단 한쪽의 성별에만 제약을 가해도 남녀 모두에게 영향을 미칠 수 있듯 윤리 규범 가운데 많은 것은 남자보다 여자에게 더 엄격하게 적용되었다. 항상 그렇듯 아래의 내용은 단순한 사례일 뿐이며, 구체적으로 윤리의 엄격함은 매우 다양할 수 있다.

- 여자의 순결과 첫 경험을 지나치게 높이 평가한다: 상속받은 재산을 바탕으로 하는 남성 문명에서는 아이가 자신의 자식인지 확실하게 아는 것이 매우 중요하므로, 소녀들은 '진정한 남편'을 위해 순결을 아껴둬야 한다. 그래서 순결은 남자에게만 흥미롭고, 소녀들에게는 — 그들이 섹스를 하고 싶은 욕구를 갖고 있는 한 — 중요할 필요가 없다. 첫 번째 섹스가 세 번째 섹스든 783번째 섹스와 달라야 할 이유가 전혀 없다.

- 자위행위를 악마처럼 사악한 행위로 본다: 자위란 인식의 나무에 매달려 있는 사과다. 자위를 통해 사람들은 성생활이 얼마나 강렬한 쾌락을 줄 수 있는지 배운다. 특히 여자의 자위는 — 여자가 자신의 충동이 얼마나 강한지 발견하면 여자의 성생활을 억압하는 문명에 치명적일 수 있기 때문에 — 완전히 금기시된다.

- 성적인 충동을 억제하는 걸 과도하게 장려한다: 단순히 충동을 해소하는 목적의 섹스를 더럽고 부적절한 행동으로 취급한다. 어떤 남자가 그렇게 하면, 그는 '발정 난 숫염소' '여자 꽁무니만 좇는 놈' 또는 '여자를 바꿔가면서 섹스만 하는 놈'(여기에서 이런 남자와 잠을 자는 모든 여자를 '창녀'라고 불렀다는 점

에 주의하자)으로 간주된다. 어떤 여자가 그렇게 하면, 그녀는 '논다니' '방탕한 여자' 또는 '온 동네 남자들과 모두 자는 깔개'로 불린다. 성적으로 소극적인 태도를 취하지 않는 사람은 원시적이고 추잡한 사람이 된다.

- (생식이 가능한) 이성애만 규범적으로 강조한다: 규범을 통해 다양한 성적 취향 사이에 엄격한 경계가 만들어진다. 성별의 개념에서 원래 마지막에 가서만 구분이 되는 유동적인 특징으로부터 단호한 정의가 나왔다. 즉, 이성애, 호모, 양성애가 그것이다. 여자에게 성적으로 반응하지 않는 모든 남자는 자신을 이성애자라고 부를 수 있는 권리를 박탈당했고, 이로써 사회로부터 경멸을 받는다.

- 결혼을 과도하게 높이 평가하기/혼인 외의 섹스를 사악하게 보기: 결혼은 메이트 가딩에서뿐 아니라 재산과 명예를 안전하게 해주기 때문에, 적어도 여자나 남자가 이러한 결합에 자발적이지 않다는 사실을 숨길 의도로 온갖 파티나 행사를 열어 긍정적인 측면만 돋보이게 한다. 반대로 열정과 매력으로 인해 하는 결혼 이전의 섹스와 결혼 외의 섹스는 오로지 위험만을 안고 있다고 알린다.

이 모든 것의 요점은 깔때기 모양으로 한 명의 여자와 살아가는 형태인 일처일부로 귀착한다. 이런 결혼 형태는 여성 선택과 싸울 때뿐 아니라 대중을 경제적으로 착취할 때도 매우 중요한 도구가 된다. 결국에는 해야 할 행동과 해서는 안 될 행동으로 이루어진 복잡한 규칙이 나타나는데, 그 목적은 통제되지 않은—특히 통세힐 수 없는— 쾌락을 어압하는 데 있다. 규범으로 생겨나는 집단의 압박은 폭력적이고 매우 효과적이다. 대부분의 사람들은 성적으로 진공 상태에서 동일한 윤리 의식을 가지고 성장하며, 타고난 인격에 속하는 어떤 것이 자신의 삶에서 제거 및 변경되어 되돌아온다는 사실을 알아차리지 못한다.

어릴 적부터 배우고 관찰한 규범을 확고하게 다질 수 있는 중요한 도구는 바로 종교다. 종교는 비종교적인 지도자가 일찍이 통합할 수 있었던 것보다 더 많은 권력과 권위를 지니고 있는 상급 기관이다. 특히 레반트 지역에서 시작된 일신교는 문명을 동반한 채 오늘날 사회의 규범과 가치를 만들면서 신속하게 사람들에게 퍼져나갔다. 따라서 우리는 이 종교가 거둔 승리를 더욱 상세하게 관찰해야 한다.

모든 신앙의 기초는 우선 믿음의 원칙이며, 그것은 영성이다. 이는 이해할 수 없는 사물에 대해 설명하고자 하는 인간의 경향을 말한다. 영성은 사람들이 모여 사는 공동체에서는 거의 일반적으로 볼 수 있는 특징이며, 그래서 정착 생활 훨씬 이전에 나타났을 것으로 여겨진다. 아마도 영성은 인간 뇌 혹은 지성이 발달함으로써 직접적으로 나타난 현상일 수 있다. 인간의 지성은 자신을 둘러싸고 있는 환경의 맥락을 이해하고자 하는 바람을 갖게 했기 때문이다. 계절, 탄생, 죽음, 밀물과 썰물 혹은 별과 같이 알 수 없는 근원들로 인해 인간의 창의력이 이런 사건을 설명해 줄 영적인 이념을 발전시켰을 것이다. 그래서 영성은 처음에는 자신의 세계를 구성하는 현상에 대한 설명을 찾고자 하는 바람 외에 아무것도 아니었다. 잘 다듬은 이야기를 가지고 종교는 이러한 바람과 조우했다. 영성은 그릇이고 종교는 그 그릇 안에 넣는 내용물이라고 말해도 무방하다. 영성은 질문이고, 종교는 대답이다.

일찍이 정착 생활을 할 때 지도자가 되길 원한 남자들은 영성이 목적을 위해 얼마나 탁월하게 도구화되는지 재빨리 알아차렸다. 신으로부터 직접 부름을 받았다고 주장하는 우두머리는 정착 생활을 하던 시절 처음부터 나타난 현상이었다. 바빌로니아의 왕 함무라비는 법전의 서문에서 2명의 신 아누(Anu)와 벨(Bel)이 자신에게 법 조항을 돌에 기록하게끔 했다고 강조했다. 비종교적 권력과 종교적 권력은 서로 분리할 수 없는 융합물로 녹아버렸으며, 종교는 문명이라는 DNA를 구성하는 확고한 성분이 되었다.

이때 종교적 암시가 발휘하는 효과는 결코 권위적이지 않다. 종교는 수동적–공격적 충고를 전달하는 것을 넘어서 매우 정교하기까지 하다. "만일 네가 신들의 마음에 들고 싶다면, 이런 것과 저런 것을 하거나 하지 말아야 한다." 이처럼 친절한 '충고'는 마치 사람들에게 선택의 여지를 주는 것처럼 들리지만, 실제로는 감정적 압박으로 작용한다. 풍족한 수확, 건강과 마음의 치유까지 담당해줄 신들에게 경솔한 짓을 해서 그것들을 잃어버리고 싶은 사람이 어디 있겠는가?

원래 사람들을 통제하는 것 외에 다른 존재 이유가 없는 성적인 윤리는 종교를 통해서 정당성을 얻곤 한다. **성적인 윤리는 신들의 마음에 들기 때문이다.** 사람들은 신들에게 자신의 명예를 더 높이고 친절하게 동의하길 원하기 때문에, 그들은 지극히 성적이고 사적인 영역까지 영향을 주는 법과 규칙 그리고 규범을 자발적으로 따른다. 존재한다고 추정되는 자유 의지라는 것으로 인해, 다수의 시민은 감시를 받지 않더라도 정해진 윤리적 규칙에 따라 산다. 나아가 사람들은 규칙을 잘 따를 뿐만 아니라, 널리 퍼뜨리기 위해 적극적으로 노와준다. 자신을 통제하고 절제하도록 만들기 위해 생겨난 종교적 지시를 자신의 영적인 자극을 받아 세계에 전달하는 것이다.

고도로 발전한 이전 문화의 종교에 주로 다양한 소관을 담당하는 여러 명의 남녀 신들이 있었던 데 반해, 유일신은 오로지 남자 신 하나뿐이다. 이런 사상의 뿌리는 아브라함이라는 이름을 가진 남자에 대한 신화적 이야기에 근거를 두고 있다. 아브라함은 대략 기원전 1800년 가나안 지역에서 살았다고 전해지는데, 이곳은 오늘날 팔레스타인, 이스라엘과 시리아 남서 지방을 포함하고 있다. 아브라함이 존재했다는 역사적 증거는 전혀 없다. 전설에 따르면 아브라함의 큰아들 이스마엘이 훗날 아랍 민족과 이슬람교의 조상이며, 이와 달리 둘째 아들 이삭은 이스라엘 사람들의 조상으로 알려져 있다. 그리고 이스라엘 사람들로부터 유대교가 나왔고, 마지막으로 기독교도 나왔다. 일신교를 믿는 이 세 가지 종교는 아브라함의 종교라고 불리기도 한다.

아브라함에 관한 이야기가 사람들의 마음을 얻은 것은 바로 아버지라는 인물 때문이다. 이 인물은 항상 아버지로 언급되는 신에게서도 발견할 수 있을 뿐 아니라, 아브라함과 그의 아들들에게서도 볼 수 있다. 아버지라는 인물 덕분에 아내와 자식이 있는 소박한 농부도 자신에게서 신적인 것을 볼 수 있다. 그는 신과 같고 신은 농부와 같다. 《구약성경》을 보면 이런 말이 나온다. "하느님은 자신의 모습대로 인간을 창조하셨다." 신은 하지만 이때 단순하게 한 명의 인간을 창조한 게 아니다. 맨 처음에는 남자 한 명을 창조했다. 여자는 그다음에 창조되며 아담의 동반자로 그의 곁에 머문다. 그녀를 창조한 목적은 아담에게 대화 상대를 붙여주기 위해서였다. 오로지 아담의 존재만이 이브에게 존재의 정당성을 부여하며, 아담이 없었다면 신은 이브를 창조할 이유가 하나도 없었을지 모른다. 남자신은 아담의 갈비뼈 하나를 꺼내서 그것으로 이브를 만들었다. 여자는 마지막으로 만들어졌을 뿐 아니라, 남자의 소중한 신체 일부로 만들어졌다.

남자와 여자라는 주제와 관련해 일신교에서 말하는 신의 이야기는 남자에게 매우 연결이 잘된다. 남성 중심 사회에서 행동의 여지와 교환 가능성이 남자에게 더 많다는 조건을 고려해보면, 아마도 종교에 관한 이야기를 주로 한 사람들도 남자였으리라. 여기에서 우리가 잊어서는 안 될게 있는데,《구약성경》의 이야기는 처음에는 구두로 민간에 의해 전승되었다는 사실이다. 사람들이 모닥불을 피워놓고 들려주던 설화와 우화였으며, 순화나 방랑을 하던 사제들이 마을 광장에서 들려주고 부모가 아이들에게 길을 가면서 해주던 얘기였다.《구약성경》의 이야기는 단순하고 교육받지 못한 사람들에게 들려줄 수 있을 정도로 이해하기 쉬웠다. 내가 여기에서 언급하려는 소돔과 고모라 같은 이야기는 강렬한 인상을 주었을 것이다. 신이 주민들의 죄악 때문에 완전히 파괴하고자 했던 두 도시에 관한 이야기는 세 가지 세계 종교 모두에서 찾아볼 수 있다.

신은 소돔과 고모라라는 도시에서 벌어지고 있는 온갖 종류의 죄악에 대해 들었다. 그리하여 어느 날 도대체 어떤 일이 벌어지고 있는지 알아봐야겠다고 결정했다. 그래서 신은 들리는 이야기가 진실이라면 두 도시를 파괴할 계획이라고 아브라함에게 말했다. 하지만 소돔에는 친절하고 신의 마음에 들게 행동하는 아브라함의 조카 롯이 살고 있었다. 그 때문에 신은 만일 선한 사람 10명이 그곳에 살고 있다면 소돔을 용서할 것이라고 약속했다. 신은 소돔을 조사하라며 천사 2명을 롯에게 파견했고, 롯은 이 천사들을 자신의 집에 받아들여 묵게 했다. 그러나 이 낯선 자들에 관한 얘기를 소돔 주민들이 들었다. 분노한 남자 폭도들이 롯의 집 앞으로 가서 성적인 행위를 하겠다며 2명의 낯선 이방인을 내놓으라고 요구했다.

롯은 분노한 폭도들 앞으로 나아가 만일 2명의 천사를 건드리지 않는 다면 처녀인 자신의 딸 둘을 내놓겠다며 분위기를 가라앉히려 노력했다. 천사들이 미쳐 날뛰는 폭도의 눈을 부시게 만들었기 때문에 그들은 폭력을 멈추었다. 천사들은 도시의 상황을 충분히 목격했기에 롯과 그의 가족을 도시에서 떠나게 했다. 그러고는 롯의 식구 4명에게 도시에서 어떤 소리를 듣더라도 절대 돌아봐서는 안 된다고 경고했다. 4명은 도시를 떠났다. 신이 굉음으로 두 도시를 파괴할 때, 롯의 아내는 궁금한 나머지 뒤를 돌아보았고, 그 자리에서 그만 소금 기둥으로 변해버렸다. 롯의 두 딸은 대재앙으로 인해 도시에 아무도 살아남지 않았으며, 따라서 자신들이 결혼할 수 있는 남자가 더 이상 없다는 사실을 깨달았다. 결혼은 물론 자식도 가질 수 없게 되자 두 딸은 아버지에게 술을 먹이고 그와 잠을 잤다. 두 딸은 임신을 했고, 아버지의 아들들을 낳았다.

이 이야기는 신의 전지전능함을 전달할 뿐 아니라 남자에게 일련의 특별히 맛있는 것을 제공한다.

- 자신의 딸조차도 2명의 낯선 남자에 비해 가치가 없다. 롯은 마음씨 좋고 친절한 사람으로 알려져 있었는데, 아버지로서 자기 자식들을 분노한 폭도에게 내어줄 준비가 되어 있다는 것은 모순되지 않는다.
- 소돔의 시민들이 천사들과 벌이려고 했던 동성애적 행위는 죄악이다. (동성애는 오랫동안 sodomie〔남색(男色)〕로 표기했고, 영어에서는 항문 성교를 일컬어 'to sodomise'라고 한다.)
- 롯의 아내는 모든 여자들(그리고 아이들)처럼 복종하지 않고 호기심이 많았

다. 그래서 그에 합당한 벌을 받는다.

- 미성년이자 처녀인 두 딸은 결국 신성모독에 해당하는 어마어마한 죄악을 범한다. 여기에서는 자신의 아버지를 거의 성폭행하는 수준인 근친상간을 저지른다. 죄 없는 여자들조차 결국 위험하고, 금기를 깨는 죄인이 된다.

우리는 오늘날 2000년이라는 시간 간격은 있으나 종교적이자 비종교적인 교육을 이 이야기에서 엿볼 수 있다. 학교에 다니지도 못했고 결혼한 뒤 아내가 자신을 원한다는 느낌을 가져보지 못한 가장에게 이 이야기는 어떤 효과를 줄까? 당시 대다수가 그러했겠지만, 읽고 쓰는 것도 못 하는 사람들은 《성경》의 이야기를 생각을 전달하는 수단으로서가 아니라, 말 그대로 진실로서 이해한다.

모든 일신교는 자원인 여자를 잘 다루고자 하는 남자의 바람을 파악하고 있다. 이러한 바람은 성적인 갈등으로부터 직접 생겨났고, 그래서 공권력은 대중을 동원하기 위한 일종의 윤활제로서 그와 같은 남자의 바람을 무한정으로 사용했다. 정착 생활이 그렇게 하도록 더 자극을 했는데, 정착 생활 이후부터 한 여자와의 섹스는 남자의 재산에 대한 위협을 의미했기 때문이다. 그래서 남자의 성적인 충동은 누군가를 열망하면서 그와 동시에 자신이 위협받는 느낌을 갖게 되는 불쾌한 상황으로 남자를 몰아넣었다.

일신교는 "여자를 믿을 수 있는지 나는 모르겠어"라는 남자의 의문에 "당연히 믿을 수 없지!"라고 대답했다. 여자가 잘못을 저질렀다. 일찍이 천국에 자신의 자리를 확보했던 선하고 용감한 롯은 술에 잔뜩 취해서 근친상간을 하고 말았다. 도박하듯 낙원을 잃어버린 쪽은 아담이 아니라 이브였다. 델릴라는 삼손의 유일한 약점을 적들에게 알려줌으로써 신으로부터 매우 특별한 힘을 가지고 태어난 자신의 남자를 배반했다. 여자가 망가뜨렸으니 남자한테는 죄가 없다는 것이다. 일신교를 주로 믿는 나라들이 가장 중시하는 종교적 동기 가운데 하나는 오늘날까지도 여전히 유효하다. 바로 죄는 항상 여자가 저지른다는 점이다. 여자는 종교가 존재할 때부터 너무나 많은 오물을 뒤집어썼기에 a) 자신과 함께할 남자 한 명이라도 있으면 기뻐해야 하고, b) 상속받은 책임을 평생 짊어져야 한다. **너는 그냥 얌전하게 있는 게 나아, 아가씨야. 에덴동산에서 뱀과 벌였던 짓을 생각해보면 말이지.**

이는 그때까지 문화를 꽃피우고 여신들을 많이 모셨던 바빌로니아 사람들의 다신교와는 매우 다르다. 여자 신은 남자 위에 여자가 항상 한 명은 있다는 사실을 의미했다. 남자가 지상에서 아무리 잘살며 권력을 쥐고 있더라도, 남자에게 명령할 수 있고 남자가 몸을 숙여야만 하는 막강한 여자 '보스'가 한 명은 있었던 것이다. 불쾌할 정도로 여자를 열등한 존재로 묘사하는 아브라함의 이야기에 종지부를 찍는 이야기가 아닐 수 없다.

남자는 경전에서 자신이 원하는 만큼 고결할 수 있다는 사실을 배웠다. 그래서 음탕한 여자가 자신을 덮치더라도 불멸의 영혼으로 물리치면 되었다. 또한 끊임없이 성생활을 추구하는 쪽은 남자가 아니라 오히려 여자라는 것을 배웠다. 여자는 섹스를 통해 남자가 낙원에 자신의 자리를 마련하게끔 하고, 끊임없이 섹스에 몰두하는 나약한 존재라고 배웠다.

전설은 성적인 무기력과 경제적 권위 사이에서 분열되어 좌절감을 느끼고 있는 남자를 불러냈다. 전설은 남자를 마치 비료를 잘 준 땅에 뿌려지는 씨앗으로 취급하고 여자보다 나은 존재라고 추켜세웠다. 좌절과 분노는 종교에 의해 위로의 느낌으로 바뀌었고, 나아가 아버지가 사랑하는 자식이 되었다. 전설이 너무나 능란하게 남자의 잠재된 욕구를 달래줌으로써 사람들은 희망을 가지고 종교에 마음을 열 수 있었다.

아브라함 종교의 경전은 여자의 나약함과 죄에 대해 거듭 언급하며 온갖 벌을 내린다. 여자는 영원히 출산의 고통을 겪어야만 상속받은 죄로부터 자유로워질 수 있다, 여자는 신 앞에서 자신을 감춰야 한다, 여자는 악마의 속삭임에 잘 빠져든다, 여자는 항상 가둬놓아야 한다, 여자가 자신의 몸에 대해 스스로 결정하게 내버려둬서는 안 된다, 여자의 일은 남자가 결정해야 한다 등등. 물론 남자에게도 아주 많은 규칙이 적용되었다. 하지만 이는 종교가 결혼을 관장하는 기관처럼 여자를 예속시킬 뿐 아니라 남자도 통제하기 위해 이용한다는 사실을 분명하게 보여줄 뿐이다. 예를 들어, 남자는 생식을 위해서는 예외적으로 허용되지만 그 밖에는 성적 욕망을 절제해야 한다.

이를 위반하는 행동에 대해 종교가 내린 벌은 곤장을 몇 대 치는 것에서부터 돌로 쳐 죽이는 벌까지 온화할 때도 있고 엄격할 때도 있었다. 모든 사제가 종교적 규칙을 똑같이 엄격하게 지키지는 않았지만, 주요 동기는 어디서나 동일했다. 종교의 주요 원칙은 바빌로니아 사람, 그리스와 로마 사람의 관습에 전반적으로 들어맞았다. 여자에 대한 억압은 이교도 사회에서 더 이상 볼 수 없었지만, 일신교 사회에서는 여전히 존재했다.

일신교는 남자에게 그들이 악마와 함께 살고 있으며, 그리하여 언제라도 신의 사랑과 천국에 있는 자리를 잃어버릴 위험을 안고 있다고 설득했다. 그런 위협에 전 세계 남자는—그런 척하든 실제로 그렇게 행동하든―오늘날까지 동일하게 반응한다. 바로 폭력을 행사할 준비를 갖추고 있는 것이다. 여자로부터 위험을 느끼거나 여자의 성적인 유혹으로 인해 위협을 느끼는 남자는 평화로운 조건에서는 결코 하지 못할 일을 하는 용기를 종교로부터 얻곤 한다. 잠재의식에 묻어두었던 여성 혐오를 마침내 표현할 수 있게 된 것이다. **여자는 악마야. 나는 언제나 그런 사실을 알고 있었지만, 마침내 누군가가 그런 말을 하는군!** 영적으로 불안에 빠진 사회에서 그와 같은 감정이 고조되는 것은 그야말로 순식간이다. 여자를 학대하고 권리를 빼앗는 행위는 권력과 재산을 소유한 남자가 만든 비종교적이고 현세적인 법률만을 기반으로 하는 게 아니다. 그건 신의 의지이기도 했다. 외도한 아내를 때려죽인 남편은 신의 은총을 완수한 사람인 셈이다. 따라서 종교는 지금까지 여자에게 가해진 불공평을 인정할 뿐 아니라, 그런 언행을 숭고하고 더욱 고귀한 것으로 과대평가하기도 한다.

이처럼 현실적 능력이 있음에도 불구하고 지역적으로 한정되었던 민속 이야기가 다양한 능력을 지닌 국가 종교가 될 때까지 수백 년이 걸렸던 이유는, 최초이자 가장 오래된 일신교였던 유대교가 믿음의 개념이었을 뿐 아니라 민족성과 연관되어 있었기 때문이다. 《구약성경》에 따르면, 이스라엘 사람(또는 이스라엘 민족)에게 유대교는 타고난 정체성이었으며, 따라서 바지처럼 입었다가 벗을 수 있는 게 아니었다. 그 밖에 유대교는 신자와 불신자를 명확하게 구분하지 않고, 일곱 가지 노아의 계명을 지키는 사람만을 올바른 인간으로 간주했다. 이와 같은 이유로 타 종교를 믿는 사람에게 선교하는 일은 훗날 기독교 및 이슬람교와 달리 초기 유대교에는 그다지 중요하지 않았다.

로마에서 기독교는 처음에 유대교의 한 종파로 방치되었다. 그러다 훗날 의심스러운 눈으로 이를 관찰했고, 마침내 폭력을 동원해 박해하기 시작했다. 4세기 초반에 들어서야 비로소 기독교의 위대한 시간이 도래했다. 콘스탄티누스 황제는 기독교인에게 재정적 특혜를 보장하고 높은 관직에 앉는 것을 허락했다. 프랑스 작가 빅토르 위고는 이 사건을 두고 한때 이렇게 말했다. "그 어떤 이념도 그토록 강력하게 다가오지 않았으니, 일신교의 시대가 이제 도래하였노라." 국가의 제재가 사라지면서 이 젊은 종교는 신속하게 성장했다. 교회는 이제 황제라는 지상의 권력과 엮였고, 군대와 돈 그리고 법의 제정에 가담하고, 세계 패권을 잡는 데 필요한 자원을 손에 넣을 수 있게 되었다. 그리고 그런 자원을 얻기 위해 적지 않게 노력했다.

정규적으로 소집한 종교 회의는 영적인 수다를 떠는 기회였을 뿐 아니라, 무엇이 기독교적이고 무엇이 아닌지를 설명하는, 이른바 이 종교와 외부 사이에 경계를 긋는 데 이용되었다. 이는 종교적 정체성을 발견하는 게 아니라 적이 누구인지를 분명하게 정하는 일이었다. 이단이나 사교는 새로운 범죄로 여겨졌고, 종교 회의의 지시에 따라 기독교 신앙을 믿지 않는 자들은 모두 죄인이었다. 기독교는 타 종교와 무신론자를 쫓아냈다. 이교도를 금지했다. 그들의 신전을 파괴하고 그 추종자 일부에게 기독교를 강요했다. 초기 기독교는 사람들의 내면에 있는 가장 나쁜 성향을 드러나게 함으로써 아무런 저항도 받지 않고 종교적 관심사를 실행에 옮기는 능력이 대단했다.

하시반 시중해 남동쪽 지역의 새로운 종교적 흐름은, 아브라함과 그의 두 아들 중심의 《구약성경》을 기반으로 거대 종파와 분리되었다. 아브라함의 전통에 따라 이삭과 이스마엘 중 누가 적통인지에 대한 의문이 논쟁을 불러일으켰다. 이스마엘은 장자였다. 하지만 아브라함이 아내 사라에게서가 아니라 그녀의 종인 하갈로부터 얻은 아들이었다. 그러나 놀랍게도 사라는 나중에 임신을 하고 이삭을 낳았다. 이스마엘이 태어난 뒤 하갈과 사라 사이에 싸움이 벌어졌고, 젊은 하녀는 아이를 데리고 마침내 사막으로 쫓겨났다. 이스마엘 부족은 이스마엘이야말로 중요한 몇몇 아랍 종족을 일으켰으며 신의 적통이라고 확신했다.

그 밖에 이스마엘의 자손이 등장하는 계보에서 무함마드가 나타나는데, 그는 대략 600년경 오늘날의 사우디아라비아 메카 부근에서 신의 모습으로 출현했다. 무함마드가 설교를 시작했으나 메카 사람들은 그의 말에 귀를 기울이지 않았다. 그리하여 무함마드는 지금의 메디나로 알려진 야스리브(Yathrib)로 갔고, 여기서 이슬람교가 탄생했다. 이슬람교도도 기독교도와 마찬가지로 자신들이 유일하고 진정한 종교를 발견했다고 확신했다. 일찍이 무함마드가 살아 있던 시기에 이 새로운 종교를 믿은 최초의 신자들—유럽인은 이들을 사라센인이라고 불렀다—은 아랍의 반도를 넘어 신의 말씀을 전달하기 위해 칼로 무장한 채 길을 나섰다. 이 새로운 종교는 8세기 초반 에스파냐와 프랑스에 도착했다.

유럽에서 강제 개종된 기독교 교회는 이슬람교가 이어서 자기들 나름의 새로운 양들을 찾고 있을 때 몹시 격분해 방어 자세를 취했다. 그리하여 서유럽 기독교도는 1000년경부터 이슬람교도를 밀어붙이기 위해 여러 차례에 걸쳐 십자군 전쟁을 일으켰다. 당시의 세계는 일신교에 의해 나뉘어 있었다. 지중해 북쪽은 기독교-가톨릭이 지배하고, 남쪽과 동쪽은 이슬람의 신이 다스렸다. 유대교는 레반트에 있던 자신들의 땅을 둘러싸고 벌어진 수많은 전쟁으로 인해 사방팔방 흩어지고 말았다. 그리하여 유대교 신도들은 지구 곳곳에서 어떤 때는 대규모, 또 어떤 때는 소규모 공동체의 형태로 살아갔다.

이슬람교는 세계 종교로서 기독교 못지않게 공격적이지만, 처음에는 기독교 같은 성직자 구조가 없었다. 또한 이슬람교는 다수의 여자와 사는 다처일부를 허용했는데, 사실은 아브라함에게도 2명의 여자가 낳은 자식들이 있었다. 결혼 제도는 이용 가능한 여자 무리에서 결혼한 여자를 지속적으로 분리시키므로 다처일부 사회는 일처일부 사회와는 전혀 다르게 여자를 분배한다. 다처일부는 자유로운 여성 선택에 따라 80 대 20의 비율로 분할되지 않았다. 많은 남자가 2명 이상의 아내와 그 자식들을 부양할 능력이 되지 않았다. 게다가 파트너 없이 사는 남자가 한 명의 여자와 사는 일처일부보다 더 많았다.

그래서 대부분의 이슬람교 국가에서 성생활은 남자에게 매우 엄격히 적용되었다. 혼전과 혼외에서 이루어지는 모든 형태의 성행위와 매춘 역시 남녀 모두에게 금지되었다. 남자는 자신의 충동을 보상받을 가능성도 없었다. 이처럼 끔찍한 상황에서 빠져나갈 수 있는 작은 해결책은 시한부로 맺는 단기 결혼 또는 향락 결혼이었다. 이런 결혼은 몇 분에서 99년 동안 지속될 수도 있었다. 부부는 결혼 비용을 지불하고 합법적 서류를 받은 다음 어느 정도 충분히 즐긴 후 헤어졌다. 이러한 결혼 형태는 물론 시아파 교도들만 받아들였다. 여자는 처녀로 '진짜' 결혼에 임해야 했기 때문에 시한부 결혼을 경험한 여자는 예의 바른 결혼을 망쳐버린 셈이다. 향락 결혼은 남성 문명이 발명한 많은 것처럼 오로지 남자에게만 쓸모가 있었다.

여성 적대적인 일신교로 인해 발생한 사건은 상상을 초월한다. 유럽에서는 공권력이 체계적으로 여자에게 폭력을 가한 마녀사냥이 있었다. 1486년 《마녀 망치》라는 책이 나왔는데, 도미니크회 수도사 하인리히 크라머(Heinrich Kramer)가 기독교의 마녀사냥을 바탕으로 쓴 책이었다. 크라머는 종교 재판관이었고, 그의 책은 종교 재판권을 행사하기 위해 낸 것이었다. 이 책에 대한 교회 내의 논쟁이 없진 않았으나 사람들이 보기에 불편한 여자들을 죽일 수 있는 법적 근거를 마련해주었다. 추측에 따르면 14~18세기에 6만~7만 5000명이 마녀사냥으로 처형당했다. 희생자 가운데 75~80퍼센트가 여자였다. 남자도 이단자로 화형을 당했다는 얘기다. 하지만 마녀로 몰린 희생자를 성별로 살펴보면 여자의 비중이 확연히 높고 남자는 예외에 속할 뿐이다.

중부 유럽 사람들이 여자를 화형에 처하느라 바쁜 일상을 보냈다고 해서 기독교가 전 세계로의 확장 시도를 그만두었다는 의미는 전혀 아니다. 동쪽과 남쪽으로는 이슬람교도가 저항을 했기 때문에 더 이상 뻗어나갈 수 없었다. 그러나 크리스토퍼 콜럼버스와 아메리고 베스푸치(Amerigo Vespucci)는 2개의 아메리카 아(亞)대륙을 발견함으로써 일신교에 새롭게 팽창할 기회를 제공했다. 그렇게 유럽이 세계 여행을 하는 시대가 열렸고, 이들은 모든 낯선 문화를 기독교로 교화시키고 필요하면 폭력으로 진압했다. 종교뿐만이 아니었다. 유럽적 삶의 방식, 농업, 화폐를 기반으로 한 사회 질서도 낯선 문화에 도입했다. 그 결과 이국적이고 그 전까지만 하더라도 어느 정도 유목민처럼 살던 민족들이 정착 생활과 남성 위주의 문명 생활을 해야만 했다.

16세기부터 유럽에서는 마르틴 루터 같은 개혁가의 영향으로 개신교가 허영심 강하고 권위적인 가톨릭으로부터 분리되었다. 막강한 기독교가 두 부분으로 나뉜 것이다. 이로 인해 나약해진 유럽에서는 훗날 등장한 계몽주의가 교회의 막강한 권력을 국가 구조로부터 독립시켜야 하는 과제를 훨씬 수월하게 수행할 수 있었다. 자연과학적 인식과 이성은 유럽에서 점점 종교 같은 미신적 주제를 대체해나갔다. 국가 운영과 삶의 운영이라는 현안이 150년의 세월을 거치며 이제 종교가 아닌 현세적 문제가 되었다. 정치적 결정을 내리고 이로써 사람들에게 영향력을 행사하던 교회는 그 가능성을 점점 더 상실하고 말았다.

많은 사람에게 이슬람교는 엄격한 성적 윤리 때문에 기독교보다 더 잔인하고 여성에게 적대적인 것으로 보인다. 실제로 계몽주의 시대는 기독교 국가들에만 한정되었다. 교회가 계속 존립하려면 어쩔 수 없이 밟아야 했던 숙성 및 자유화 과정을 이슬람교는 밟지 않았던 것이다. 이슬람교의 율법 샤리아가 모든 이슬람교 국가에 똑같이 엄격하게 적용되지는 않겠지만, 이런 곳에서 종교는 유럽에서보다 국가 구조와 매우 밀접하게 연관되어 있다. 두 종교의 세속화 정도는 차이가 있으며, 이는 이민 문제와 직면했을 때 어려움을 만들어낸다. 하지만 이 문제는 무시하더라도 두 종교는 여자와 쾌락을 적대시하는 목표와 행동에 있어서는 서로 다르지 않다. 기독교가 200년 전 사회에 행사하던 영향력을 자발적으로 포기하지 않았으며, 계몽주의에 의해 어쩔 수 없이 영향력을 빼앗겼다는 사실을 잊지 말자. 만약 교회가 이러한 힘을 여전히 갖고 있다면, 의심할 바 없이 서구 국가에서 여자의 위치는 지금보다 매우 암울했을 게 분명하다.

성적 윤리와 종교는 건전하고 지극히 사인스러운 흥분 상태에 수치심과 두려움 그리고 죄책감이라는 짐을 지운다. 사람들은 자신의 성적 욕구를 무시할 뿐 아니라, 심지어 부분적으로 거부하기도 하며 이에 대해 수치심을 느낀다. 지금까지 설명한 구조는 외부에서 인간에게 영향을 준 반면, 성적 윤리와 종교는 인간의 내면에서 작업한다. 사람들은 성적 윤리와 종교 덕분에 후견인이 필요하다고 느끼지도 않고 갇혀 있다고 느끼지도 않는다. 확신을 갖고 그 규칙을 제대로 지키려 한다. 모든 사람은 성적 윤리에 대한 메시지의 송신인이자 동시에 수신인이기도 하며, 따라서 억압 시스템의 일부다.

사소한 위안거리
자기애, 매춘, 포르노

남성 문명이 대대적인 성공을 거두며 확고하게 자리 잡을 수 있었던 배경에는 성적 윤리와 일신교의 기여를 손꼽을 수 있다. 그러나 성적 윤리와 일신교가 남자가 안고 있던 모든 문제를 해결하지는 못했다. 남자의 성적 충동에서 비롯된 공격적 성향을 단순히 문명화를 통해 사라지게 할 수는 없기 때문이다. 이미 시행한 모든 조치에도 불구하고 남자에게 또 다른 성적인 허가를 내줘야만 했다. 남자가 여전히 만족하지 못한 이유는 무엇이었을까?

우선 남자의 피가 한창 끓는 시기에는 한 여자와 결혼해서 사는 제도의 장점에 대해 잘 알아차리지 못한다. 또한 남자는 대략 서른 살이 되어야 결혼할 수 있다. 지속적으로 성적 욕구를 충족시킬 방법이 그들에게는 미래에나 들을 수 있는 음악에 불과하다는 의미다. 젊은 남자는 부와 권력을 추구하는 국가에서 대체 불가능한 자원이다. 그들은 군대 복무 의무를 다하며, 토지를 경작하고, 아내와 자식을 부양할 능력을 갖추기 위해 일하고, 이로써 국가 경제에 날개를 달아준다. 그래서 항상 성적 충동을 채우지 못하는 남자가 존재하기 마련이다. 이들과 섹스를 더 많이 할 수 있는 남자 사이의 경계는 최고 유전자와 재산을 원하는 여자의 요구에 의해서만 더 이상 결정되지 않는다. 요컨대 나이라는 통계학적 요소에 의해서도 결정된다.

남자의 성적 충동은 가능한 한 여러 명의 여자와 섹스하는 걸 추구한다는 사실을 기억하자. 이러한 무의식적 갈망으로 인해 남자는 한 명의 여자와 사는 일처일부로부터 뭔가를 얻었다고 생각하는 대신 오히려 잃어버렸다고 믿는다. 현실을 보더라도 낮은 계층에 속하는 남자는 일처일부를 통해 과거에는 갖지 못했던 것을 얻게 되었지만, 다른 한편으로 많은 여자를 가질 수 있는 남자는 단 한 명의 여자만 갖도록 제약을 받는다고 느낀다. 여성 선택 시스템이 작동하는 다처일부 제도에서 자신이 단 한 명의 여자도 얻지 못해 섹스를 전혀 못 하는, 이른바 서열이 낮은 80퍼센트에 속한다고 인정할 남자는 단 한 명도 없기 때문이다.

게다가 여자를 통해 성적으로 기본적인 만족을 얻기는 하지만 그 대신 여자와 자식을 부양해야만 하는 성가신 의무가 남자에게는 있다. 부양 의무는 남자에게, 강렬하지만 거의 통일될 수 없는 두 가지 충동에서 나오는 관심 영역의 충돌을 의미한다. 한편으론 가능한 한 많은 재산을 쌓고, 다른 한편으론 가능한 한 많은 여자와 섹스하는 것이다(이로써 후손도 생산한다). 섹스 행위를 할 때마다 임신될 수 있고, 이때 열망과 불신 그리고 무력감 섞인 감정상의 혼란도 동반된다. 만일 재산이 충분하다면, 금권주의가 지배하는 남성 문명에서는 부가 거의 모든 문제를 해결하기 때문에 갈등도 해결된다. 하지만 평범한 시민 출신이 그 정도의 부를 쌓기란 거의 불가능하다. 평균적인 시민이 안정적인 재산을 소유할지 아니면 성적으로 방탕한 생활을 즐길지 선택하든 상관없이 항상 다른 사람처럼 자신의 DNA에 들어 있는 뭔가를 포기해야만 한다.

그 밖에 일대일의 남녀 관계는 남자에게 자신한테 한 명의 여자가 마련되어 있다는 감정을 일깨워준다. 모두가 여자를 얻을 수 있다는 말이다. 하지만 일처일부를 법적으로 도입한 뒤, 경제적으로 능력이 되지 않아 서른 살이 넘었음에도 결혼하지 못하는 남자가 생겨났다. 이런 남자가 섹스를 경험하지 못하는 상황은 원래 **모든 남자**에게 여자가 돌아갈 것이라고 약속했던 새로운 남녀 관계 모델로 인해 더욱 부당하게 느껴지고, 그들의 좌절감은 더욱 커진다. 여성 선택이 적용되었던 시기에 이런 남자는 여자를 갖지 못하는 다수에 속했으나 이제는 사회적 소수가 되었다. 생물학적으로 표준이었다가 이제는 문화적 예외가 되어버린 것이다.

이런 점은 무시하고서라도 성생활을 조정하는 조치가 남녀의 다양한 성생활 문제를 해결하지는 못한다. 재산과 새로운 남녀 모델도, 여자는 남자가 여자를 원하는 만큼 그렇게 자주 그리고 열정적으로 남자를 갈망하지 않는다는 사실을 바꾸지 못한다. 특히 강제 결혼과 결혼한 지 4년이 지났을 때 그렇다. 남자는 아내에게 행사하는 자신의 힘을 여전히 감지하지만, 그럼에도 새로운 세계 질서에서 (심지어 모순인 것처럼 들릴 수도 있지만) 뭔가 결핍되고 부족하다는 느낌을 예전보다 더 무겁게 느낀다. 신석기 시대 이전의 남자는 만나는 여자한테마다 자기 능력을 증명해야 했지만, 정착 생활을 하게 된 후에는 결혼만 해도 이미 섹스할 수 있는 조건을 충족한 셈이었다. 그리하여 남자는 성적인 충족에 대한 요구를 갖고 한 여자와 관계를 맺었다.

남자는 새롭게 탄생한 남녀 관계의 형태로부터 가장 많은 이득을 챙겼음에도 불구하고, 더 많은 남자가 여자를 맞이할 기회를 예전보다 더 많이 갖게 되었음에도 불구하고, 남자들 사이에서 성적인 경쟁이 과거에는 결코 볼 수 없을 정도로 줄어들었음에도 불구하고, 공식적으로나 법적으로 재산을 소유할 권한이 없는 아내를 거의 무한정 이용할 수 있음에도 불구하고, 결혼은 남자에게 냄새 나는 타협처럼 느껴졌다. 다목적 무기같이 시작되었던 게 가장 심각할 경우 남자의 에너지를 갉아먹는 모습으로 드러났던 것이다. 이러한 남녀 관계는 남자가 의도했던 만큼 평화롭지도 않았고 생산적이지도 않았다.

화폐 경제라는 것이 남자에게도 상당히 힘들게 덮쳤기 때문이다. 남자의 재산은 아내를 얻는 수단일 뿐 아니라 사회에 영향을 줄 수 있게 해주었다. 투표권을 재산에 따라 결정하던 금권 정치 국가 그리스와 로마에서 남자는 신부를 사고 가족을 부양하기 위해서 돈을 벌어야 했고, 자신의 재산을 평가해줄 감찰관과 노예에게 돈을 지불하기 위해서도 돈을 벌어야 했다. 복지가 자신에게만 한정되어 있지 않고, 자신이 죽은 뒤 그 아들들에게도 제공되어야 했기에, 남자는 자신이 살아 있지 않을 미래를 위해서도 재산의 일부를 마련해둬야 했다. 이렇게 남자는 다분히 강요된 삶을 살았다.

고도로 남성적인 노동 세계와 상업 세계는 남자의 본능에 적합하게 재단되었지만, 이런 세계는 또한 가혹했다. 과거에 남자는 여자를 두고 경쟁을 벌이면 충분했으나, 이제는 시장을 두고 경쟁을 펼쳐야 했다. 문명이 탄생한 시점에 남자 사이의 경쟁을 줄이는 데 주의를 집중했음에도,

이제 모든 남자가 경쟁자를 밀쳐버리고 그 기회를 이용해 자신이 유리해지는 순간을 기다리는 상황에 다시금 봉착한 것이다. 남자는 하루 종일 깨어 있어야 하고 아파서도 안 되었다. 머뭇거리거나 불확실해서도 안 되었다. 약점을 보여줘서도 안 되고, 너무 빨리 신뢰해서도 안 되었다. 모든 경쟁자가 어떤 사소한 상처를 보더라도 즉각 자신에게 유리하게끔 이용할 준비가 되어 있는 까닭이다. 한 명의 여자와 사는 일처일부 제도를 통해 다른 남자를 성적인 경쟁으로부터 끌어냈으나, 그들로부터 경쟁하고자 하는 본능을 해결하지는 못했다.

남자의 성생활이 진보를 적대시함으로써 나타난 동반 현상은 결혼을 통해 누그러졌다. 그러나 결혼으로 인한 갈등과 저항은 남자의 성생활 일부가 항상 완성되지 않은 건설 현장에 머물러 있다는 점을 분명하게 보여준다. 발생한 문명을 안정시키려면 또 다른 조치를 취해야 했다. 다른 방식으로 충동을 해소하는 방법 외에도 남자의 자존감을 강화하고 기분 전환을 시켜줄 것이 필요했다.

몹시 피곤해진 결혼 문제로 인해 고대 남자들은 위안거리로 (또는 반항심에서?) 자신이 속한 성에 관심을 기울였다. 자세히 말하면, 자신의 성기에 관심을 돌렸다. 수천 년 동안 동굴 벽을 여성의 외음부 그림으로 가득 채운 뒤, 이제 일상에서 페니스(남근)의 시대가 도래했다. 그리하여 우리는 어디를 가도 손쉽게 잔뜩 발기한 남자의 성기를 볼 수 있다. 반대로 여자의 성기는 금기시했다. 여자는 흔히 가슴을 드러내놓기는 했지만 외음부는 감춰졌다. 항상 몇 가닥의 긴 머리가락, 지극히 부드러운 천이나 우아한 손이 자신의 성기를 가려 관찰자들의 시선을 피했다. 석기 시대 사람들이 여성의 성기만 주로 묘사했다면 고대에는 오히려 이것을 수치스럽게 여겼다. 은폐하는 경우 흔히 그렇듯 남자는 자신이 가장 열망하며 이 것 때문에 시험에 들게 되는 것을 감추었다.

남근이 긍정적으로 발전한 것은 그리스 시대의 독특한 조각상으로부터 시작되었다. 바로 헤르마(Herma) 조각상이다. 헤르마 조각상은 4각형 모양의 돌기둥 위에 올린 머리로만 이루어져 있다. 팔이나 다리도 없고, 몸 전체가 특별히 다듬어지지도 않은 기둥이다. 헤르마 조각상은 기본적으로 요즘 볼 수 있는 페즈-디스펜서(pez-dispenser: 페즈는 오스트리아의 캔디 브랜드. 디스펜서는 손잡이·단추 등을 눌러 안에 든 것을 바로 뽑아 쓸 수 있는 기계—옮 긴이)와 비슷하다고 보면 된다. 물론 조각상 앞면에 정밀하게 묘사한 페니스를 보지 못했다면 그렇게 상상할 수 있다. 이 페니스는 축 늘어져 있는 경우도 많고, 꼿꼿하게 발기해 있을 때도 많다. 훗날 로마인이 이 조각을 이어받았지만, 오늘날 우리가 구경할 수 있듯이 순전히 몸통 없는 흉상으로 섹스에서 탈피시켰다.

이 조각상은 여행자들의 신 헤르메스를 기리기 위해 거리와 광장에서 길을 표시하는 목적으로 세워두었다고 한다. 사랑의 여신 아프로디테도 헤르마로 묘사했는데, 흥미롭게 페니스가 달려 있기도 했다. 이런 형태의 아프로디테는 남자 이름인 아프로디토스(Aphroditos)로 불렸다.

헤르마에는 잠재의식으로 전해지는 메시지가 너무나 많이 숨어 있어 어디에서부터 시작해야 할지 모를 지경이다. 우선 남근을 신적인 것(헤르 메스)과 동일시했고, 보호와 행운을 가져오는 긍정적인 연상을 불러일으 킨다. 이와 동시에 머리와 남근 외에 헤르마에서 완성된 게 아무것도 없다는 사실이 눈에 띈다. 남자 신의 정체성이 머리와 성기로 이루어져 있다는 얘기다. 아프로디토스 역시 매우 흥미롭다. 만일 남자의 성기를 성적인 충동의 일부로 이해한다면, '남근 있는 여자'는 남근 있는 여자일 뿐 아니라 남자의 성적 충동을 가지고 있는 여자이기도 하다. 따라서 성 적으로 느끼는 남자의 좌절을 남녀의 성욕이 매우 다르기 때문이라는 사 실을 남자가 점차 깨닫게 된 징후로 해석해야 할 필요는 없다. 하지만 사 람들은 그렇게 할 수 있다.

헤르메스와 아프로디토스는 그들의 성기가 관찰자의 얼굴에 갑자기 나타나는 유일한 신은 아니다. 판(Pan), 프리아포스(Priapos), 디오니소스 (Dionysos)도 모두 남근으로 상징화되어 있다. 로마 도시 폼페이의 시민들 은 판을 심지어 대리석으로 영원히 새겨놓았다. 그것도 염소와 섹스하는 모습이다. (이 유명한 조각상을 발견한 고고학자들은 긴장해서 땀을 흘렸고, 이런 조각 상을 전시한 박물관은 공공의 질서를 해치지 않기 위해 나이로 입장을 제한했다.)

고대인이 사는 곳엔 어디에나 남근이 있었다. 섹스 파티를 할 때 쓰는 그릇에 묘사된 그림은 상대적으로 가까이에서 볼 수 있었고, 바람이 불 면 소리가 나는 장식물로 출입구 문 위와 집 정원에 발기한 모형을 걸어 두곤 했다. 로마인은 부적이나 마스코트로 남근을 목에 걸고 다니기도 했다. 그리스-로마 시대의 남자는 자신의 성기에 너무나 매료되어 길거 리에 사람 키보다 더 큰 남근을 설치하곤 했다. 아리스토텔레스는 그와 같은 남근 퍼레이드를 《시학》에서 언급하기도 했다. 오늘날 그리스 일 부 지역에서는 아직도 그런 퍼레이드를 볼 수 있다. 탑과 고층 빌딩은 발 기한 남근과 매우 비슷한 점이 있다. 가령 바르셀로나에 있는 고층 빌딩 토레 글로리에스(Torre Glories)나 미국에 있는 입실랜티 급수탑(Ypsilanti water tower)을 예로 들 수 있다. 이는 의식하지 못했을지라도 남근이 모델 이었을 거라고 생각한다.

결혼으로 공동생활을 하고 끊임없이 복지를 추구하다가 지친 남자에게 어디에서나 볼 수 있는 남근은 위안과 원기 보강의 표시였다. 남근은 오래전부터 권력, 힘, 성적 능력을 상징했다. 간략하게 말하면, 남자의 능력을 상징했다. 어디에든 이런 형상을 세워두고, 그려두고, 걸어두면 단순한 시민들의 자아(ego)에 끊임없이 다음과 같은 메시지를 주게 된다. **너는 강해. 너는 강력하고, 너는 신들과 비슷해. 너는 영웅이야.** 고대에 가장 위대한 영웅 서사시가 등장한 것도 우연이 아니다. 거의 불가능한 것을 가능케 하고 괴물과 사이렌 그리고 신들과 직접 상대하는, 힘 넘치는 남자에 관한 이야기 말이다.

이러한 메시지는 남자뿐 아니라 여자에게도 전달된다. 남근을 과도하게 강조함으로써 수천 년 동안 권리를 박탈당한 뒤 최초로 결혼이 여자에게 구미 당기는 것으로 보이게끔 하고, 남자를 매력적이며 갈망의 대상이 될 만하다고 설득하려는 시도로 볼 수 있다. 당연히 결혼은 강제성을 띤 행사이지만, 멋진 남자의 몸과 행운 그리고 보호를 받을 수 있다는 긍정적 의미를 담아 발기한 모습으로 이미지 캠페인을 벌인 것이다. 이런 캠페인의 목적은 여자가 결혼에 익숙해지거나 긍정적으로 반응하는 데 있다. 이처럼 넘쳐나는 남근 그림이 그런 목적을 달성하지 못한다 하더라도, 수백 년 동안 어디에서나 볼 수 있는 발기한 남근은 벗은 남자의 신체를 어느 정도 정상적으로 보이게 할 수는 있었을 것이다.

눈에 띄는 점은 고대에 호모의 에로틱한 모습을 많이 볼 수 있었다는 것이다. 동성애는 비교적 더 오래전 남근에 관심을 덜 가졌던 사회에서, 대략 아시리아 사람들에 의해 잘 알려졌다. 이는 결코 놀랄 일이 아니다. 우리가 동물의 세계에 대해 알고 있듯 남자의 성적 충동은 성적으로 성숙한 여자에게서만 만족을 찾지 않는 측면, 다시 말해 생식과 무관한 부분도 상당히 있기 때문이다. 당시에는 동성애와 이성애라는 엄격한 구분이 아마도 없었을 거라고 추측한다. 남자의 충동은 규칙적으로 해소해줘야 했다. 그래서 많은 곳에서 이런 말이 나돌았다. "하고 싶은 대로 해라." 나는 여기서 굳이 그리스인의 남근 숭배와 동성끼리의 성행위가 등장한 사건 사이의 직접적 연관성을 찾아볼 의도는 없다. 물론 유럽 남자들이 하필이면 남자의 육체적 아름다움, 화려함과 힘을 강조한 시기에 동성에 대한 열망을 공공연하게 표현하기 시작한 것은 결코 우연으로 보이지 않는다.

고대 사회에서는 섹스 파트너의 성보다 각각 어떤 역할을 맡느냐는 문제가 더 중요했다. 간단하게 말해, 남자가 어떤 파트너와 섹스하느냐는 상관이 없고, 누가 삽입을 하느냐가 결정적이었다. 능동적인 파트너가 남성적으로 간주되고 존경을 받았으며, 수동적인 파트너는 여성적이고 비굴하다고 여겼다. 자유인으로 태어나서 성장한 남자가 이렇듯 굴종적인 역할을 맡는 것은 그리스인에게 모욕이었기 때문이다. 그래서 비슷한 나이와 사회적 지위를 가진 두 남자가 성행위를 하거나 오랜 기간 연인 사이를 유지하는 경우는 이례적이었고, 사람들도 그들을 고운 눈으로 보지 않았다. 동성애적 만남은 대부분 사회적 지위가 매우 차이 나는 사람들 사이에서 이루어졌고, 서로 맡은 역할도 확실하게 정해졌다. 예를 들어, 자유 시민과 노예/매춘부, 또는 이보다 더 흔한 경우로 자유로운 성인과 자유로운 소년 사이가 그러했다.

남색 혹은 '소년애'는 사회적으로(다른 남자들이 그렇게 봤다는 의미) 관대하게 여겼고, 심지어 '학습적으로 효과가 있는 것'으로 봤다. 성인이 소년과 섹스를 할 뿐만 아니라, 어른이 되었을 때의 삶이 가져올 온갖 측면을 가르쳐줄 수 있다고 생각했기 때문이다. 고대의 그림이나 문서를 고려해서 판단하면, 이때의 소년은 12~20세에 해당되었다. '소년애'라는 표현은 미화시킨 거라고 볼 수 있는데, 쌍방을 고려해서 나온 표현이 아니기 때문이다. 소년은 성적인 행동을 수동적으로 참아야만 했다. 남색이란 사랑하는 관계를 표현한 게 아니다. 나이, 권력, 사회적 지위가 극단적으로 불균형한 만남의 부산물이었을 뿐이다. 고대의 '소년애'는 무엇보다 강렬한 비생식적 충동과 자신의 약점을 방출하고자 하는 남자의 경향이 큰 역할을 했던 것처럼 보인다. '소년애'는 오늘날의 윤리적 관점에서는 설명하기 힘들며 참아줄 수도 없다. 흔히 '소년애'는 동성애적 성향의 남자가 자신들이 병든 소아 성애자인 것처럼 보이기 위해 악용되는 경우도 많았다. 물론 그들은 어린아이를 좋아하는 사람이 아니었다.

고대에는 동성끼리 벌이는 성행위를 걸출하게 표현한 작품이 많은데, 이를 살펴보면 사람들의 성생활에 대한 인식이 바뀌었다는 것을 알 수 있다. 하지만 이러한 변화를 오늘날의 현대적 정의에 따라 동성애의 전 단계로 이해할 수 있는지, 크레타섬의 전통처럼 과도한 인구와 부족한 자원으로 인한 이성적인 해결책의 일환으로 볼 수 있는지, 아니면 그리스인의 성생활은 남녀 모두에게 향하는 경향이 있었고 그래서 우리의 성적이고 윤리적인 시각에서 특수하게 보일 수 있는 것인지, 지금까지의 지식으로는 분명하게 설명할 수 없다. 확실한 점은 특히 고대에 남자의 성생활은 새로운 표현 방식을 추구했고, 그걸 발견한 것으로 보인다.

매춘 역시 고대에는 그야말로 호황을 누렸다. 이 업종은 명망 있는 업종이 전혀 아니었으나, 그리스인은 물론 로마인의 경우에도 세금을 내며 도시 상업의 일부를 차지했다. 길거리나 홍등가에서 일하는 남녀 매춘부가 있었다. 유곽은 오늘날과 마찬가지로 당시에도 매춘부가 벌이의 일부를 지불하는 포주에 의해 운영되었다. 자유인은 물론 노예로 태어난 사람도 매춘부가 될 수 있었는데, 자신의 생업을 관할 사무소에 신고해야 했다. 그 밖에 원하지 않은 아이가 태어날 경우 버리거나, 그렇지 않으면 매춘부로 팔려갈 수도 있었다.

극단적으로 제한되어 있던 여자와 노예의 권리로 판단하면, 모순적이지만 매춘은 어느 정도 자유를 제공했다. 무엇보다 자유로운 여자에게 일종의 경제적 독립을 가능케 해주었고, 교육을 받거나 재산을 소유할 수 있는 가능성을 부여했다. 사실 점잖고 예의 바르며 평생 경제적으로 종속된 채 살아가는 여자는 결코 가질 수 없는 교육의 기회와 재산도 얻을 수 있는 기회였다. 벌어들인 돈을 음악과 교양에 투자함으로써 고객에게 성적인 봉사 외에 정신적인 대화도 나눌 수 있는 매춘부는 명성을 얻었다.

그래서 그리스인 가운데 신분이 상승한 고급 매춘부가 새로운 계급으로 부상했는데, 이들을 헤타이라이(hetairai)라고 불렀다. 거리에서 적은 돈을 받으며 많은 남자를 상대로 매춘하는 동료 포르나이(pornai)와 달리 헤타이라이는 대부분 소수의 고객만 받고 돈도 잘 벌었다. 이들은 매춘 대가로 고객으로부터 소중한 선물이나 집을 받기도 했다. 헤타이라이는 상류층에 속하는 남자의 섹스 연회에 초대를 자주 받았다. 이곳에서 그들은 성적으로 놀아주는 애인 역할을 맡아 오로지 남자 손님들에게 재미있는 놀이와 성적인 유혹 기술로 즐거움을 선사했다. 헤타이라이는 지속적이지만 공식적이지 않은 막강한 시민의 소실과 비슷했다. 결혼하지 않음으로써 그들은 사회적 지위를 얻을 수 없었지만, 결혼의 엄격한 규칙을 따를 필요가 없었다. 몇몇 헤타이라이의 이름과 경력이 오늘날까지 전해 내려오는 반면 단정한 여자, 결혼한 여자 그리고 어머니들은 역사의 바다에서 익명으로 가라앉았다.

내숭 떨며 기독교를 믿는 우리 사회에서는 고대에 섹스가 지녔던 탁월한 위치를 오늘날의 자유분방함으로 해석하고 있지만, 어쨌든 그리스인과 로마인은 남자에게 그들이 채우지 못한 성적 충동을 보상받을 가능성을 더 많이 제공했던 게 사실이다. 수천 년 이전에 정착 생활을 하고 가부장적이던 모든 문화처럼 로마인도 시민 계급의 여자에게 순결과 정절 의무를 엄격하게 부여함으로써 여자를 성적으로 미성숙하게 만들어버렸다. 정착 생활을 하고 가부장적이던 모든 사회에서처럼 결혼—교육도 받지 못한 상태에서 열두 살 또는 열세 살 소녀를 심각한 성적 장애를 갖는 여자로 만드는 강제 결혼—은 남자에게 진정으로 원하는 성적 만족을 주지 못했다. 더 발달한 지능은 기술적 발전에 날개를 달아줄 뿐 아니라 성적 환상을 갖는 데도 이용되었다. 그 때문에 아마도 남자는 채우지 못한 욕구에 대한 결손을 매우 강력하게 받아들였을 것이다. 그리하여 기본적 욕구로부터 개별적으로 선호하는 것을 다양하게 체험했다. 발달한 지능으로 인해 좌절당한 체험을 더욱 고통스럽게 받아들였고, 쾌락을 누리고자 하는 열망도 증가했다. 이어진 수백 년 동안 예술에서 나타난 현상을 보면 그러하다.

발가벗은 여자는 인간이 묘사하기 시작할 때부터 문화에 항상 등장하는 목록이었음을 우리는 기억한다. 하지만 통통한 가슴이 달려 있고 손으로 만지작거릴 수 있는 작은 인형은 남자의 충동을 채워주기에는 부족했다. 비너스 형상은 성적 욕구가 없는 정신의 단순한 환상에 불과했고, 고도로 발달한 남자의 복잡해진 성적 욕구를 충분히 해소해주기엔 오래전부터 적합하지 않았다. 높아진 지성은 새로운 자극을 요구했다.

정적인 자세를 취하고 있는 벗은 여자 대신 남자는 이제 한 남자가 여자와 섹스 행위를 하는 동적인 장면을 만들었다. 에로틱한 행위가 포르노 장면이 되었다. 이미 청동기 시대 말 이전, 그러니까 기원전 1200년경에 남자는 그와 같은 그림을 그리기 시작했다. 이집트 사원과 피라미드에서는 남녀 쌍들이 후배위로 섹스하는 모습을 단순하게 묘사한 것을 볼 수 있다. 동일한 시기에 토리노(Torino) 사람들에게서 에로틱한 파피루스가 나왔는데, 고대 이집트 양피지에 그려진 포르노 스케치 모음이었다. 그래서 오늘날 사람들은 이것을 '인류 역사상 최초의 포르노'라고 부른다. 남자와 여자가 섹스하는 모습인데, 그야말로 살아 있는 것 같다. 이 모음집은 예술적으로 상당한 수준에 달한 것으로 보아 유복한 고객이 주문한 작품이지 대중이 보는 책은 아니었을 것으로 짐작된다. 기원전 2000년 바빌로니아에서는 2명의 남녀가 성행위하는 모습을 새긴 토기가 나왔다. 이 토기는 손바닥만 한 크기라 여행 때 손에 들고 갈 수도 있었다.

그러나 그리스와 로마 시대에 이르러서야 비로소 이러한 묘사는 폭넓게 일상생활에 파고들었다. 로마의 많은 도시―무엇보다 폼페이와 헤르쿨라네움(Herculaneum)을 예로 들 수 있다―는 오늘날 대규모 포르노 벽화로 유명하다. 79년 베수비오 화산 폭발로 파괴된 폼페이에서 그나마 남아 있는 유적을 고고학자들이 발견했을 때 온갖 쾌락을 표현하고 있는 유적들을 보고는 깜짝 놀랐다. 그래서 이리힌 발굴물을 폐쇄된 공간에 숨겨두었는데, 여자는 오랫동안 이를 구경하지 못했다. (남자는 단정한 태도를 증명하고 나서야 비로소 이를 구경할 수 있었다.) 학자들은 당시의 채색된 건물이 모두 유곽이었을 거라고 추측했지만, 지금까지 딱 한 건물만 유곽으로 확인되었을 뿐이다. 아마도 사람들은 자신이 사는 집을 포르노 그림으로 장식했던 것처럼 보인다.

집의 담과 길바닥 연석에 그려놓은 자극적인 묘사는 폼페이를 걸어 다니던 보행자들에게 향락을 즐길 수 있는 구역이 어디인지 안내했고, 고객들은 다양한 방식으로 돈을 소비할 수 있었을 것이다. 성적인 광고를 하는 이런 원칙은 오늘날까지 널리 알려져 있고, 이는 성적인 자극이 주는 신경학적 효과와 관련이 있다. 남자의 뇌는 성적인 그림만 보더라도 행복 호르몬인 도파민이 방출된다. 이 호르몬은 기분을 좋게 해주고 동기를 부여한다. 또한 테스토스테론의 수치도 증가시킨다. 포르노를 보는 남자는 어느 정도 모험을 즐기고 싶어 하는데, 광고는 남자한테 그렇게 할 수 있다고 유혹한다. 물론 돈을 내야 하지만 말이다. 로마인은 성적인 봉사를 받으면 주로 포르노 그림이 그려진 청동 동전으로 지불했다고 한다. 포르노로 장식한 석유램프, 도자기로 만든 그릇, 거울과 손잡이가 달린 잔 같은 모든 에로틱한 예술품은 고대 로마에서, 특히 초기 제국 시대에는 어디에서나 볼 수 있었다.

세계 다른 지역에서도 기원전 1세기부터 에로틱한 그림이 등장했다. 인도의 숭가 제국(Shunga-Dynasty)이 그렇다. 오늘날까지 전해지는 형태의 고대 인도 성전(性典) 《카마수트라》는 300년경에 완성되었다고 하며, 인도 사람들은 여기에 새로운 내용을 첨가하기도 했다. 이 책은 남녀가 조화롭게 함께 살고 또 그러기 위해 성적인 쾌락을 얻는 것에 비중을 많이 둔 내용과 그림으로 가득하다. 인도 사람들은 이로부터 수백 년 뒤 수많은 사원을 거의 금기시하는 게 없을 정도로 성적 유희를 벌이는 모습을 양각으로 새겨 장식했다. 100~800년 오늘날의 페루에 살았던 모체족(Moche)은 성행위를 깜짝 놀랄 만큼 자세히 묘사한 그림으로 장식한 놀라운 도자기들을 세상에 남겼다. 이런 그릇에서 눈에 띄는 점은 가장 흔히 묘사하는 성행위가 항문 성교라는 것이다. 이는 가장 오래된 피임 방법 가운데 하나이기도 하다. 이러한 성행위를 강조한 것은, 이것이 자식을 생산하거나 생식을 위한 게 아니며, (남자들의) 쾌락이 훨씬 중요하다는 걸 말해준다.

이와 같은 문화가 그리스와 비교해도 뒤처지지 않을 정도이므로 포르노를 자체적으로 개발했을 것으로 여겨진다. 남자는 성적 결핍을 시대나 문화와 무관하게 감지하며, 이는 삶의 방식과도 무관하다. 우리에게 분명한 모습으로 포르노를 남겨둔 민족들의 공통점은 바로 재산을 중시하는 정착 생활을 했다는 것이다.

지나치리만큼 명확하게 묘사한 성적인 장면이 일으키는 효과를 발견한 후 오늘날에도 이것은 인간 문화와 뗄 수 없는 일부가 되고 말았다. 지난 30년 동안 포르노와 이것의 유포가 특히 인터넷을 통해 극적으로 바뀌었다. 하지만 핵심은 포르노라는 게 지극히 오래된 문화유산이라는 사실이다. 명확하게 묘사하는 장면은 자극을 주는 동시에 긴장을 완화한다. 포르노를 보는 것은 음탕한 행위이고, 이것을 보며 자위하면 긴장이 해소된다. 포르노는 남자에게 눈앞에 여자가 없지만 있다고 가정하고 행하는 섹스와 비슷하다.

오늘날 주로 남자 관중을 대상으로 만든 포르노는 여성에게 적대적이라는 데 의견이 일치하고 있다. 이러한 시각을 가진 사람들의 주된 논점은 포르노가 남자의 오르가슴에 우선순위를 둘 뿐 아니라 여자를 의지

없는 물건으로 강등시켰다는 것이다. 하지만 주류 포르노를 유심히 관찰해보면 그 이상의 것이 있다. 포르노에서 여자가 남자한테 무한정으로 응대하는 것은 맞지만 결코 의지가 없는 게 아니다. 고대에는 물론 현대적인 묘사에서도 여자는 육욕적인 태도를 취하지만 팔을 벌려 남자를 맞이하기도 하고 접근을 거부하기도 한다. 남자 '예술가'는 수천 년 전부터 이런 묘사를 하면서 남자가 원하는 이상형 여자를 표현했다고 볼 수 있다. 수동적인 대상으로서 자신을 남자한테 제공할 뿐 아니라, 남자와 동등하게 성적 욕망과 쾌락을 느낄 수 있으면 좋겠다는 이상형이 포르노에 투사되고 있는 것이다. 기본적으로 포르노는 여성 선택에서 여자가 그러하듯, 여자가 자유롭게 파트너를 선택하는 것처럼 보여준다. 무엇보다 주류 포르노에서 볼 수 있는 에로틱한 묘사는 여자가 자발적이며 쾌락에 동참하는 행동을 한다. (물론 숭배의 영역에서는 다른 종류의 놀이가 가능하다.)

이 같은 이상형은 오늘날에도 존재하며, 남자를 적극적으로 유혹하는 팜므 파탈의 미화된 에로틱에서뿐만 아니라, 과장된 쾌락을 통해 남자가 대부분인 관중에게 음탕한 환상을 만들어내는 포르노의 여자 주인공에게서도 발견할 수 있다. 신음 소리, 흥분, 외음부에 젤을 바르고 마치 흥분해서 젖은 것 같은 모습을 연출함으로써 여자도 남자와 마찬가지로 연출된 쾌락을 보여줄 뿐이다. 포르노의 이상은 결코 남자가 마음대로 할 수 있는 한 조각의 고깃덩어리가 아니라, 즐기며 거부하고 남자를 통해 쾌락을 경험하는 여자다. 주류 포르노에 등장하는 여자는 의지가 없는 게 아니라 자진해서 기꺼이 한다. 이것이 엄청난 차이다.

이상형에는 수백만 년 전부터 남자에게 쌓여 있던 성적 갈등이 남겨둔 갈망, 그러니까 내면의 가장 깊은 곳에 있는 지극히 개인적인 갈망이 드러난다. 자신은 물론 자신의 페니스도 진심으로 좋아하는 여자, 거절당할지도 모른다는 두려움을 가질 필요가 없는 그런 여자에 대한 갈망 말이다.

만일 이러한 갈망으로 섹스를 더 많이 하기 위해 여자를 억압하는 구조를 창출하지 않았다면, 남자에게 공감을 표명했을 수도 있다. 경멸적이고 과장된 동정심이 아니라 남자라는 존재를 느낄 수 있고, 열망하고 싶은 존재로서 진지하게 받아들인다고 표현할 수도 있었을 것이다. 성적 갈등이라는 나쁜 놀이를 여자처럼 어쩔 수 없이 하는 존재라고 이해할 수도 있었을 것이다. 대부분의 남자는 정착 생활에 따른 문명의 조치를 통해 사교적이고, 신뢰할 수 있는 가족의 동반자가 되었다. 하지만 일부는 그렇게 될 수 없었고, 이는 의심할 바 없이 여자에게 위험한 결과를 가져올 수 있었다. 그것은 여자가 공감할 수 없을 만큼 위험한 결과였다.

4부
남성 문명의 종말

FEMALE
CHOICE

처방이 불러온 혁명
임신하지 않은 여자의 봉기

지금까지 남자가 창조해온 구조를 거쳐 여성 선택의 억압과 재산 증식까지 장황하게 다루었는데, 이런 내용을 요약해서 "우리는 이제 야단났어"라고 이해할 수도 있다. 여기서 '우리'란 무엇보다 여자와 노동자라고 할 수 있다. 남성적인 구조—국가, 화폐 경제, 결혼과 내면화한 성적 윤리—는 매우 효율적이다. 국가 형태와 경제 체계는 시간이 지나면서 변할 수 있으나 정착 생활을 하는 남성 문명이라는 기본 원칙은 바뀌지 않는다. 남자는 여자 위에 있고, 부자 남자는 가난한 남자들 위에 있다. 부계 상속이 모든 세대에서 권력 구조의 새로운 거래를 방해했기 때문에 그와 같은 구조가 확고하게 자리를 잡았다. 따라서 이 세상에서 억압받는 위치에 있는 사람은 분배 구조를 바꾸기 힘들어 보인다.

그러나 분노는 증가하고, 여자뿐 아니라 단순한 노동자도 항상 기존 질서를 바꾸려 시도한다. 프롤레타리아의 해방 투쟁과 관련해서 보면 좀더 정당하고, 계급 없는 사회를 추구하는 많은 아이디어와 구상이 있다. 이토록 대단한 주제를 어디에서 시작해야 할지 모르는 사람이 있다면, 카를 마르크스의 저서들이 좋은 접근법을 제공한다. 하지만 이 책에서는 성생활을 주로 다룰 것이므로, 나는 앞으로 여자의 해방 투쟁에 집중할 것이다.

수천 년 동안 여자들은 역사에서 '여자'라는 단역을 맡았을 뿐이다. 특출한 여자들이 이름 없는 여자 무리에서 모습을 드러내긴 했지만, 대부분 전설에 가까운 그들의 미모 덕분이었다. 대부분의 여자는 익명의 어머니로 가라앉았다. **수천 년은 약간 과장한 것 아닌가**라고 생각할 사람도 있을 수 있다. 그렇지 않다. 18세기까지 세상 그 누구도 여자가 공적인 세계에서 유령 같은 취급을 받아도 기분이 상하지 않았다. 여자가 인구의 50퍼센트를 차지함에도 불구하고, 그들에게 의견을 묻지도 않았다. 아주 오랫동안 사람들은 세상을 바꾼 여성 단체도 보지 못했고, 세계 문학에 속할 만한 작품을 쓴 여류 작가도 보지 못했다. 인류의 지식을 앞으로 나아가게 할 여자 과학자도 볼 수 없었다. 여자는—영어에서 표현하듯—잘 보이지만 숨겨져(hidden in plain sight) 있었다. 여자는 어디에나 존재하지만 보이지 않았다.

1789년 프랑스 혁명이 일어나 좀더 공정한 사회, 인간의 기본적 권리와 시민권을 갖게 해달라고 외쳤을 때, 이것은 남자만을 위한 혁명이었다. 고대 이후로 시민이라는 개념이 적용되는 범위는 전혀 변한 게 없었다. 여자는 선거권도 없었고, 정치적 직위를 맡을 수도 없었다. 어떠한 직업, 재산권도 가질 수 없었다. 하지만 이로부터 2년 뒤 여성 혁명가이자 여성 인권 운동가 올랭프 드 구주(Olympe de Gouges)는 **여성과 여성 시**

민의 권리 선언이라는 제목의 성명서를 발표했다. 여자를 남자와 동등하게 다룬 이 선언으로 인해 그녀는 모두의 적이 되고 말았다. 얼마 지나지 않아 정치적 음모를 꾀했다는 이유로 혁명재판소에 의해 사형을 선고받고 처형당했다. 그러나 단두대는 그녀의 이념까지 파괴하지는 못했다.

이어서 족히 100년이 지난 뒤 점점 여자들이 눈에 띄기 시작했고, 그들은 자신의 능력으로 인류 역사에서 확고한 자리를 얻기 위해 투쟁했다. 제인 오스틴(Jane Austen), 메리 울스턴크래프트 셸리(Mary Wollstonecraft Shelley), 베르타 폰 주트너(Berta von Suttner) 또는 클라라 슈만(Clara Schumann)이 오늘날까지 알려질 정도로 문학과 음악에서 탁월한 능력을 보여주었다. 지적인 여자들의 반항은 점점 더 강렬해졌지만, 19세기 말에 이르러서야 비로소 몇 가지 사회적인 호소력을 갖기에 이르렀다. 영어권에서는 노예 제도 반대 투쟁이나 성병 예방 차원에서 국가적으로 시행하는 매춘부들의 강제 검사를 반대하기 위해 여자들이 모였다.

이렇듯 다른 사람을 위해 사회적 참여를 하는 동안, 여자들은 여자 자신도 많은 영역에서 노예와 별반 다를 바 없는 권리를 갖고 있다는 사실을 깨달았다. 여자들의 시선은 여자로서 살아가는 측면으로 확장되었고, 동등한 권리를 요구하기 시작했다. 여자들은 선거권, 일을 해서 돈을 벌 수 있는 권리, 교습받을 권리를 요구했다. 사회의 윤리적-관습적 가치를 근본적으로 바꾸고자 했다. 언론은 이런 여자들을 '여권론자'라고 조롱했다. 하지만 여자들은 오히려 그런 것을 받아들여 자신을 묘사하는 개념으로 만들어버렸다.

그때까지 여자가 갖고 있던 신분과 비교하면 여자들의 요구 사항은 엄청났다. 하지만 남자는 대충 흘려들었다. 이때까지만 하더라도 남자는 공격당하지 않는 위치에서 가부장제라는 편안한 말안장에 타고 있었기 때문이다. 이렇게 볼 때 제1차 세계대전은—감히 '행운의 사건'이라고 말할 수는 없지만—여성 운동이 시작되는 데 본질적인 도움을 주었다.

유럽의 절반이 전쟁을 치른 4년 동안 세상은 남자 없이 지내야 했고, 이는 엄청난 결과를 가져왔다.

1. 출생률이 여자 1명당 4명에서 2명으로 절반이나 줄어들었다.
2. 여자는 전쟁 전 남자들이 해결하던 일반적인 노동을 직접 해야 했다.

전쟁은 여자에게 혹독한 시련이자 시험인 동시에 맛있는 작은 빵이기도 했다. 여자는 그 전까지 전혀 알지 못했던 삶의 영역과 노동을 배웠다. 부담을 안기도 했으나 아이를 돌보는 일이 아닌 삶의 자유를 경험하고 일해서 돈을 벌 수 있었다. 이와 동시에 갓난아이에게 젖을 물리는 것을 뛰어넘어 자신들한테 창의적이고 즉흥적으로 문제를 해결하는 능력이 있다는 사실도 경험했다. 남자들이 전선에서 돌아왔을 때, 4년 동안 독립적으로 살아남은—전투력을 잃은 남자의 말을 더 이상 듣지 않는—여자들의 '남성화'가 사회적으로 긴장감을 불러일으켰다. 그러나 남자는 전쟁 이전처럼 스스로 가족을 부양하지 못하는 경우가 많았기 때문에 여자의 독립을 받아들일 수밖에 없었다.

이제 여자는 새로 시작할 수 있었다. 예술, 문학, 음악 같은 문화적인 분야에서는 이미 그 전에도 특출한 여자들이 두드러졌다. 하지만 이제는 점점 정계와 학계에도 여자들이 진출했다. 마리 퀴리(Marie Curie), 로자 룩셈부르크(Rosa Luxemburg), 클라라 체트킨(Clara Zetkin)은 여성 운동에서 지울 수 없는 이름들이다. 산업화로 생겨난 변화로 말미암아 사람들은 대안적 사회 체계와 경제 체계에 관심을 갖기 시작했다. 이때는 페미니즘 이념을 널리 알리기에 매우 유리한 사회적 변혁이 일어난 시기였다.

무엇보다 노동자 운동은 오랫동안 초기 페미니즘과 맞물려 움직였다. 억압/착취와 소득에 집중하는 경제의 연관성은 매우 뚜렷해서 많은 여자가 초기 공산주의와 사회주의 이념에 관심을 가졌고, 이런 이념을 계속 발전시키고 널리 보급하고자 했다. 사회주의적 이념과 사회민주적 이념은 여자들로부터 상당한 호응을 얻었다. 그리하여 이런 분야의 정당과 단체 그리고 신문에는 여자 회원, 여자 참가자, 여자 정기 구독자가 놀라울 정도로 증가했다. 중부 유럽에서 정착 생활을 한 지 거의 6000년이 지나서야 억압받던 이들의 의심스러운 시선이 처음으로 개인 재산 분배의 극단적 편향뿐 아니라 사회의 불공평한 영향력을 주목하기에 이른 것이다.

사회주의와 페미니즘이 혼합되어 1911년에는 심지어 경축일이 생겼다. (다른 말로 투쟁일이라고 불러도 무방하다.) 이날은 신호탄이자 자명종이었다. 변화된 세계 질서를 위한 격려의 날, 저항의 날, 독립의 날, 여자를 강인하게 하고 이들의 연대감을 다지는 날이기도 했다. (지금은 매년 3월 8일을 '국제 여성의 날'로 기념한다.) 마침내 1918년 독일에서는 여자에게 선거권을 주었다. 오늘날 여성의 날은 자본주의의 다양한 유혹으로 인해 지극히 매끈하게 진행된다. 체계 붕괴 대신 셀프-케어가 등장하고, 계급 투쟁 대신 15퍼센트 보디 케어 제품을 생산하라고 요구한다. 볼셰비즘 대신 사장에게 꽃을 요구한다.

여성 운동은 몇 가지 물결로 묘사할 수 있다. 첫 번째 물결은 19세기 말과 20세기 초반 사이에 일어났고, 어떤 식으로 관찰하느냐에 따라 2차에서 3차까지 진행되었다고 말할 수 있다. 물결 모델은 점차 힘이 증가하는 모습을 표현한다. 그래서 2차 물결은 1차 물결보다 강력했고, 3차 물결은 2차 물결보다 더 강력했다. 하지만 이 모델은 여성 운동의 동적인 힘을 불완전하게 반영한다. 실제로 여성 운동은 19세기 말부터 점차적으로 이뤄진 게 아니다. 근본적인 '게임 체인저'가 있었기 때문이다. 이렇듯 게임을 바꾼 요소 또는 원동력은 바로 임신을 여자 스스로 통제할 수 있게 되었다는 것이다.

20세기 중반까지 여자는 섹스할 때 믿을 만한 피임 방법이 없었다. 콘돔이 있었지만, 이것은 매춘부와 타락한 여자나 사용하지 부부 사이에는 적합하지 않은 물건으로 간주되었기 때문이다. 그 밖에도 여자는 남자의 도움이 있어야 콘돔을 사용할 수 있었다. 이런 상황이 계속되는 한 여자는 아무리 재능 있고 능력 있고 지능이 높더라도, 구조를 눈에 띄게 바꿀 결단력과 용기를 낼 수 없었다. 남성 위주의 문명 사회에서 임신과 자녀 출산은 여자가 극복할 수 없는 장애물을 만들었다. 여성 운동이 그동안 지적해온 억압과 분노에도 불구하고, 대부분의 여자가 살아가는 일상에서는 변한 게 별로 없었다. 1960년대 초반 승승장구하며 피임약이 등장할 때까지.

호르몬을 통해 피임하는 방법의 기초를 놓은 사람은 나치 강제수용소 의사이던 카를 클라우베르크(Carl Clauberg)였다. 그는 아우슈비츠에 갇혀 있는 여자들에게 강제로 피임 실험을 했고, 많은 여자가 이 실험으로 인해 죽임을 당했다. 이렇듯 끔찍한 범죄 행위로부터 여자의 호르몬 현상에 대한 지식이 나왔고, 이를 참고로 피임약이 개발되었다. 진보라는 미명 아래 인간을 경멸하며 자행한 실험에 거부감을 떨칠 수 없기에 나는 여기서 더 이상의 언급은 삼가고 싶다.

마이크로 알약이라고 불린 피임약은 에스트로겐뿐 아니라 게스타겐을 포함하고 있다. 게스타겐은 합성 프로게스테론이다. 간단하게 말해서, 에스트로겐이 배란을 방해하는 것이다. 만일 기대와 달리 배란 및 수정이 되면, 게스타겐이 자궁 점막에 안착하는 것을 막아준다. 이 약의 피임 효과는 펄-지수(Pearl-Index: 피임 방법의 신뢰성—옮긴이) 1 이하로 확실해서, 1년 동안 이 약으로 피임한 여자 100명 가운데 단 1명만 임신할 가능성이 있다. 대부분의 마이크로 알약은 단일한 단계[1상(相)]만 거치는데, 여자는 매일 동일한 분량의 호르몬을 복용한다. 2상과 3상 알약은 다양한 양의 호르몬을 복용해 여성 몸의 자연스러운 변화를 모방하려 한다. 일반적으로 알약은 한 달에 21일간 복용하고 나머지 7일을 복용하지 않는다. 이 기간에는 복용 중단으로 인한 출혈이 있는데, 이는 호르몬 부재에 대한 생리적 반응일 뿐 여자가 매달 겪는 생리와 혼동해서는 안 된다.

서구의 남자 사회는 적어도 이 알약이 자신들에게 불놀이가 되리라는 사실을 알고 있거나 예감했다. 알약은 남자에게 한편으론 원치 않는 임신을 두려워할 필요 없이 느긋하게 즐길 수 있는 섹스를 제공했고, 다른 한편으론 여자 스스로 생리 기간을 통제함으로써 남자가 결코 원치 않는 결과, 즉 섹스와 관련해 여자가 전권을 갖지 않을까 하는 두려움을 주었다. 이 시기는 여자의 생식 기관에 대한 관리를 아내 아닌 남편이 하던 때였다. 나의 할머니도 1950년대에 의학적 징후로 의사가 자궁 전체를 들어내야 한다고 제안했을 때 남편의 동의서를 제출해야 했다. 교회와 보수 진영은 여자에게 너무나 많은 자유를 주는 피임약의 도입을 강력하게 반대했다. 그래서 처음에 이 알약은 기혼 여성에게만 처방되었다. 남편이 직접 관리하는 여자에게만 지급한 것이다. 그러다가 점점 미혼 여성에게도 제공되었다.

그러나 피임약에 대한 논쟁은 예상했던 수준 이상으로 임신을 둘러싼 의식의 전환을 불러왔다. 여자들은 이미 수년 전부터 브래지어를 무엇보다 성적인 억압의 상징이라고 외치며 전의를 불태웠다. 그리하여 피임약은 승승장구하며 등장했다. 1970년 초반부터 많은 산업 국가에서 출생률 저하가 일어났고, 흔히 그 원인을 피임약의 도입에서 찾곤 했다. 이와 같은 주장을 절대적인 것으로 받아들일 수는 없다. 경구 피임약의 도입으로 출생률이 상당한 영향을 받긴 했지만 항상 상관관계가 있는 것은 아니기 때문이다. 오히려 여자가 피임약을 통해 사회적으로 기대되는 출생률을 거부하는 데 상당한 기여를 했다고 볼 수 있다. 남자뿐 아니라 여자 역시 경구 피임약의 개발이 남녀 관계에 있어 결정적 순간이 되리라는 사실을 감지했다.

인류 역사상 여자는 최초로 진정한 자유 같은 것을 경험했다. 자신의 난소에서 일어날 일을 결정짓는 자유 말이다. 이제 여자라는 존재는 더 이상 순수하게 어머니와 아내 역할을 준비하는 존재에 머물지 않았다. 아내와 어머니가 되고 싶어 하는 여자는 피임약 덕분에 그 시기를 몇 년 뒤로 미룰 수 있었다. 스스로 결정해서 아이를 갖지 않는 여자는 직업을 얻고, 교육을 받고, 여행을 하고, 자신의 성생활을 발견할 수 있었다. 제1차 세계대전 때처럼 여자는 자신들에 관해 기본적인 것을 스스로 배울 수 있게 되었다. 다시 말해, 어머니라는 역할에서 분리된 자신만의 자아를 알게 되었다. 여자는 경구 피임약을 통해 자신이 원하는 대로 보낼 기간을 확보했다. 자신이 어떤 사람이며 삶에서 무엇을 원하는지 알아내고,

취미와 재능을 발견하고, 학업으로 시간을 채웠다. 간략하게 말해, 자기 정체성을 찾고 만들 수 있었다. 자발적으로 아이를 낳을지 여부를 결정하는 것이 여자의 인격 개발 문호를 활짝 열어준 것이다.

오늘날에도 여전히 대부분의 여자는 빠르든 늦든 어머니가 되기로 결정하지만, 이제는 독자적 인격으로서 그러한 경험을 한다. 단순히 아이가 없는 경우보다 이러한 여성의 자의식 변화가 더 큰 사회적 효과를 낳는다. 선사 시대, 즉 수천 년 이래 익명성에서 첫발을 내디딘 것이다. 오로지 생물학적 기능으로만 의미 있던 존재에서 인간적 개인이 되었다. 최초로 아이를 짊어지는 역할, 성관계의 상대라는 역할을 뛰어넘은 것이다.

여성 운동은 족히 100년 동안 존립하면서 많은 것을 달성했다. 임신 능력을 스스로 통제하게 된 최초의 순간에 여자가 이러한 묵직한 일격을 남성 문명을 반대하는 데 이용했다는 사실을 알고, 나는 너무나도 자부심을 느꼈다. 피임약의 발명은 문명사에서 그 어떤 다른 발명보다 여자를 강력한 존재로 만들었다. 이를 통해 여자는 최초로 남자의 구조에 반대할 수단을 갖게 되었다. 장기간 사회에 미친 영향을 고려할 때 피임약은 신석기 시대의 혁명과 마찬가지로 사회의 전환점이었다.

이제 사회적 변화를 측정할 시간적 차원을 한 번 더 기억해야 할 것 같다. 5~10년 차원으로 보면 여성 운동의 발전은 매우 미미할 것이다. 하지만 200년이라는 차원에서는 완전히 달라 보인다. 그런데 1000년 차원으로 볼 때, 척 노리스(Chuck Norris: 보수적이고 마초적인 이미지로 유명한 미국 영화배우—옮긴이)조차 지난 50년 동안 여자들이 무슨 일을 해냈는지 알면 부러워서 얼굴이 창백해질지 모른다. 시간적으로 더욱 긴 차원에서 보면 여성 운동이 얻어낸 성과는 거의 폭발적이다. 우리는 너무 직접적인 효과에만 집중하는 바람에 여자의 자유 투쟁이 가져온 믿을 수 없는 추진력을 과소평가해왔다.

하지만 여자도 새로운 가능성에 대한 대가를 톡톡히 치러야 했다. 피임약은 긍정적이고 부정적인 효과가 동일하게 있는 전형적인 사례다. 1부 1장 '이중 시스템'에서 서술했듯 성호르몬은 일련의 신체 과정과 행동 방식에 영향을 준다. 이는 신체가 직접 생산한 호르몬뿐 아니라 외부에서 유입된 호르몬에도 해당한다.

우선 호르몬에 의한 피임은 여자의 자연스러운 생리 주기를 억누르고, 이로써 생리 주기에 동반되는 대부분의 현상도 억누른다. 생리에 관여하는 두 가지 호르몬이 변하면 생리 전 증상, 즉 생리통과 기분 변화에 영향을 주는데, 매달 동일한 양으로 피임약을 복용하면 이 두 가지 호르몬이 일정한 수준을 유지한다. 자연적인 생리를 할 때는 생리 주기 초기에 여성의 몸이 구축했지만 이용하지 않게 된 자궁 점막을 밀어냄으로써 생리통이 심하지만, 많은 여자의 경우 피임약을 먹으면 자연적인 생리가 사라지고 그래서 생리통도 훨씬 줄어든다. 또한 에스트로겐은 깨끗한 피부를 만들어주기 때문에 피임약은 특히 사춘기 여드름으로 고생하는 어린 소녀들에게 자주 처방된다.

그러나 부작용 목록은 길다. 호르몬 피임약을 사용하면 배란이 되지 않으므로 여자의 발정도 사라지고, 이는 파트너 선택에 변화를 가져올 수 있다. 연구에 따르면 배란은 후손에게 좋은 유전 재질을 약속하는 덩치 크고 건강한 남자(매력적인 남자)를 우선적으로 선택한다. 이 시기 외에는 온순하고 신뢰할 수 있는 남자를 선호하며, 남자다운 목소리를 오히려 부정적으로 받아들인다. 발정이 여자에게 무엇을 원하고 원하지 않는지 명확하게 보여주는 것이다. 그런데 피임약 복용으로 일정하게 유지되는 호르몬 수치가 여자의 성생활과 관련해 지극히 좋아하거나 싫어하는 파트너를 고집하지 않게끔 한다. 선호도와 혐오가 완화되어 파트너를 선택할 때 약간 무관심해지고 까다롭지 않게 되는 것이다.

쾌락 역시 피임약의 희생물이 되는 경우가 많다. 배란이 방해받음으로써 성적인 관심과 자주 느낄 수 있는 오르가슴 역시 사라진다. 여기에 그치지 않고 피임약을 복용한 많은 여자가 보편적으로 오르가슴을 느끼기 힘들며, 성욕 상실과 질 건조증을 보고한다. 하이델베르크 대학의 연구에 따르면, 성욕 감소와 호르몬 피임제 사용 사이엔 강력한 연관성이 있는 것으로 보인다.

확실한 점은 생물학적 기능으로부터 여자를 해방시킨 어떤 것이 동시에 여자로부터 생물학적 기능을 훔쳐갔다는 사실이다. 그럼에도 수십 년간 피임약의 부작용에 관한 원인 연구는 놀라울 정도로 더디게 진행되고 있다. 여기엔 여러 가지 원인이 있다. 우선 피임약은 조금만 사용하더라도 너무나 확실한 결과를 안겨주므로 그 대표 주자인 경구 피임약의 정체를 밝히는 데 아무도 관심이 없다. 피임약을 잘 견뎌내지 못하는 여자들조차 이것을 완전히 포기하는 경우는 매우 드물다. 오히려 약간 더 견딜 수 있을 때까지 다양한 약제를 시험하곤 한다.

또한 피임약은 자신의 자연적인 성생활과 충동의 강도에 대해 알지 못하고 오르가슴을 느끼지 못하는 많은 소녀에게도 처방되고 있다. 피임약을 처방할 수 있는 최연소 나이는 얼네 살인데, 이 연령에는 지극히 소수의 소녀들만 성적 경험을 했을 수 있다. 오로지 피임약을 복용하고 호르몬을 변화시킨 상황에서만 성생활을 경험한 젊은 여성은 자신들의 체험이 자연적인 상태라고 생각할 수도 있다. 섹스는 고통스러울 필요가 없고 더 많은 오르가슴을 느낄 수도 있는데 말이다. 이와 같은 문제를 있는 그 대로 파악하기 위해, 우리는 자연적인 상태에 있을 때 신체가 어떠한지를 알아야 한다.

마지막으로 남성우월주의가 피임약을 무비판적으로 대량 소비하는 데 한몫했다. 피임약은 남자가 발명했고, 의학과 자연과학 연구 또한 예나 지금이나 남자가 주도하고 있다. 피임약은 남자를 위해 놀라운 일을 했다. 부작용에도 불구하고 여자가 남자와 잠을 자는 한 지금도 잘나가고 있는 경구 피임약은 앞으로도 잘나갈 것이다.

남녀 모두 문제의식이 부족했던 탓에 최근에 이르러서야 피임약의 효과와 그 사용에 대한 근거를 묻기에 이르렀다. 남자는 앞으로도 계속 콘돔 사용에 불평을 터뜨릴 수 있으며, 연구소에서는 남자를 위해 콘돔의 대안이 되는 피임 수단을 개발해야 할 이유를 찾지 못할 테고, 여자는 계속 더 강한 쾌락을 안겨줄 성생활을 포기할 가능성이 있다. 어쨌든 이런 모든 비판에도, 나는 개인적으로 피임약을 복용하고 있으며, 우리 여자는 무엇보다 피임약에 많이 감사해야 한다.

피임약 덕분에 남자의 성적 충동에 따라 재단되었던 문명이 무너지기 시작했기 때문이다. 피임약이 가져온 변화는 생식의 자연 법칙으로부터 본질적으로 선회했다. 남자와 여자의 공동생활에 이처럼 극적인 효과를 몰고 온 또 다른 것은 경작과 목축뿐이다. 이것들은 각각 사람을 너무나 강력하게 변화시킴으로써 되돌릴 수 없을 정도로 만들었다. 농업이 남자한테 가능하게 해주었던 일, 그러니까 삶을 훨씬 수월하게 만들어주고 가능성으로 가득 채울 수 있게 해주었던 것을 이제 피임약이 여자에게 해주고 있다.

　너무 천천히 진행되어 결과가 빠른 시일 내에 나오지 않는 까닭에 페미니즘을 나태하다느니 무능하다느니 비난하는 의견이 있다. 하지만 여성 운동을 지지하는 사람들은 페미니즘이 이제 막 가장 어려운 발걸음을 내디뎠으며, 여자가 다시금 자신의 개성을 의식하지 못하게끔 내던져지지 않을 거라는 점을 안다면 페미니즘을 충분히 신뢰할 수 있으리라 본다. 여성 운동은 신뢰받을 만하다. 이 운동은 탄생 시점부터 항상 앞으로 나아갔지 뒤로 물러나지 않았다. 어떤 구간에 거둬들인 승리는 여성 운동을 지지하는 사람들이 만족하기에 충분하지 않았다. 그들은 훨씬 더 위대한 것을 원했고 지금도 그러하기 때문이다. 바로 남자의 시스템을 완전히 파괴하는 것이다. 그리고 적극적으로 운동에 참여하는 여자와 동지들이 불굴의 의지로 이와 같은 목표에 꾸준히 접근하고 있다.

페미니즘
여성 선택으로 돌아간다고?

우리의 핵심 논제는 남성 문명의 본질적 구조가 남녀의 상이한 생식 전략의 결과를 제거하는 데 이용된다는 것이다. 그로써 서로 반대로 향하는 충동으로 인한 성적 갈등이 생겨났다. 하지만 남자의 섹스 기회를 여자가 결정하는 여성 선택이라는 짝짓기 시스템 역시 그 결과다. 몇몇 구조는 남녀의 상이한 성생활을 직접 겨냥해서 일처일부 같은 개인적 차원에까지 영향을 준다. 반대로 국가 구조와 노동 구조는 남자들 사이에 매우 불공평하게 분배된 섹스처럼 더 큰 규모의 사회적 맥락에 초점을 둔다.

남자가 여자의 성생활을 억압할 수 있게끔 해준 결정적 요소들이 여자를 경제적으로 종속시키고 지속적인 일처일부 결혼으로 인해 자동적으로 자식을 낳을 수밖에 없게 했다면, 여자기 임신을 통제하고 재산도 쌓을 수 있게 됨으로써 기존의 남녀 관계도 변했다. 여전히 재정적으로 불이익을 당하고 있음에도 여자는 오늘날 땅도 소유할 수 있고, 돈도 벌 수 있고, 상속을 하고 상속을 받을 수도 있다. 그 밖에 피임약은 여자한테 임신을 완벽하게 통제할 수 있게끔 해주었다. 남성 문화에서 가장 중요한 두 가지 출발점이 사라지거나 적어도 분명하게 약화한 것이다. 그렇다면 여자가 다시 여성 선택으로 환원되는 지표가 있는지 살펴보자.

여자가 자연적인 성적 본능으로 돌아가면, 다음과 같은 일이 발생할 수 있다.

- 평생보다는 짧은 일처일부 파트너 관계
- 여자가 남자 가운데 소수만을 매력적으로 생각함
- 자식을 여럿 둔 아버지와 자식 없는 남자
- 남자들 사이에 증가하는 공격성(경쟁)

우선 독일에서 결혼과 이혼의 발전사를 살펴보기로 하자. 이혼율은 1960년(10.6퍼센트)과 2005년(51.9퍼센트) 사이 5배가 늘어났다. 이때부터 독일에서는 이혼율이 지속적으로 줄어들어 2018년에는 33퍼센트에 머물렀다. 하지만 이는 사람들이 오늘날 좀더 안정적인 관계를 맺고 있다는 의미가 아니다. 이혼율이 줄어든 것은 결혼이 감소했기 때문이다. 1950년대에 1년에 평균 65만 쌍이 결혼했다면, 2010년에는 최대 39만 7000쌍이 결혼했다. 그사이 약간의 변동이 있기는 했으나 결혼은 확실히 감소했다.

그런데 부부 가운데 누가 이혼을 신청했는지 살펴보면 지극히 흥미롭다. 대부분 여자였기 때문이다. 1977년 이래 남자의 30~35퍼센트, 여자의 51~61퍼센트가 이혼을 신청했다. 이 같은 수치는 놀라울 정도로 안정적이다. 시간이 지나면서 폭발적인 변화도 없다. 옛 동독 여자들은 서독 여자들에 비해 남편에게 덜 종속되어 있었음에도 독일 재통합 이후 반전은 없었다. 오늘날에는 남자 41퍼센트, 여자 51퍼센트가 이혼을 신청한다. 그사이 남녀의 이혼 신청률 차이가 약간 줄어든 것이다. 이혼 시기는 대부분 여자의 타고난 파트너 선별 기간, 즉 최대 4년이었다.

자손의 생산은 어떻게 되었을까? 노르웨이는 남녀평등과 관련해 유럽에서 가장 발전한 나라 가운데 하나다. 탁월한 가족 정책 덕분에 여자는 아이를 낳고 직장에도 다닐 수 있다. 육아를 분담하고, 여자는 더 좋은 보수를 받는다. 아이 돌봄 시설도 잘되어 있다. 다른 나라에 비하면 여자가 임신과 육아로 인해 훨씬 적은 불이익을 받는다. 그래서 출산율이 유럽에서 가장 높다. 약간 투박하게 말해서, 노르웨이는 수많은 남성중심주의적 부당함을 차단한 매우 페미니즘적인 국가다. 우리가 여성 선택으로 회귀하는 징후를 발견할 수 있는 장소가 있다면, 그곳이 바로 노르웨이이다.

이제 그 실상을 살펴보자. 노르웨이 남자 가운데 4분의 1이 더 이상 자손을 보지 못하고 있다. 이런 현상은 마치 트렌드인 것처럼 보인다. 1985년부터 2012년까지 27년 동안 자식 없는 남자의 수가 14퍼센트에서 23퍼센트까지 늘어났다. 반면 자식 없는 여자는 10퍼센트에서 12퍼센트로 약간 변화했을 뿐이다. 페미니즘 운동에 반대하는 사람들은 남녀 사이의 평등으로 인해 여자가 아이를 원치 않을 것이라고 주장하지만 적어도 노르웨이에서는 그런 일이 일어나지 않고 있다. 그렇게 극단적이지 않더라도, 여성의 요구와 관련해 좋은 명성을 얻고 있는 다른 스칸디나비아 국가들의 발전도 비슷하다. 어디에서든 이이 없는 여자에 비해 아이 없는 남자가 훨씬 더 늘어나고 있다.

노르웨이 출신 여성 사회학자 안마그리트엔센(An-Magritt-Jensen)은 이와 같은 변화를 설명하기 위해 2014년 남성 중심의 문명에서 명백한 원인을 찾아보기로 했다. 그녀는 남자들에게 왜 아이가 없는지 질문했다. 많은 남자가 아이와 경력 간 갈등으로 인해 아이를 낳지 못했다고 대답했다. 그런가 하면 아이를 갖겠다는 결정을 너무 오랫동안 미루는 바람에 적절한 시기를 놓치고 말았다는 남자들도 있었다. 이렇듯 아이를 선택하지 못하고 미루는 사람은 파트너인 여자의 생물학적 시계에 모든 걸 맡겨둔 채 어떻게 될지 관망하는 것일지도 모른다. 특히 중산층 남자들이 그런 이유를 댔다. 반면 노동자 계층의 남자들은 독신을 원하거나 또는 아이를 원치 않는다고 대답했다. 나는 남자들이 댄 이유가 잘못됐다고 말하는 게 아니다. 노르웨이에서도 일부 남자의 경우 이런 이유가 들어맞는다. 아이와 경력을 병행하는 어려움이 남자들이라고 왜 없겠는가? 그런데 여자들이 아이를 원치 않는 노르웨이 남자를 선택하지 않는 가장 그럴듯한 이유는 조사에서 가장자리로 밀려나 있고, 남자들은 어느 누구도 그런 대답을 하지 않았다. 이 연구에서 가장 중요한 사항 중 하나로 강조하는 것은 바로 여성 선택의 귀환이다. 옌센에 따르면, 노르웨이에서 한 명의 남자가 다양한 여자들로부터 자녀를 낳는 비율이 늘어나고 있다고 한다. 연구에는 이러한 남자를 리사이클(recycle) 아버지라고 부른다는 내용도 있다. 이는 여러 명의 여자가 단 한 남자로부터 자손을 얻는 여성 선택의 확실한 형태에 속하며, 진화생물학적 견해에서 보면 이런 현상은 결코 놀랄 일이 아니다. 반대로 사회학적 연구는 성적인 생식의 진화에 대해 아는 게 별로 없는 까닭에 이맛살을 찌푸린다. 그러면서 왜 노르웨이 여자들은 혼자 사는 남자가 아니라 이미 다른 여자와 아이를 낳은 남자에게 또다시 새로운 '과제'를 안겨주는지 묻는다. 여기서 다시금 생물학적 빈칸이 등장한다.

일부 남자만 아버지가 됨에도 노르웨이의 출산율은 높다. 이는 출산율이 오로지 **여자**가 아이를 원하는지에 달려 있으며, 모든 남자들이 아버지가 될 필요는 없다는 사실을 보여준다. 바로 이 같은 이유로 출생률 통계에서 남자를 고려할 때가 거의 없는 것이다. 자식 없는 남자가 생식 시스템이 여성 선택 방향으로 변화하고 있음을 보여주는 중요한 지표임에도 불구하고 말이다. 남자의 무자식을 고려하지 않는 또 다른 이유는 서구 사회에 일처일부가 광범위하게 퍼져 있어 여자가 일대일로 남자를 나눠 가진다고 생각하는 것이 당연하고, 그래서 남녀의 출생률은 서로 상응해야 한다고 보기 때문이다. 결국 모두가 남자와 여자의 생식에 균열이 점점 커져가는 것을 보고 깜짝 놀란다.

아이 없는 남자들을 대상으로 실시한 설문을 기초로 노르웨이의 패턴을 설명하는 데는 문제가 있다. 이는 당연한 일이지만 우리를 완벽한 인식으로 이끌지 못한다. 매우 개인적인 일에 대해 스스로 대답한 정보는 실제 상황을 설명하는 경우가 드물기 때문이다. 응답자들은 가능한 한 자신이 선량해 보이는 대답을 하는 경향이 있다. 이를 사회적 선망 편향(social desirability bias, SDB)이라고 한다. 바람과 현실, 자아상과 타인에 의한 인지, 사회적 압박 등등 미화시키는 원인은 매우 다양하다. 이러한 왜곡은 결코 의도한 기만이 아니며, 타인이 수용하길 원하는 무의식적 바람이거나 자기 보호를 반영하기도 한다. 요컨대 설문하는 기관보다 오히려 자신에게 정직하시 않은 행동이라고 할 수 있다. 지식을 낳기엔 자신이 너무 가난하다거나 매력적이지 않기 때문에 여자가 없다고 과연 누가 기꺼이 고백할 수 있겠는가? 자신이 불행한 원인을 외부에서 찾는 것이 훨씬 간단하다. 우리 모두는 그렇게 한다. 모든 나라에서, 매일 크고 작은 갈등 상황에서 그렇게 한다.

2020년 미국 대통령 선거를 생각해보라. 모든 설문 조사는 도전자 조바이든이 거의 90퍼센트 압승할 거라고 예측했다. 그러나 결국 생각한 것보다 아슬아슬했다. 집단이 주는 압박감과 사회의 기대가 개인의 대답을 어떻게 바꾸는지에 대한 또 다른 예로, 미국에서 매일 벌어지는 유색 인종에 대한 차별을 들 수 있다. 다양성에 매우 많은 가치를 부여한다고 스스로 밝히는 기업들은 이해득실을 따져보고 흑인을 채용하지 않는다. 이와 비슷한 불일치가 데이트 주선 포털을 이용하는 사람들에게도 나타난다. 데이트 가능한 파트너의 피부색에 관한 설문과 이들이 실제로 데이트한 행동은 일치하지 않았다. 그 누구도 흑인 남자를 파트너로 반대하지 않았지만, 실제로 흑인 남자는 백인이나 동양인 남자에 비해 데이트 신청을 받는 경우가 적었다.

따라서 설문 조사에서 사회가 소망하는 바는 사회적 현상을 극단적으로 조작할 수 있다. 다른 조사 방법은 약간 더 신뢰할 수 있긴 하다. 앞에서 언급한 온라인 데이트 주선 포털은 회원들이 이용함으로써 어마어마한 자료를 생성해내고, 우리는 이런 자료를 활용할 수 있다. 이런 자료는 사람들이 성적 본능에 대해 스스로 말하는 정보에 비해 훨씬 더 많은 것을 전달해주기 때문이다. 데이트 주선 포털 인터넷에서 가장 규모가 큰 싱글 시장 가운데 하나인 오케이큐피드(OkCupid)를 공동 설립한 사람은 미국인 크리스천 러더(Christian Rudder)다. 저서 《인사이드 빅 데이터(Inside Big Data)》에서 러더는 사람들의 진짜 모습이 어떠한지를 보여준다. 최소한 싱글 시장을 배회하는 사람들의 진짜 모습을 말이다. 러더는

다수의 데이트 주선 플랫폼을 비교해 남자와 여자는 어떤 연령대를 선호하며, 남자는 어떤 여자를 매력적이라고 보고 여자는 어떤 남자를 매력적이라고 보는지, 여자와 남자에게 매력이란 어떤 의미인지를 분석했다. 이러한 진술도 당연히 왜곡될 수 있으므로—(섹스) 파트너를 찾는 사람들의 진술이기에 가능한 한 긍정적으로 묘사하고자 하므로—러더는 데이트가 목적이 아닌 트위터처럼 소셜 미디어에서 하는 것과 비슷한 평가를 동원했다.

사람들은 다른 일상에서는 사회적 통제로 인해 특정 욕구와 충동을 억누르는 반면, 혼자 컴퓨터 앞에 앉아 있으면 규범과 금기로부터 자유롭다. 트위터에서 '좋아요'를 즉각 클릭하는 것은 과학자들이 연구를 위해 배포한 설문 조사에 세련되게 대답해야 하는 자기표현보다 우악스럽기는 하지만 진실에 더 가깝다. 온라인 데이트는 이렇듯 자유로운 까닭에 사람들은 원래 자기 모습을 보여주기 쉽고, 자신이 어떻게 생각하는지 또는 무엇을 갈망하는지 표현하기가 더 수월하다. 이러한 이유로 러더가 수집한 자료는 남녀의 원초적인 성적 상태를 조사하는 우리에게 특별히 소중할 수밖에 없다. 러더의 자료는 남녀의 생식 전략이 다르다는 사실을 증명해줄 뿐 아니라, 그 배후에 숨어 있는 진화의 힘을 문서화한 것이라고 볼 수 있다. 또한 문화적 특징도 보여준다.

트위터에서 여자가 사용하는 언어와 남자가 사용하는 언어를 비교하면, 남자 이용자는 주로 비디오 게임과 스포츠에 관해 얘기하고, 여자는 자신의 외모에 대해 얘기한다. 남자의 경우는 활동력이 중요하고, 여자의 경우는 자신의 존재가 중요하다. 이즈음에서 석기 시대 사람들이 만든 비너스 형상과 매장 의식이 떠오르지 않는가?

페미니스트 나오미 울프(Naomi Wolf)는 1990년 출간한 저서 《무엇이 아름다움을 강요하는가(The Beauty Myth)》에서 여자는 자신을 아름다움과 동일시하며, 따라서 여자의 외모는 자신의 정체성을 말해주는 중요한 특징이라고 쓴다. 이는 파트너를 선택할 때만 해당하는 얘기가 아니다. 다시 말해, 매력적인 여자는 페이스북에서 친구 신청을 더 자주 받으며 직장을 구하는 포털에서도 면접 제안을 더 많이 받는다. 외모는 남성 문명에서 여자가 갖춰야 하는 주요 자질인 것이다.

남자는 어떤 연령대의 여자를 가장 매력적으로 보는가? 이 질문으로부터 남자의 성적 우선순위 배후에는—문명의 시대가 수천 년 동안 지속되었지만—여전히 진화생물학적 전략이 숨어 있다는 암시가 나온다. 남자는 여자 사진을 보면 몇 살인지 알지도 못하면서 매력 점수를 매기곤 한다. 그래도 20대 초반의 여자가 가장 매력적이라고 평가하는데, 이 연령대는 바로 여자가 성숙하고 임신에 성공할 확률이 가장 높은 시기다. 20대 여자를 선호하는 현상은 남자가 몇 살인지, 자신이 여자와 몇 살 차이인지와 무관하다. 그리고 나이 든 남자일수록 젊은 여자를 더 선호한다. 그런데 여자의 경우는 다른 결과가 나왔다. 여자는 자신과 같은 나이 또래의 남자를 가장 매력적이라고 본다. 45세가 넘어야 비로소 여자도 자신보다 젊은 남자가 섹시하다고 여기기 시작한다.

본능적 갈망과 이성적 사고가 서로 얼마나 다를 수 있는지는—남자가 젊은 여자를 가장 매력적이라고 보긴 하지만—데이트 상대 프로필에서 나이 든 여자를 찾을 때 나타난다. 여기에서는 사회적 숙고보다 오히려 젊은 여자가 자신을 선택할 가능성이 적다는 현실적 고려가 작용하는 것 같다. 젊은 여자를 사귀는 중년 남자는 흔히 '호색한'이라는 비웃음을 사곤 한다. 그 밖에 자신보다 훨씬 젊은 여자는 다른 많은 남자들의 관심을 받음으로써 자연히 스트레스를 더 많이 준다. 젊은 여자의 파트너는 메이트 가딩 차원에서 경쟁자의 접근을 차단하기 위해 끊임없이 경계해야만 한다.

응답에 따른 모순은 또한 남자가 자기 파트너에게서 비교적 큰 단점을 발견할 준비가 되어 있다는 것을 말해주기도 한다. 내심 가장 매력적이라고 생각하는 여자가 아니라도 사귈 준비가 되어 있는 것이다. "꿩 대신 닭"이라는 속담이 바로 남자가 파트너를 구할 때 나타나는 현상이다. 우리는 여성 선택의 관습에 대해 익히 알고 있기에, 이러한 관습에는 요구 수준이 높은 여자와 비교할 때 그렇지 않은 여자와도 짝짓기를 하는 남자의 생식 전략을 다시 발견할 수 있다. 남자가 파트너 선택에 덜 까다로운 것은 주로 여자가 이혼을 신청하는 이유 또한 설명해준다.

여성 선택 패턴에 대한 또 다른 암시는, 남자와 여자는 상대방의 매력을 어떻게 느끼는가라는 질문에서 나온다. 매력도는 점수 1(매력이 적음)에서 5(매우 매력적임)까지 책정하는데, 남자는 대부분의 여자에게 3점을 줌으로써 평균적으로 매력이 있다고 봤다. 점수로 만든 그래픽은 아름다운 종 모양의 가우스 분포를 보여준다. 다시 말해, 대부분의 여자는 중간 점수 영역에 있는 반면, 오로지 소수만이 매력이 덜하거나 너무 매력적으로 보인다. 반대로 여자가 남자에게 매기는 점수는 다르다. 데이트 주선 포털을 이용하는 여자는 대부분의 남자, 그러니까 58퍼센트의 남자에게 별로 매력적이 아니라는 의미로 2점을 줬다. 그래서 이 곡선은 스키 점프를 할 때 볼록하게 튀어나온 발사대와 비슷하게 생겼다. 많은 남자가 여자에겐 매력적이지 않다는 의미다. 이 곡선은 가파르게 밑으로 떨어진다.

17퍼센트, 즉 6명 중 1명의 남자만이 평균 이상으로 매력적이다.

오케이큐피드를 이용하는 남자가 우연하게도 특별히 매력이 없었을 뿐이라고 생각할 우려가 있어 러더는 이를 다른 데이트 주선 플랫폼과 비교했는데, 그곳에서도 비슷한 결과를 발견했다. 데이트 주선 앱 틴더(Tinder)에서 남자는 여자 프로필 가운데 거의 절반에 관심을 나타냈다. 그러나 여자는 남자 프로필 가운데 14퍼센트에만 관심이 있다고 표시했다. 그리고 평균적인 남자는 자신도 같은 반응을 얻기 위해 115명의 여자 프로필에 '좋아요'라고 표시한 것으로 나타났다. 따라서 여자는 남자의 외모에 대한 요구가 높은 것으로 보이며, **까다로운** 편이라고 말할 수 있다.

남성 중심의 문명이 수천 년 전부터 아름다움이라는 이상(理想)으로 여자를 괴롭혀 심지어 건강마저 해롭게 만들었다는 사실을 고려하면, 여기에서는 다른 패턴을 추측할 수 있을지도 모르겠다. 고대 로마 황제들이 원형 경기장에서 패한 검투사를 죽이라는 표시로 엄지손가락을 아래로 내리듯, 별것 아닌 여자의 결점에 대해 엄격한 벌을 내리는 남자의 시선이 그것이다. 그러나 실제로 여자는 아름다워야 한다는 압박감은 남자의 쾌락을 증진시키기 위한 문화적 속임수에 불과하고, 여기에 의문이 생길 경우 남자는 그다지 만족하지 않는다. 남자가 평범한 여자에게 긍정적인 관심을 보이는 반면, 여자는 평범한 남자를 시시하다고 여긴다. 실제로 황제의 엄지손가락 같은 판단이 존재하긴 하지만, 이러한 판단은 황제가 아니라 황후에 의해 좌우되었다. 바로 이것이 여성 선택의 핵심이다.

여기서 잠깐 도표에 나타난 수치를 살펴보자. 뭐가 눈에 띄는가? 여자에게 매력적이지 않은 남자 58퍼센트, 그리고 마음에 드는 남자 14퍼센트. 이는 바로 여성 선택의 80 대 20 원칙에 상응한다. 이 원칙에서 실제

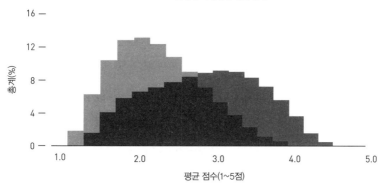

남자와 여자의 매력 평가

■ 여자가 남자에게 매긴 평가
■ 남자가 여자에게 매긴 평가

출처: *Inside Big Data*, Christian Rudder, Hanser, S. 19.

수치—90 대 10 또는 60 대 40—는 중요하지 않다. 그 배후에 있는 패턴
이 중요하다. 여자는 대다수 남자에게 무관심하며, 오로지 소수만 매력적
으로 보고 그들과의 연락을 원했다.

온라인 데이트 주선 포털은 여자보다 남자가 더 많이 이용한다는 사실
을 고려하면, 이와 같은 수치가 설명하는 것은 분명해 보인다. 3분의 2의
남자가 3분의 1의 여자를 만나는 곳에서는 거절당하는 남자의 수가 더
많다는 것이다. 그렇지 않은가? 대답이나 반응이 올 확률은 사실 불공평
한 이용자 수로 인해 왜곡될 수 있다. 남자가 과잉인 곳에서는 모두가 데
이트를 할 수는 없다. 그러나 개인의 매력 점수는 이용자의 남녀 비율과
무관하다고 봐야 한다.

이러한 수치가 물론 여성 선택으로 회귀했다는 확실한 증거일 수는 없
다. 자녀가 없는 경우에는 기간이 너무 짧아서 남자들이 앞으로 어떻게

할지 구체적으로 말할 수 없다. 결국 자녀 없는 남자 대다수가 적응할지 어떨지 말이다. 대답할 수 없는 이유는 무엇보다 남자의 생식 비율을 고려한 믿을 만한 연구가 부족한 까닭이다. 또한 데이트할 때의 행동은 남녀가 진화상 생식 전략을 다르게 정했다는 맥락을 검사할 수 있도록 더 꼼꼼하고 장기적으로 연구해야만 한다.

이렇듯 결함이 있음에도 남자와 여자가 파트너를 구하는 행동에서, 사람들이 성적으로 선호하는 대상은 오로지 문화를 통해 억압받았으며, 선호하는 성적 대상은 서서히 예나 지금이나 DNA에 적혀 있는 그 원칙으로 회귀할 것이라는 많은 징후를 발견할 수 있다. 따라서 여성 선택이라는 주제—이와 함께 섹스할 가능성—를 사회를 구성하고 만들 때(Gesell-schaftsgestaltung: 보편적으로 사용하는 단어는 아니다. 정치, 예술, 철학 같은 것이 모두 사회를 형성하는 데 필요한 요소라고 볼 수 있다—옮긴이) 고려하지 않는다면, 그야말로 부주의하고 태만하다고 할 수도 있다. 미래에는 이 문제가 독일이라는 나라를 더욱 압박할 게 분명하니 더더욱 태만했다는 비판을 들을 수 있다. 독일에서는 경제적으로 종속되지 않은 여자가 훨씬 더 유동적으로 살아가고 있음을 관찰할 수 있다. 인구통계학 연구에 따르면, 젊은 여자는 젊은 남자에 비해 농촌에서 도시로 떠나는 경우가 훨씬 더 많다. 구동독 지역에서는 남자가 여자에 비해 2배나 더 많으며, 농부 가운데 3명 중 1명은 결혼할 여자를 찾지 못한다. 오스트리아와 폴란드에서도 특히 농촌 지역은 여자 부족 현상이 매우 심각하다. 이는 부동산을 아들에게 상속하는 남성 문화의 핵심 때문이다. 비록 오늘날에는 딸에게도 아들과 마찬가지로 상속권이 있지만, 많은 곳에서는 아들이 아버지의 가업을 이어받는 것이 일반적이다. 그리하여 남자는 부모가 살던 곳에 머물고, 여자는 도시로 옮겨간다. 가부장적 질서를 이제 여자들이 깨고 있는 것이다. 어쨌든 이런 질서로 인해 생식 능력 있는 여자는 죽을 때까지 불행하게 살았다.

스스로 통제할 권리를 상실한 채 괴로워하고 그로 인해 여성 선택의 패자에 속해 있는 사람들만이 지금까지의 문명을 정당화하고 섹스와 생식 가능성 사이의 맥락에 사로잡혀 있다. 바로 남자들 단체다. 흔히 여성 운동을 증오하고 어느 정도 성생활에 집착하며 살아가는 사람들이다.

반발
새로운 권리와 인셀

여자는 점점 더 그들의 자연적인 성적 본능으로 회귀하는 것처럼 보인다. 파트너 선택을 할 때 또다시 까다로운 태도를 취하는 것, 그리고 남자에게 불평 없이 제공하는 성적 서비스를 거절하는 것이 바로 그 증거다. 기본적으로 남자에게 제공되는 성적 서비스는 대규모 거주지에서의 삶과 정착 생활 문화를 바탕으로 급속하게 발전하기 위한 전제 조건이었다. 그러나 남자도 역시 이를 담담하게 받아들이지만은 않는다. 현재 산업화한 세계가 남자의 공격성에서 체험하는 모든 것은 피임약의 발명으로 열린 판도라 상자의 뚜껑을 다시 닫고자 하는 지독한 시도다. 피임약은 남자로 인해 쇠사슬에 매여 있던 여성 선택을 적어도 부분적으로나마 자유롭게 만들어주었기 때문이다.

난민의 이동, 자본주의의 위기, 기후 변화 같은 끔찍한 사건은 소유물을 기본으로 하는 남성 문명의 결과이기 때문에 남자의 우월감을 점점 잠식하고 있다. 남성 문명이 원치 않는 변화 그리고 여자가 성적으로 직접 전권을 갖는 걸 반대하는 남자의 방어 태세는 점점 더 단호해지고 점점 더 공격적이 되어간다.

내가 이 책 서두에서 말했던 경고를 기억하는가? 위축된 문명에 대해, 좀비와 카니발에 대해 했던 경고 말이다. 왜 이런 것들이 정당한지 그 이유를 지금 보여주겠다. 이번 장을 쓰며 나는 여기서 맥락과 설명을 제시하고자 하는 것이지 사과하려는 게 아님을 염두에 두기 바란다. 결론을 읽으려 할 필요도 없다. (결론은 없기 때문이다.) 나는 모든 남자에게 해당하는 것은 아니지만, 극단적인 남자들의 방어 형태를 보여주고자 한다.

마르크 레핀(Marc Lépine), 조지 소디니(George Sodini), 엘리엇 로저 (Elliot Roger)라는 이름을 들으면 떠오르는 게 있는가? 알렉 미나시언(Alek Minassian)은? 이들은 미쳐 날뛰며 마구 살인을 저지른 남자다. 주로 여자만 죽였다. 그리고 여자들이 지속적으로 자신을 거절한 것이 살인 동기라고 고백하는 자백서를 제출했다. 예를 들어, 엘리엇 로저는 2014년 캘리포니아주 아일라비스타(Isla Vista)에서 6명을 살해하고 14명에게 중상을 입힌 후 자살했다. 그는 140쪽에 달하는 성명서를 작성했는데, 자신의 삶과 극단적 성격 그리고 성적인 경험을 하지 못한 억울함에 대해 상세하게 묘사했다. 여기서 우리는 폭력성과 성적 열망 사이의 연관성에 대해 매우 중요한 통찰을 얻을 수 있다.

로저의 고백은 자기 삶과 고통 사이의 연관성을 상세하게 알 수 있을 정도로 매우 지적이다. 요컨대 극단적으로 자기 성찰을 할 수 있는 젊은 남자의 글이었다. 이러한 연관성을 너무나도 잘 알았기 때문에 그만큼 더 많은 고통을 겪었을 것이다. 그는 우선 어린 시절 소녀들과의 관계가 얼마나 순탄했는지, 하지만 사춘기가 되면서 점점 채워지지 않는 욕망으로 얼마나 괴로웠는지 서술했다. 이미 열세 살에 거절을 너무 고통스럽게 받아들여 시간이 날 때면 항상 컴퓨터 게임으로 도망을 쳤다. 게임 세계에서 경험하는 성공은 소녀들에게서 얻지 못한 것들을 보상해주었다. 처음으로 포르노를 보고 느꼈던 흥분은 그야말로 그를 혼란스럽게 만들었다. 소녀들로부터 받았던 조롱과 우롱이 그들을 향해 공포와 증오 섞인 감정을 갖도록 자극했다. 그는 총각 신분을 벗어던져야 한다는 압박감을 점점 더 강하게 느꼈다. 젊은 여자는 로저에게 자신을 괴롭히는 모순덩어리였다. 그가 가장 두려워하고 경멸하는 것이 동시에 가장 열망하는 대상이었기 때문이다. 여기에 이미 섹스를 경험해본 모든 소년에 대한 시기심도 한몫 거들었다. 그리하여 마침내 섹스에 대해 부정적인 감정이 생겼다. 로저는 '좀더 공평한' 세상을 만들기 위해 모든 사람에게 섹스를 금지시키려 했다.

로저는 지극히 매력적인 남자와 여자 그리고 소녀와 소년도 이미 경험했을, 그다지 해롭지 않은 거절로부터 증오심을 불러일으키는 지속적인 거절로 넘어가는 과도기에 대해서도 서술했다. 남성성을 여자에게서 거둔 성공과 연결시키는 우리의 문명은 로저에게 실패자라는 느낌을 강화해주었다. 자신이 해결할 수 없는 이런 기분으로 인해 로저는 마침내 복수를 결심했고, 이는 인류를 향하기도 했지만 무엇보다 여자에게 향했다. 그는 섹스를 한 번도 해보지 못하고 사망했다.

물론 로저는 광기에 사로잡혔고, 끔찍한 범행을 저지르기 오래전부터 사회가 참아줄 수 있는 영역을 벗어난 상태였다. 당연히 정신과 치료도 받았다. 그러나 이제 나는 독자들의 마음에 들지 않을 얘길 하고자 한다.

엘리엇 로저는 무차별 살인 행위를 통해 많은 사람에게 이루 말할 수 없는 고통을 안기기 전에 스스로도 수년 동안 괴로운 일을 겪어야 했다.

엘리엇 로저는 자신의 심란한 내면세계를 상세하게 서술함으로써 지극히 문제 많은 남자들 그룹을 대표하는 일종의 우상이 되었다. 알렉 미나시언은 2019년 토론토에서 밴을 몰고 사람들에게 돌진했다. 이로 인해 10명이 사망하고 16명이 중상을 입었다. 그는 소셜 미디어에서 직접 엘리엇 로저를 '최고의 신사'라고 불렀다. 동시에 '위대한 인셀-폭동'을 외쳤다. 적어도 그의 행동 이후에 이 낱말은 대중의 의식을 파고들었다. 인셀. 위키피디아 영어판에서 '인셀'을 검색해보면, 2009년부터 직접적이거나 간접적으로 인셀 그룹에 속하는 범인들이 저지른 수많은 살인 행위를 읽을 수 있다. 이른바 스쿨 슈팅(school shootings)의 대표적 사례로 알려진 콜럼바인(Columbine) 고등학교에서의 무차별 살인도 인셀 부류가 자행한 범행에 해당한다.

인셀들이 저지를 위험을 과소평가해서는 안 되지만 흔히 서구 사회에서는 이를 나지막하게 중얼거리는 수준에서 다루곤 한다. 그들이 여자를 증오할 때는 이미 오랫동안 고통을 겪고 과격한 말과 행동을 하고 난 뒤다. 여자가 없어 성적 만족을 얻지 못하는 남자들이 예측 불가하고 잠재적으로 위험한 이유는 그들의 높은 공격성 때문이다.

매슬로의 욕구 단계를 기억할 것이다. 잠재적 폭력성을 지닌 인셀에게 여자가 없다는 것은 남자에게 성적 욕구가 매슬로의 욕구 단계에서 매우 낮은 쪽에 있다는 뜻이다. 그들에게 이런 욕구를 충족하는 일은 여자에게서보다 본질적으로 더 우선시된다. 욕구가 시급하면 할수록 사람은 그것을 채우기 위해 더 절망적이고 더 공격적으로 투쟁한다. 따라서 이런 남자들을 특별히 주시하지 않는다면 커다란 불행을 자초할 수도 있다.

인셀은 우리에게 새로운 현상이나 일종의 문명적 질병으로 보일지 모른다. 하지만 실제로는 소수의 남자에게만 생식 가능성을 열어주는 생물학적 짝짓기 시스템, 즉 여성 선택이 불러온 결과일 뿐이다. 거의 모든 척추동물 세계에 인셀이 존재하는데, 이들은 자신보다 약한 대상을 괴롭히고 암컷한테 거칠게 들이댄다. 이들은 '잉여'에 해당되며, 진화상의 선별 과정에서 뒤처진 존재다. 그리하여 생식할 기회를 전혀 갖지 못한 뒤떨어진 수컷들이다. 이런 현상은 오로지 여자를 통제하고 권리를 빼앗는 남성 문화를 통해 오늘날까지 광범위하게 억눌려왔을 따름이다. 그런데 여자를 독립적으로 만들고 일처일부가 서서히 사라지는 사회적 변화에 따라 다시금 이런 현상이 부상하고 있다.

인셀은 늦어도 사춘기가 되면서 루저(패자) 그룹에 속하는 부류다. 하지만 외부에서 보면 왜 그렇게 되었는지 알기 어렵다. 그들 모두가 결코 재능이 없지도, 매력이 없는 것도 아니기 때문이다. 나이 든 남자와 비교적 젊은 남자, 뚱뚱하거나 여윈 남자도 있다. 알렉 미나시언은 수백만 명의 다른 남자와 비교할 때 특별히 잘생기지도 않았지만 그렇다고 못생긴 것도 아니었다. 로저는 심지어 통상적인 미적 기준으로 볼 때 잘생겼으며 지능도 상당히 높았다. 그러나 높은 지성은 오히려 사람들을 아웃사이더로 만들 때가 많고, 그리하여 이들은 평범한 사회적 규범에 잘 적응하지 못한다. 또한 정신 질환이나 장애는 공동체로부터 그들을 소외당하게 할 수 있다. 그룹에서 자신들이 차지하는 사회석 지위가 낮은 원인이 무엇이든, 그러한 원인으로 인해 이런 사람들은 파트너가 될 수도 있는 여자들로부터 지속적으로 거부당하면서 성장한다.

여기에서 중요한 부류는 변화하는 남녀 비율의 효과를 인구통계학적으로 다른 모든 그룹보다 더 강력하게 인지하는 매노스피어(manosphere: 반페미니스트적 관점에서 남성 중심의 내용을 게시하는 웹상의 블로그, 커뮤니티 등을 일컫는 말—옮긴이)다. 좌파 문화적인 정의(正義) 운동이 오로지 사회적 특징만을 파악하는 반면, 매노스피어는 남녀 관계의 진화생물학적 기본에 관해 놀라울 정도의 지식을 갖고 있을 때가 많다. 이들은 매일 남성 중심 문명이 진화상의 여성 선택에 접목되어 있을 뿐이며, 그리하여 성적인 권력은 원래 여자에게 있다는 사실을 체험한다. 그리고 오로지 여자를 압박함으로써 자신이 처해 있는 불행을 바꿀 수 있다고 믿는다.

지금까지 사회는 주로 젊은 남자에게 동정심을 갖거나 공감하길 거부했다. 인셀이 무엇보다 폭력, 증오, 야만성을 통해 대중에게 자신들을 드러냈기 때문이다. 그러나 물론 오랫동안 섹스 파트너를 갖지 못한 모든 남자가 무차별 살인을 하거나 충동적 범죄를 저지르지는 않는다. 인셀 중에는 다른 사람에게 폭력을 가하는 경우보다 오히려 우울증에 시달리거나 자살하는 경우가 많다. 이는 실생활에서 대부분의 인셀이 결코 음울한 복수의 천사가 아니라, 오히려 지극히 외롭고 희망 없는 사람들이라는 점을 보여준다.

우리는 그동안 남성 문명이 섹스에 대한 남자의 욕구를 충족시키기 위해 필요한 모든 구조를 갖추고 있다는 사실을 알게 되었다. 어린 신부와의 강제 결혼부터 매춘부와 현대적인 세상에서 볼 수 있는 파트너 소개 및 데이트 주선 포털에 이르기까지. 이렇듯 사람들은 늘 가능한 한 대다수 남자가 섹스할 수 있는 기회를 가질 수 있게끔 노력했다. 그럼에도 빈손으로 있는 대부분의 남자는 여자 없이 사는 방법을 배우고, 관심을 다른 곳에 돌리거나 자기의 내면세계로 물러난다. 이 가운데 어떤 것에도 성공하지 못하는 남자가 문제를 일으킨다.

특히 채우지 못한 자신의 욕구에 집착하기 시작하는 '조정 불가능한' 남자들을 위해 인터넷은 의미심장한 공감을 불러일으킬 수도 있는 공간을 제공한다. 섹스할 수 없는 남자들은 포럼과 커뮤니티에 모여 키워드를 내놓고, 단체를 조직하고, 지역 또는 하위 그룹을 만든다. 그들은 이곳에서 자신과 같은 생각을 하는 사람을 발견한다. 이들은 모두 소녀와 여자로부터 지속적으로 거부당하면 어떤 느낌이 드는지 잘 알고 있으며 공통된 적을 가지고 있다. 이들은 모두 거절당하는 사람이기에 서로 경쟁의식을 적게 느낀다. 이러한 공동체 의식이 온라인 그룹을 너무 위험하게 만든다. 현실 세계로부터 얻는 열등감과 무력함을 세력과 다수라는 느낌으로 전환할 수 있기 때문이다. 이들은 온라인이라는 익명성으로 무장한 채 정의 운동을 펼치는 사람들을 선동하고, 모욕하고, 괴롭히고, 욕하고, 스토킹한다. 자신들보다 아래에 있다고 생각하며 경멸하는 사람들에게도 말이다. 특히 여자가 그들의 대상이다. 4Chan이나 Reddit 같은 웹사이트가 바로 그들의 본거지다. 이곳에서 그들은 포르노와 폭력적 장면을 서로 거래한다. 이런 모습은 너무나 야만적이고 냉혈한이 아닌가 싶을 정도다. 당연한 일인지 모르지만 이들 사이에 토론이나 일부가 참여하는 포럼은 열리지 않을 때가 많다.

매노스피어는 일련의 가상적인 남자들 연맹이다. 이들에겐 하나의 공통점이 있는데, 회원들이 여자를 지속적으로 만나지 못하기 때문에 섹스를 적게 하거나 한 번도 못 해본 남자라는 것이다. 여자에 대한 증오심의 강도는 그룹마다 다르다. 변별성도 실제로 없는 편이고, 모든 그룹 여기저기에 교차 가입한 회원도 많아 윤곽을 어림잡을 수 없다. 이들은 여자를 순전히 섹스를 위한 재료로 축소시키며, 여자에게 폭력을 가할 준비가 되어 있기도 하다. (폭력을 행사할 마음의 준비 역시 그룹뿐 아니라 개인마다 차이가 있을 것이다.)

제일 먼저 나는 자신의 상태를 바꿀 희망이 있는 젊은 남자들부터 소개하고 싶다. 이들은 픽업-아티스트(Pickup-Artists, PUA) 주변에 머물러 있다. 픽업-아티스트란 뭐랄까 성교 목적으로 여자를 유혹하는 방법에 대한 전문가라고 할 수 있다. 픽업-아티스트는 강연과 세미나를 통해 성적으로 좌절한 남자들에게 도움을 주며, 속임수와 진화심리학적 지식을 잘 소화하지도 못하면서 두루 섞어 사용하곤 한다. 이른바 '조언자들'은 '예쁜 여자를 침대로 데려가는 방법'을 설명하는데, 추종자들 사이에서 폭발적인 수익을 얻는다. 여기에서는 아무것도 모르는 여자들을 선동할 뿐 아니라, 자신도 알파 남자가 되는 법을 배울 수 있다는 환상을 심어줌으로써 대체로 많은 돈을 지불하는 젊은 남자들을 유혹하기 때문이다. 그런데 알고 보면 픽업-아티스트는 지극히 오래되었다. 일찍이 오비디우스도 자신이 '사냥꾼'이라고 부른 젊은 남자들에게 여자를 속여서 침대로 이끄는 비법을 가르쳐주었다.

이들이 추구하는 모든 것은 물론 지저분하다. 그래서 전문 잡지 〈사이콜로지 투데이(Psychology Today)〉는 이들의 유혹 방법을 일종의 사이비 과학이라고 부른다. 그러나 이러한 남자 그룹은 상대적으로 무해하다. 물론 픽업-아티스트의 방법은 파렴치하고, 여자를 성적인 용도로 축소한다. 하지만 목표는—오비디우스의 경우처럼—여자가 남자에게 자발적으로 자신을 넘겨주는 데 있다. 이런저런 충고 덕분에 다시금 여자와 성적 접촉을 하는 남자들은 어쩌면 여자에 대한 증오를 바꿀 수도 있다. 그들은 소심하지만 그래도 여자와의 만남을 긍정적으로 보며, 자신의 상황을 향상시킬 희망이 아직 있다.

노팝(NoFap) 운동은 반대로 섹스를 그만두라고 말한다. 노팝은 영어의 일상 표현으로 '자위행위 그만'이라는 의미다. 노팝을 실천하는 사람들은 포르노, 자위행위, 부분적으로는 오르가슴도 포기한다. 이로써 늘어나는 테스토스테론 수치를 유용하게 사용하길 원하기 때문이다. 노파퍼(NoFapper)는 오르가슴의 포기는 집중력과 에너지 그리고 매력을 올려주는 효과가 있다고 확신한다. 노팝을 소개하는 유튜버들은 '남성성 강화' '남자 중 최고' 그리고 '평균은 그만'이라고 외친다. 여기서도 결국은 여자로부터 인기를 얻기 위해 알파 남자가 되거나 '매우 가치 있는 남자'가 되는 것이 중요하다. 그러나 테스토스테론으로 인해 공격성이 증가하기 때문에 오르가슴의 포기는 자연스럽게 폭력성을 축적하는 것이라고 볼 수도 있다.

이보다 좀더 나아간 온라인 커뮤니티로 MGTOW(Men Going Their Own Way)가 있는데, '자신의 길을 가는 남자들'이라는 의미다. 이들은 모든 형태의 지속적인 관계—특히 결혼—를 거부하면서, 남자는 여자들이 꾸민 대대적인 음모에 빠져 있으므로 여기에서 탈출해야 한다고 주장한다. 이들은 오르가슴뿐 아니라 섹스도 포기하고 '공격 가능한' 모든 형태의 사회적 의무도 포기한다. MGTOW에서 우리는 여자를 대상화시킬 뿐 아니라 공공연하게 적으로 간주해 투쟁해야 한다고 주장하는 매노스피어의 영역을 엿볼 수 있다. MGTOW는 자신들이 차별 대우를 당한다고 느끼며, 자신들의 가치와—여기서 중요한 말이 나온다!—자신들의 '문명'마저도 위협받고 있다고 느낀다.

'빨간 약(Red-Pill) 운동'은 성공한 남자와 그의 예쁜 가족이라는, 자본주의적이고 보수적인 이야기를 하는 세상을 환상으로 여긴다. 우리도 알다시피 지속적인 섹스를 즐길 수 있는 사람은 이들이 커뮤니티에서 'Chads'라고 부르는 소수의 알파 남자뿐이고, 여자들이 무시하는 잉여 남자는 불량품이다. 이른바 잉여 남자는 알파 여자인 예쁜 상대가 아니라, 그냥 평범한 여자에게조차 외면당한다. 이 운동의 이름 '빨간 약'은 영화 〈매트릭스〉에서 나왔다. 주인공이 약을 먹으면 세상의 진짜 모습을 볼 수 있는 기회가 생긴다는 설정이다. 만일 파란색 약을 먹으면, 모든 것이 예전 그대로여서 그때까지 익숙해 있던 세상에서 살아가면 된다. 하지만 만일 빨간색 약을 먹으면 주인공이 깨어난다. 자신의 세상이라고 간주했던 것이 하나의 시뮬레이션에 불과하고, 인류는 실제로 거대한 사육실에서 일종의 긴 잠을 자고 있다는 사실을 알게 되는 것이다. 빨간색 약은 주인공에게 곧바로 추잡하고 엄격하며 잔인한 현실을 드러내주지만 유일하게 살 길은 종속되지 않은 자유로운 삶에 있다.

빨간 약 운동가는 자신들이야말로 남자의 권력이 환상이라는 사실을 폭로한 각성자인 것처럼 연출한다. 빨간 약 운동가는 생물학적 사실을 바탕으로 자신들의 세계상과는 분명하게 다르다며 음모 추종자들과 선을 긋는다. 하지만 빨간 약 운동가들이 제시하는 각성의 글들은 음모 추종자들의 그것처럼 사랑받지 못하는 사람들, 뒤처진 사람들에게 상당히 매력적이다. 진화상의 생식 시스템으로 인해 성적 패배자가 되는 대신, 이제 그들은 '위대한 진리'를 소유한 소수의 선별된 사람이 된다. 부족하다고 느꼈던 결함이 고유한 특징이 되는 것이다.

매노스피어에는 여자 말고 또 다른 적이 있는데, 바로 남자 이민자다. 인셀에게 남자는 무엇보다 경쟁자이기 때문이다. 전쟁과 기후 재난으로 인해 도망쳐온 남자 이민자는 인셀에게 보호해줘야 할 대상이 아니다. 오히려 경쟁자만 더 많아진다. 만일 젊고 혼자 사는 16~25세의 여자만 이민을 받아준다면, 인셀들이 어떤 반응을 보일지 매우 흥미롭다. 우파 정당이 '우리의 여성분들'과 백인이 아닌 남자들로 인한 위협을 얼마나 자주 언급하는지 주의 깊게 관찰한 사람은, 인종주의와 낯선 이들에 대한 적대감이 성생활과 밀접하게 연관되어 있다는 사실을 파악할 수 있다. "그들이 우리 일자리를 빼앗아갑니다" 같은 사이비 논쟁을 포함해서 이데올로기로 위장한 온갖 가짜 논쟁을 제외하더라도 이민자와 그 밖의 다른 소수자들도 인셀에게는 두 가지 중요한 감정적 기능을 할 뿐이다. 그들은 우선 여자로부터 거절당한 원인을 외부로 돌릴 수 있다. **내 잘못이 아니라, 나쁜 이민자들이 나한테서 여자를 빼앗아갔기 때문이다.** 두 번째로, 자신보다 아래에 있는 사람들과 경계를 그을 수 있다. **내가 아무리 바닥에 있어도, 나보다 더 불쌍한 인간은 반드시 있게 마련이다.** 이 같은 감정적 기능은 두 가지 결과를 낳는다. 1. 이런 남자들이 품고 있는 적개심—인간성에 관한 논쟁이나 호소를 하더라도—을 해결하기란 매우 힘들다. 2. 이런 남자들은 믿을 수 없을 만큼 선동하기 쉽다. 이들은 권위적인 세계상을 추구하는 우파 정당에 그야말로 훌륭한 먹잇감이다. 그 어떤 다른 그룹도 이들처럼 쉽게 동원되지는 않을 것이다. 그런데 정작 이들 그룹은 평생 사회 전체로부터 차별 대우를 받는다고 느낀다. 미국에서 일어나고 있는 대안우파(Alt-Right) 운동은 대부분 매노스피어로 구성되어 있다.

정의 운동은 현실적으로 남자들에게 있는 권력이 새롭게 분배되는 세상을 만들기 위해 투쟁한다. 그런데 이것이 인셀에게는 위협적인 세상이 될 수도 있다. 만일 인셀이 남성을 우선적으로 챙겨주는 남성 중심의 시스템에서 섹스 파트너를 발견하지 못했다면, 남성을 우선으로 하지 않는 남녀평등 시스템에서는 당연히 파트너를 발견하지 못할 것이다. 만일 페미니즘이 백인에 교양 있는 남자가 남성 중심 문명의 최대 수혜자라고 설명한다면, 이러한 설명은 자연에서는 물론 문화권에서도 패배자인 백인이자 교양 있는 인셀에게는 공허한 조롱으로 들릴 수 있다.

매노스피어를 추종하는 다양한 부류에게 정의로운 사회란 무엇보다 여자와 여자의 몸이 남자의 욕구에 종속되는 가부장적 구조를 의미한다. 인셀의 확신에 따르면 오로지 그와 같은 구조에서만 섹스할 수 있는 기회가 생긴다. 이러한 시나리오를 염두에 두거나 최소한 여기에 찬성하는 우파 단체와 보수 정당엔 많은 남자가 관심을 갖고 가입하는데, 이는 비단 미국에서만 벌어지는 일이 아니다. 그들의 반동적 세계상은 남녀의 '자연적 질서'를 구축할 것이라고 선동한다. 그런데 실제로 존재하지 않는 이러한 질서 속에서는 모두에게 일부일처를 적용하고 여자는 집에서 육아에만 전념해야 한다고 유혹한다. 인셀은 강력한 인물이 되길 원하기 때문에 우두머리 유형을 선호한다는 사실도 놀라운 일은 아니다. 오늘날 인셀은 거리낌 없이 그와 같은 인물을 대표적으로 '강력한 남자'라고 부른다. 과거에 사람들은 그런 인물을 독재자라고 불렀을지 모른다. 또한 인셀은 선거권을 통해 특히 여자와 소수자를 해치는 사회적 영향력을 가질 수 있다. 성적 욕구를 충족하지 못하거나 미흡하게 충족한 남자들 그룹이 작은 온라인 공간에서만 움직인다면 무시하거나 안심할 수 있다. 하지만 알다시피 온라인 공간에서만 활동하지는 않는다.

인셀이라는 개념은 대체적으로 서구 국가에 살고 있는 남자들을 지칭한다. 그러나 극단적인 경우 성적 욕구를 미흡하게 충족한 남자들로 인해 발생할 위험은 전 세계적 현상이자 문제다. 인도는 몇 년 전부터 여자에 대한 끔찍한 폭력으로 전 세계 언론의 관심을 끌었다. 이곳에서는 서구에서보다 집단 성폭행이 훨씬 자주 일어난다. 여기서 우리가 알아야 할 사실이 있는데, 인도에서는 여자아이를 임신하면 낙태하는 경우가 많아서 남자가 월등하게 많다. 성폭행 범인들은 너무 잔인하게 범행을 저질러 젊은 여자가 사망할 때도 있다. 이는 성적인 욕구만 분출하는 게 아니라, 엄청난 증오심도 분출한다는 의미다. 또한 범인들끼리 서로 선동함으로써 개인이 아니라 무리가 지닌 위험한 요소도 한몫을 한다.

인도에는 남녀 비율의 차이뿐 아니라 종교, 카스트를 기반으로 한 사회 구조 그리고 삶의 수준에 의해서도 다양한 차이가 존재한다. 특히 시골에는 사회 기반 시설이 전혀 없다. 이 모든 게 극단적 폭력이 일어날 수 있는 유리한 조건을 제공한다. 시골에 사는 소녀는 집 안에 위생 시설이 전혀 없기 때문에 마을 가장자리에 있는 덤불에서 볼일을 볼 수밖에 없다. 누구보다 쉽게 희생양이 되고 마는 것이다. 이런 경우는 교양 있는 서구 사회의 인셀과 차이가 있음에도 의심할 바 없이 인셀의 폭력이라고 할 수 있다.

인셀은 점점 자신들에게 주의를 기울이는 경향을 경험하고 있다. 심리학과 사회학 분야가 이들에 대해 연구하고, 일반 사람들도 일상의 언론에서 인셀이라는 개념을 점점 더 자주 집하고 있다. 그러나 흔히 펼쳐지는 사회적 논쟁에서 생물학적 배경은, 그러니까 인간 성생활의 진화적 기본은 '거칠고 조야하다'느니 '가짜 과학'이라느니 하는 비난을 받는다.

페미니즘과 연관이 있을 수 있다는 생각처럼 말이다. 이런 생물학적 배경을 거부하는 원인은 다음과 같은 결론에서 찾아볼 수 있다. 즉, 만일 여성의 해방이 공격적이고 폭력적인 정신질환자를 더 많이 만들어낸다면, 여성 운동은 잘못된 길을 간다고 할 수 있다.

하지만 여기서 기본적으로 받아들인 가정 자체가 이미 틀린 것이다. 즉, 성적으로 동등하고 평화적인 남자들이 정상적인 상태이며, 페미니즘은 이런 남자들을 변화시키고 망가뜨린다는 가정 말이다. 실제로는 정반대다. 이 책 앞부분에 언급한 심리학자 조던 피터슨은 이렇게 주장했다. 인류는 정착 생활을 시작하던 초기에 사회적으로 강요된 일처일부를 통해 인셀을 통제했고, 이러한 결혼 제도의 와해는 문명에 대한 공격과 다름이 없다고 말이다. 이것이 함축하고 있는 암시―페미니즘은 서양의 몰락을 초래할 것이다―는 너무나 엄청나서, 피터슨은 모든 좌파의 페르소나 논 그라타(persona non grata: 좋아하지 않는 인물―옮긴이)가 되고 말았다. 이와 반대로 모든 매노스피어는 그를 마치 구세주처럼 찬양한다.

그렇다고 해서 피터슨의 말이 틀렸다는 게 아니다. 여성의 성생활을 억압했기 때문에 그렇게 복잡한 남자 중심의 풍요로운 문명이 탄생했던 것은 아니다. 그냥 그렇게 되었을 뿐이다. 남자를 통해 '자원인 여자'를 통제하는 것은 문화의 결과가 아니라 문화를 건설한 최초의 단계다. 따라서 이러한 것을 되돌릴 수는 없었다. 이를 직접적으로 되돌리는 방법은 살인과 치사 그리고 혼란, 무엇보다 상상할 수 없을 만큼 많은 여자 희생자를 생겨나게 할 수 있다. 고도로 발달한 문명의 정치적, 경제적, 기술적 가능성을 처리하는 남자들이 문명 이전 시대의 성적인 자아로 곧장 되돌아갈 수도 있기 때문이다. 이 같은 디스토피아적인 미래 시나리오가

이 책의 초반에서처럼 여전히 잘못된 것 같은가?

섹스를 가끔 하거나 전혀 하지 못하는 남자는 물론 좀비도 아니고 식인종도 아니다. 그들은 대체로 자신이 처한 상황으로 인해 제일 먼저 고통스러워하는 부류다. 하지만 도움과 동정심이 없다면 그들은 자신에게, 다른 사람에게, 사회의 안전과 안정에 커다란 위험이 될 수 있다. 여기서 우리는 우리 문명의 어두운 중심이자, 그 어떤 출구도 제공하지 않는 미로로 들어간다. 이곳에서 우리는 고통스럽고 해결할 수 없는 어려운 문제, 즉 고르디아스(Gordias)의 매듭을 만난다. 만일 우리가 여성 선택이라는 주제와 특히 섹스 가능성을 다루지 않고 계속해서 사람들 사이의 정의를 구축하고자 노력한다면, 엘리엇 로저나 알렉 미나시언 같은 남자가 서구 사회에 늘어날 것이다. 여자가 자유롭고 독립적이 되면 될수록 비자발적으로 섹스를 못 하는 남자가 그만큼 더 늘어날 것이기 때문이다. 이런 무리 가운데 일부만 범죄자―성폭행자, 살인자, 무차별 살상자나 스토커―가 된다 해도 사회 혼란은 전반적으로 더 늘어날 것이다. 마찬가지로 젊지만 희망도 없고 전망도 없는 남자의 자살률도 증가할 수 있다. 두 가지 경우에서 냉혹한 결론을 도출할 수 있는데, 바로 인셀이 많아지면 사망자도 증가한다는 것이다.

조던 피터슨은 바로 이런 사실을 알고 있었으며, 이를 막아보려 시도했다는 점을 참작해야 한다. 하지만 유감스럽게도 그는 과거로 **직접** 돌아갈 길이 없다는 전제하에 과거로 돌아갈 길이 **전혀 없다**는 결론을 냈고, 이 때문에 우리는 기존의 불평등한 상황에 머물러 있을 수밖에 없다고 생각했다. 심지어 완전히 새로운 해결책을 발견하더라도, 우리가 오늘날 알고 있는 문명 구조―복지와 소비, 임금 노동, 법적으로 정해둔 파트너와의 관계 및 개인의 가계(家計)—를 유지할 수밖에 없을 것이라고 생각했다. 이는 변화에 대한 논쟁이 결코 아니며, 나는 조던 피터슨도 아니다. 다만 여기서 무슨 일이 진행되고 있는지를 분명하게 지적하는 것은 중요하다. 즉, 전반적인 문명 질서가 기초부터 붕괴할 것이고, 기본적인 조건들도 방향을 전환할 거라는 사실이다.

남성 통제의 마지막 보루
낙태

인셀의 증오와 폭력은 여자의 독립 노력에 대해 남성 사회가 가하는 개인적이고 무질서한 방어이기도 한다. 하지만 남자들의 국가는 법 제정을 통해 자신을 위협하는 정의 운동에 반응할 가능성도 갖고 있다. 오늘날까지 기존의 남성 중심 세계 질서를 지원하는 법들(가령 부부 분할 과세나 독신자에게 부과하는 세금)이 있다. 그러나 가장 큰 파급 효과를 일으키는 것은 낙태법이다.

경제적 종속 외에도 결혼으로 인한 자동적 임신은 여자를 억압하는 수단이다. 아이 있는 여자는 아이 없는 여자에 비해 더 쉽게 통제할 수 있다. 어머니는 아이가 잘못될 수 있기 때문에 위험을 거부하지만, 아이 없는 여자는 그 위험을 감수할 수도 있다. 어머니는 여자가 하는 모든 것을 자신의 욕구보다 아이한테 미칠 결과─신체의 편안함, 영양 상태와 앞으로 얻게 될 사회적 지위 등은 어머니에게 가장 중요한 우선순위다─를 기준으로 판단한다. 이 역시 가능한 한 성공적인 생식을 가능케 하려는 진화상의 적응이라 할 수 있다. 여기에 아이를 합법적 아이와 비합법적 아이로 평가하는 일도 더해진다. 비합법적 아이는 혼자 사는 어머니에게 가난과 불명예를 의미하므로 여자는 임신을 두려워할 수밖에 없다. 이와 같은 이유로 여자는 정착 생활을 시작하면서부터 원치 않는 임신을 막을 가능성을 찾았고 또 그것을 필요로 했다.

기원전 16년부터 등장하는, 사랑을 다룬 작품에서 오비디우스는 이미 독극물 음료와 뾰족한 물건으로 생명을 위협할 수 있는 낙태에 대해 썼다. 20세기까지 낙태는 의학적으로 경험 없는 여자와 남자—이른바 불법 낙태 시술자라 불리는—에 의해 원시적 수단을 통해 이뤄졌다. 모든 방법은 여자의 목숨을 위협할 정도로 위험에 빠뜨렸고, 그 어떤 방법도 확실하지는 않았다. 아무것도 모르면서 자궁을 쿡쿡 찔러대 끔찍한 부상을 입혔다. 소독하지 않은 물건을 사용함으로써 위험한 감염을 일으켰다. 유산을 유도하기 위해 산모에게 건넨 약초 음료는 낙태뿐 아니라 심각한 중독까지 가져왔다. 원치 않는 임신을 중단하기 위해 동원한 모든 방법은 너무 위험하거나 잔인했다. 수많은 여자가 오늘날까지 불법적인 낙태 시술로 인해 사망하고 있다. 그럼에도 시대를 통틀어서 그리고 전 세계 어디에서나 이런 방법을 동원했다는 사실은 남성 중심 사회에서 원치 않는 임신에 대한 두려움이 얼마나 큰지를 보여준다.

무엇보다 서구 사회에서는 여자에 대한 처우가 많이 바뀌었다. 혼외 자식도 이미 오래전부터 더 이상 금기 사항이 아니며, 마땅히 국가가 적극적으로 나서서 공동으로 아이를 교육해 여자의 부담을 덜어줘야 한다. 여기서 '마땅히'라는, 당위성을 의미하는 단어를 선택한 이유가 있다. 국가가 돌봄을 제공하는 경우는 많은 곳에서 아직 충분하지 않고, 그래서 여전히 가사와 아이들 교육 대부분이 여자 몫이기 때문이다. 예나 지금이나 홀로 교육을 담당해야 하는 어머니는 사회에서 매우 힘든 상황에 처해 있다. 처음부터 혼자였는지, 아니면 아이가 태어난 이후 혼자가 되었는지 여부는 아무런 상관이 없다. 지독한 곤궁 상태를 해결해야 할 사회적 네트워크가 있지만 많은 여자들(그리고 그들의 자녀 역시)이 가난에 근접한 상태에서 살고 있다. 그들의 에너지도 거의 다 소모되고 있다. 가난, 사회 참여 가능성 부족, 육체적·정신적 건강 문제 같은 모든 것은 오늘날 남자 중심 사회가 비합법적인 아이를 가진 어머니들이 처하길 원했던 결과다. 따라서 낙태라는 국가적 규칙은 남성 문화의 중요하고도 효과적인 도구다. 여자의 성생활과 임신 능력에 대한 폭력은 예나 지금이나 남자가 매우 관심을 갖는 사항이기 때문이다. 피임 수단의 비용이든, 비상시 피임('성관계 후 알약')이든, 낙태법 강화든 여자의 임신 통제를 어렵게 만들고자 하는 정당들의 아이디어는 매우 다양하다.

낙태법 제정과 관련해 보수주의자들이 주장하는 것처럼 생명 보호가 아니라 여자를 통제하는 게 중요하다는 사실은, 그 어떤 남자들 사회도 원치 않는 아이와 어머니를 충분히 보살핀 적이 없었다는 것을 말해준다. 특히 여자가 홀로 살아갈 때 그러하다. 아이들에 관해서라면, 국가는 원치 않는 아이를 만든 남자들에게 불리한 더 강력한 구조를 만들어야 하고, 또한 어머니들이 경제적으로나 사회적으로 추락하는 것을 막는 구조를 만들어야 한다. 그러나 국가는 그런 일을 하지 않고 있다. 오히려 국가는 오늘날까지 양육비 지불을 거절하는 아버지들이 빠져나갈 수 있는 핑계를 주고, 무책임하게 아이를 만들어내는 법을 제정하고 있는 형편이다. 이런 점을 고려할 때 우리는 앞에서 언급한 말, 그러니까 남자는 결혼 제도가 탄생한 이후 가능한 한 많은 자손을 보는 게 더 이상 중요하지 않다는 그 말을 조금 더 정교하게 표현해야 한다. 남자는 자식 만드는 것을 반대하지 않지만, 모든 자식에게 양육비를 지불하는 것을 원치도 않고 그렇게 할 수도 없다. 남성 중심 문명에서 낙태는 생명 보호와는 전혀 무관한 일이다.

남자를 곤궁에 빠트릴 임신을 중단하려 시도하던 초기부터 남성 문화는 낙태에 대해 판단을 했다. 남성 문명은 낙태를 경멸하고 금지하고 처벌했는데, 주로 윤리적 이유 때문이었다. 어떤 경우에는 임신한 여자를, 또 다른 경우에는 독과 뾰족한 물건으로 낙태를 도운 사람, 그리고 또 어떤 경우에는 둘 다를 벌했다. 무해한 경우에 법정은 벌금을 물렸고, 심각한 경우에는 교도소로 보냈다. 유럽에는 대략 1000년 동안 가톨릭교회가 주도권을 쥐고 있었으며, 이때 가톨릭에서 파문하고 내쫓는 이른바 교회법이 추가로 제정되었다. 고대 그리스 시대부터 벌의 경중은 범죄가 이뤄진 시점에 달려 있었다. 학자들은 태아가 특정 시기를 지나야만 비로소 '영혼을 갖게 되며' 이로써 살아 있는 존재가 된다고 봤기 때문이다. 중세 시대까지 남자 태아는 40일 이후에, 여자 태아는 80일 이후에 영혼을 가진다고 여겼다. 그러나 사람들은 오랫동안 태아의 성별을 알아낼 수 없었으므로 영혼을 갖는 시기를 80일로 정해두었다. 여자의 경제적 상황을 고려해 비교적 가벼운 벌을 내리기도 했다. 요컨대 가난한 산모가 낙태를 하면 교회가 내리는 벌의 절반만 받았다. 교회법 목록을 들여다보면 경악할 만한 벌이 기록되어 있는데, 남성 중심의 문명이 여자에게 출산을 강요하고 결혼을 종용하기 위해 낙태 금지를 얼마나 중요하게 간주했는지 알 수 있다.

독일에서는 1870년 이래 형법 218조부터 220조까지 낙태에 관해 명시하고 있다. 이 조항은 과학을 통해 새롭게 얻은 지식을 고려해 오래된 교회의 형벌을 삭제했다. 기본적으로 이 조항 제정 이후에는 임신을 조기 종결시키는 행위가 처벌을 받았다. 218조는 낙태가 다른 사람에 의해 실행된 것인지, 아니면 임신한 본인에 의해 실행된 것인지를 구분했다. 후자일 때 벌을 받지 않는 경우는 드물었다. 당시에는 낙태를 처벌하지 않도록 하는 의학적·사회적 또는 그 밖의 다른 요건이 존재하지 않았다.

당연히 이성적이고 여자를 보호하는 낙태법 제정은 처음부터 여성 운동의 요구 사항에 포함되었다. 그러나 시민들의 강력한 항의에도 불구하고 이 법은 오랫동안 거의 바뀌지 않았다. 독일제국 대법원은 1927년 임신을 해서는 안 되는 의학적 원인을 밝혀야 할 경우 의사들이 판단할 수 있는 여지를 주었다. 나치 정권이 권력을 잡았을 때는 '아리안족의 신체'를 무력하게 하는 모든 사람에게 사형을 선고했고, 낙태 금지를 조금이라도 어겼는지 판단 여부는 나치 이데올로기의 '불완전하고 순수하지 못한' 생명이라는 원칙에 따랐다. 이는 낙태를 진화상 자연도태 과정의 연장선으로 보고, 파시스트들이 자신의 끔찍한 범죄를 정당화하기 위해 자연과학적 현상과 개념을 이용했다는 사실을 입증해주는 하나의 본보기다.

1950년대 전후(戰後) 독일에서는 매우 보수적인 가족 정책을 시행했음에도 더 나은 낙태 규칙을 정할 필요가 있다고 주장하는 의사들이 늘어났다. 의료 전문가들은 법을 제정하는 이들보다 원치 않는 임신을 함으로써 곤궁에 처한 여자를 더 많이 봐왔기 때문이다. 이런 여자들은 처벌과 관련해 의학적 예외를 요구했을 뿐 아니라, 사회적 비난으로부터도 예외가 되길 요구했다. 자유주의 사상을 가진 2명의 형법학자가 개혁안 작업을 했다. 그들은 한편으론 벌을 받지 않는 기한을 임신 3개월까지로 정하고, 다른 한편으론 기한과 연관 없는 요인에 대해서도 열거했다. 1971년 잡지 〈슈테른(Stern)〉은 약 400명에 달하는 유명 여성들의 용기 있는 고백, 즉 '나는 낙태를 했다'를 소개했다. 당시 독일 여성 운동의 대표적 인물은 알리체 슈바르처(Alice Schwarzer)였다. 여성 운동은 이제 엄청난 것을 요구하기 시작했다. 여자는 더 이상 곤궁에 처할 때만 낙태하는 데 그치지 않고, 자신의 자궁에 대한 최고 결정권자는 자신이기를 원했다. 여자는 자기 몸에 대해 그 어떤 누구도 뭔가를 결정해서는 안 되는, 자주적인 존재이기 때문이었다. '자율권'이라는 단어가 등장했고, 여자들은 자기 몸 전부에 대해 무제한적 관할권을 가질 수 있게 해달라고 요구했다. 남자가 그들의 몸에 대해 그렇듯이 말이다. 그러나 결국 여자들이 제시한 근거, 즉 '내가 그렇게 하길 원하기 때문에'는 지나치게 과격하고 태어나지 않은 생명체를 전혀 배려하지 않는 것으로 여겨졌고, 그래서 자유 진영에서조차 등을 돌리는 상황이 벌어졌다.

그럼에도 여성 운동은 1995년까지 다양한 낙태 요건에 대해 의무적으로 조언을 받게 함으로써 개혁을 분명하게 이뤄낼 수 있었다. 그래서 여자들이 조언을 받는 한 만일 간접적인 임신 중절 요건이 충족되면 의사가 임신을 중단시킬 수 있게 되었다. 오늘날 독일 낙태법은 218조(처벌), 218조a-c(처벌 예외 조항), 219조(신뢰할 만한 조언을 받을 수 있는 장소와 조언의 목표), 219조a-b(상업적 낙태에 대한 광고 금지와 임신을 중단하기 위한 수단 및 물건의 마케팅 금지)로 이루어져 있다. 특정 중절 요건이 없음에도 낙태할 수 있는 기간은 12주, 요건이 있을 경우에는 22주까지다. 낙태는 임신 9주까지 경런을 일으키는 의약품을 통해 가능하고, 나중에는 수술을 통해 국소 마취를 한 뒤 흡인이나 긁어내는 방법을 사용할 수 있다.

법이 얼마나 멀고 긴 길을 걸어왔는지 고려하면, 이런 규칙은 문제가 없어 보인다. 하지만 실제로 원치 않는 임신을 한 여자가 거쳐야 하는 절차는 매우 엄격하다. 무엇보다 12주라는 기간은 너무 짧기 때문이다. 시계는 수정된 난자가 착상하면서부터 째깍거리며 돌아가기 시작한다. 이렇게 되면 보통 생리를 방해하고, 그래서 대부분의 여자는 생리가 나오지 않을 경우 임신을 어렴풋이 깨닫는다. 자신의 생리 주기를 정확하게 아는 여자는 임신을 초기에 알아차릴 수 있다.

그러나 많은 여자의 경우 주기가 확정되지 않아 생리가 한 달에 23일째에 혹은 30일째에 나오기도 한다. 주로 매우 야윈 여자나 35세를 넘긴 여자가 그와 같은 주기에 따른다. 반대로 난자가 착상한 뒤 계속해서 규칙적으로 생리가 나오는 여자도 많다. 그 같은 불규칙성을 스스로 아는 사람은 생리가 조금 늦어지더라도 요란을 떨지 않을 것이다. 의심을 품을 경우 한 주기의 생리가 끝난 뒤에야 비로소 임신했다는 사실을 알 수도 있다. 결국 이런 얘기다. 즉, 만일 임신이 어떤 이유에서건 여자나 소녀를 곤궁에 빠뜨릴 수 있다면, 그들은 즉각 임신을 확신하는 대신 우선 임신 가능성을 배제한다. 이는 지극히 정상적인 과정이다. 자신이 직접 하지 않더라도 임신 테스트를 위해 산부인과에 예약부터 한다. 내 경우에도 과거의 임신 때문에 자주 나타나는 자연적인 생리 쇠퇴라는 긍정적인 검사를 받고 나서 의사와 3주 후에야 예약을 잡을 수 있었다. 산부인과 의사를 방문했을 때는 이미 태아가 내 생각보다 4주나 더 지난 뒤였다.

이렇듯 여자에게 잘못이 전혀 없지만 정상적으로 임신 확인이 지체되는 문제를 고려한다면, 12주나 9주라는 기간은 지극히 짧다. 그리고 갑자기 임신 사실을 알고, 의학적 조언을 받고, 결정하고, 개입하는 일은 단지 제한된 시간에 일어날 뿐이다. 이것은 여자가 어떤 선택을 할지 조용히 생각할 수 있는 상황이 아니다. 경제적·사회적·심리적 곤경(가령 성폭력을 당한 뒤)은 시간이 갈수록 압박감이 줄어드는 게 아니라 오히려 증가한다. 그리고 신체는 태아가 착상된 뒤 여자의 몸과 마음의 상태에 광범위하게 영향을 미치는 임신 호르몬을 방출하기 시작한다. 이런 모든 것이 상황을 더욱 홀가분하게 만들어주지 않는다.

만일 원치 않는 임신을 한 여자가 긍정적인 결과를 얻어내려면, 규정에 나와 있는 의무적인 조언을 달게 받아야 한다. 그러고 나서 도움이 필요한 여자는 임신 중절을 결정하기 전에 며칠 동안 생각할 시간을 가져야 한다. 이때 여자는 또 다른 문제에 봉착한다. 보수적인 법과 호전적인 낙태 반대론자 때문에 낙태 수술을 해주는 종합 병원과 산부인과가 점점 줄어들고 있는 까닭이다. 해주는 병원이 있다고 해도 몇 주에 걸쳐 순서를 기다려야 하고, 또는 너무 먼 곳에 있어 원정 낙태를 하러 가기도 한다.

대부분의 서구 국가에서 수용 및 전파된 다른 페미니스트적 발전과 달리 낙태법 제정과 관련해서는 국가들 사이에 상당한 괴리가 보인다. 대부분의 나라는 낙태를 최소한 부분적으로 범죄가 아니라고 규정하는 개혁적인 법을 통과시켰다. 그러나 또 많은 나라는 오늘날까지 법적 자유화를 차단하고 있다. 이로 인해 기이한 현상도 나타난다. 많은 곳에서 낙태 금지가 사라지지 않고 있는가 하면, 또 다른 곳에서는 뒤늦게 도입하고(예를 들면 아일랜드 2017년), 낙태금지법을 다시금 제정하려는 국가도 있다(폴란드).

여자가 이유를 제시하지 않고도 임신을 중단할 수 있기 때문에, 기한을 통한 해결책은 가장 자유주의적이고 온건한 방법이다. 낙태의 완전 금지는 도외시하고 부차적으로 기한을 준 채 순전히 임신 중절 요건으로 해결하는 방법은 낙태법 가운데 가장 엄격하다. 이런 해결책은 전반적인 과정을 기본적으로 죄로 여기며, 지극히 엄격한 경우에만 예외를 허용하기 때문이다. 낙태법이 주마다 다른 미국에서 가장 보수적인 법이 앨라배마주에서 통과되었다. 이곳에서는 임신한 본인에게 심각한 위험이 있을 경우에만 임신의 조기 중절을 허용한다.

독실한 가톨릭 국가와 병원에서는 여자의 임신 중절 수술이 매우 어렵거나 불가능할 수도 있다. 이슬람교를 믿는 국가도 마찬가지인데, 이런 곳에서는 엄격하게 소수의 경우에만 허용되고 완전히 금지한다. 때때로 목숨을 위협하는 합병증이나 성폭행조차도 낙태 원인으로 정당화되지 않는다. 2012년 아일랜드에서는 목숨을 구할 수 있는 낙태 수술을 거부당한 뒤 젊은 여자가 합병증으로 사망했다. 2015년 파라과이에서는 양아버지로부터 성폭행당한 열 살 소녀가 담당 관청에서 낙태를 금지해 임신 중절을 할 수 없었다. 콜롬비아에서는 아버지가 찬성할 경우에만 낙태를 허락한다.

대부분의 국가에서 제정한 법을 살펴보면 대략적으로 시간적 조건을 두고 있다는 점이 눈에 띈다. 자유주의적인 많은 법은 1970~1980년대에 통과 및 시행되었다. 반대로 지극히 엄격한 규칙들은 흔히 1990년대나 심지어 그 이후에 확정되었다.

폴란드는 40여 년간 지속된 공산주의 시기에는 매우 온건한 법을 시행했으나, 1990년대 초반의 전환기 이후에는 가톨릭의 영향을 받아 엄격한 임신 중절 요건을 적용한다. 마치 이것으로도 충분하지 않은 듯 우파 정당 PiS('법과 정의'라는 뜻—옮긴이) 소속 일부 의원들은 낙태 완전 금지를 요구하고, 여자들은 그와 같은 요구에 대대적으로 반대하고 있다. 이탈리아에서는 1978년부터 낙태를 허용하고 있지만, 교회와 우파 연합 정당 레가(Lega)의 영향력으로 낙태 수술을 하는 시설의 수가 점점 감소하고 있다. 로마에는 수술할 수 있는 종합 병원이 고작 두 곳밖에 없다. 독일에서도 낙태를 적대시하는 세력이 의사들을 압박하기 때문에 낙태 수술을 하는 산부인과 병원의 수가 줄어들고 있다.

낙태 정책은 흔히 주장하듯 보편적 윤리나 도덕이 중요한 게 아니다. 만일 보편적 윤리가 중요하다면, 성폭행으로 인한 임신이 과연 낙태 이유로 합당한지 협상할 필요는 없다. 왜냐하면 성폭행은 처벌받아야 하고, 문명의 기준으로 보더라도 비윤리적이기 때문이다. 그러나 곳곳에서 범죄가 낙태의 합당한 이유인지에 의문을 제기하고 있다. 이는 남자가 만든 태아의 낙태라는 전혀 객관적이지 않지만 **자칭** 비윤리적인 행동을 엄중한 문제라고 보기 때문이다. 심지어 많은 국가에서는 여자와 소녀가 당한 **객관적으로** 비윤리적인 범죄, 즉 성폭행보다 낙태를 더 엄중하게 다룬다. **태어나지도 않은** 남자의 자손이 **이미 태어나 살고 있는** 여자 및 소녀와 동등하고, 나아가 이들보다 태아를 더 우선시하는 것이다. 여기에는 원시적인 남자의 본능, 그러니까 많은 자손을 보겠다는 남자의 본능이 있다. 여자를 수태시키는 데 성공한 남자들이 앞으로 태어날 생명체의 탄생을 보장받으려는 것이다. 바로 이 지점에서 남성중심주의는 여자를 경멸하는 증오심을 보여준다.

낙태 금지라는 현안의 배후에는 우파 그룹뿐 아니라 보수적-종교적 집단도 모여들기 때문에 그들 사이엔 밝은 미래를 약속하며 협력할 가능성이 열려 있다. 기독교 신자들은 억센 고향 친구처럼 여자에게 횡포를 부릴 수 있다. 독일에서 여성한테 적대적인 낙태법을 옹호하는 사람들은 특히 기독교-보수적인 CDU/CSU(기독교민주연합/기독교사회연합)와 극단적인 우파 AfD(독일을 위한 대안)를 지지하는 부류다. 이들 정당은 연간 낙태아 수를 줄이려 한다. 그래서 곤궁에 빠진 여자와 소녀에 대한 사회적·경제적 지원이 아니라 낙태법을 제정하려는 정당들은 많은 것을 시사한다. 엄격한 낙태법을 요구하는 정당은 결국 임신이 여자한테 피할 수 없는 속박이고, 그리하여 남자에게 종속되어버리는 세상을 구축하려는 것이다. 원치 않은 임신을 한 여자에게 재정적인 도움을 줘서 가난해지지 않게 하고, 융통성 있게 아이를 돌볼 가능성이나 심리적 도움을 제공함으로써 두려움을 덜어 주기는커녕 여자들이 처한 상황을 더욱 악화시키고 있는 것이다.

아이 있는 여자들이 위험에 처하는 경우가 허다한 세상에서 낙태 반대 자들의 논쟁은 논쟁이라고 할 수도 없다. 만일 낙태가 줄어들길 원한다면, 그것보다 우선 임신이 인간 존재를 위협하는 위험이 되지 않도록 하는 사회가 필요하다. 만일 낙태가 줄어들길 원한다면, 성폭행범을 집요하게 추적해 벌을 내릴 필요가 있다. 만일 낙태가 줄어들길 원한다면, 임신한 여자를 사회의 구석으로 밀어내지 않게끔 배려해야 한다. 낙태를 범죄시하더라도 여자들은 낙태를 그만두지 않을 것이며, 이는 미래에도 마찬가지다. 오히려 낙태의 범죄화가 덜 안전한 낙태 방법을 선택하게 만든다. 여자는 절망한 상태에서 또다시 불법적이고 목숨을 위협하는 수단을 선택할 수밖에 없기 때문이다.

낙태에 관한 전반적인 논쟁에서, 남자의 가치와 구조가 아직도 우리 사회의 중요한 문제를 결정할 때 얼마나 막강한 영향력을 행사하는지 볼 수 있다. 독일 총리가 여자임에도 불구하고, 국회의장이 여자임에도 불구하고, 도처에서 여자는 페미니즘이 이룩한 결과물에 만족해야 한다는 말을 반복해서 들려준다. 수천 년에 걸쳐 남자의 욕구와 우선순위에 따라 성장한 시스템에서 권력의 자리에 여자를 앉혀놓는 것으로는 충분하지 않은 것 같다. 사회의 하부 구조 전체가 여전히 남자의 욕구와 우선순위로만 구성되어 있어, 많은 여자가 이런 특징을 내면으로 받아들인 상태이기 때문이다.

낙태 금지가 남성 중심의 문명이 갖고 있는 특별한 비책인 것도 놀랄 일은 아니다. 남자에게 자궁의 능력에 대한 결정권을 주기 때문만이 아니라, 그와 같은 곤경에 처해서 갑자기 자신의 몸에 대해 그리고 미래에 대해 더 이상 자유롭게 결정할 수 없는 여자의 두려움으로 인해 남자에게 부차적인 권력을 부여하는 까닭이다. 이와 같은 비책을 확실하게 자기 것으로 만들려면 아마 더 오랫동안 투쟁해야 할 것이다. 여성 운동이 수십 년 동안 발전하고서도 아직 쉴 수 없는 이유다. 여성 운동은 계속 성장해야 한다. 이 운동이 거둔 대단한 성공도 많은 서구 국가에서 발흥 중인 보수 우파의 반대로 인해 생채기가 날 수 있다.

교육, 피임약, 자기 성생활에 대한 발견은 무엇보다 서구 국가의 여자에게 자신을 방어하고 복종하지 않게끔 만들었다. 나는 앞으로도 계속 전진할 뿐이라고 확신한다. 그러나 남성 사회는 낙태 금지라는 에이스 카드를 갖고 있어 어디서든 인정사정없이 이걸 사용할 수 있다. 그러므로 우리는 원치 않는 임신은 해결할 수 있는 문제일 뿐 아니라, 가부장제의 마지막 접근법이라는 사실을 잊어서는 안 된다. 임신의 끝이 아이로 종결되든 아니면 낙태로 끝나든 상관없다. 임신을 통해 남성 문명은 우리를 통제하는 상황으로 몰고 간다. 우리는 이런 사실을 이용해야 한다.

FEMALE
CHOICE

성적
각성

지금까지 인간의 성생활과 이로부터 비롯된 문명 구조에 관해 장황하게
설명해왔다. 그럼에도 정해진 분량으로 인해 급하게 달려온 측면도 있
지만, 여기서는 이제 매듭을 지을 때가 온 것 같다. 우리가 시작했던 바
로 그 지점으로 눈을 돌려보면, 왜 이 세계가 많은 지점에서 요동치고 있
으며, 그래서 누군가는 왜 두려워하고 불안해하는지 이제 조금은 이해
할 수 있을 것이다. 우리가 직면한 변화에서는 남성적인 것의 근본과 본
질이 중요하다. 진화 과정에서 발생한 남자의 특징, 즉 남자의 본능과 충
동, 욕구와 방어 기제, 신체적 한계와 능력이 관심의 대상이다. 남성 중
심의 문명이, 다시 말해 그 핵심 요소가 자연적인 여성의 성생활을 억압
하는 데 있는 이 문명이 지금 흔들리고 있다. 여자들이 점차 이와 같은
억압에서 풀려나 여성적인 본질을 이 문명에 집어넣기 시작했기 때문이
다. 진화 과정에서 발생한 여자의 특징, 즉 여자의 본능과 충동, 욕구와

방어 기제, 신체적 한계와 능력이 그것이다. 두 가지 원칙이 충돌하고 있다. 두 가지 원칙은 욕구와 능력으로 이루어진 교집합을 갖고 있지만 성생활의 대립 때문에 본질적으로 차이가 난다. 이러한 충돌은 너무나 심각해서 남녀의 욕구는 완전히 반대 방향으로 나아갔다. 정착 생활을 하면서 이 양극단을 하나로 모으려는 시도는 심장을 개방한 상태에서 행하는 수술과 비슷하다. 우리는 가장 중요하면서도 남성 문명에 의해 가장 잘 보호되고 있는 장기(臟器)로 진입해야 한다.

최상의 목표는 성적인 차이가 나더라도 남녀가 존립하고 동시에 이로부터 생길 수 있는 재난을 방지하는 데 있다. 여자는 자신의 자연적 충동에 따라 섹스 파트너와 생식 파트너 그리고 무엇보다 그러한 파트너의 수를 자유롭게 선택할 수 있어야 한다. 무비판적으로 내어주는 호르몬(알약)이나 사회가 기대하는 정절 관념으로 인해 조용히 입을 다물고 있어서는 안 된다. 성적 욕구를 채우지 못한 남자는 증가할 수밖에 없기 때문에 이들이 비판받지 않고 성욕을 해결할 수 있게끔 해줘야 한다. 한 번도 섹스를 해보지 못했거나 매우 드물게 파트너와 섹스하는 남자는 자기 욕구를 충족하고 인간으로서 존중받을 수 있는 윤리적이고 사회적인 가능성을 지녀야 한다. 만일 사람들이 원한다면, 우리는 유목민 시절의 유산과 정착 생활의 유산을 연계해야 한다. 이러한 과제의 규모만으로도 두통을 일으키기에 충분하니 작은 것부터 시작하자. 모든 사람이 자기 삶에서 뭔가 바꿀 수 있는 소규모 과제를 시작해보고, 마침내 새로운 세계 질서가 탄생할 때까지 아이디어를 확장해보도록 하자.

앞으로 서술할 내용은 완벽을 요구하지 않을 것이고, 대안 없는 요구도 하지 않을 것이다. 하지만 내 생각에 그런 요구는 변화가 일어나면 어마어마한 작용을 할 만큼 특히 문제가 많은 지점들이다. 이런 요구는 정의 운동이 현재 취하고 있는 조치를 비판하지 않을 것이다. 오히려 정의 운동을 보완하고자 한다. 양측에서 수정 작업을 더 많이 하면 할수록 우리는 그만큼 더 빨리 이 문명의 썩은 핵심에 도달할 수 있다. 새로운 문명을 완성하려면 인류가 수백 년은 더 기다려야 할 것이므로, 그와 같은 대대적인 프로젝트에 참여하는 모든 사람은 시간을 충분히 가져야 한다고 부탁하고 싶다. 인류를 기준으로 생각해야 한다. 즉, 당신 자신이나 당신의 아이 또는 손주를 생각하지 말아야 한다는 뜻이다. 앞으로 50년이 아니라, 더 크고 더 급진적으로 생각하라.

우리는 근본부터 다른 성교육을 통해 실시간으로 많은 것을 이룰 수 있다. 부모와 학교를 통한 계몽 수업은 아이들과 청소년의 성적 본능을 억압하는 대신 생식의 진화 원칙을 준비할 수 있도록 도와줘야 한다. 그렇게 하려면 우선 사람들이 자신의 성생활에 다시금 친숙해질 수 있어야 한다. 성생활에 대한 낯설고 소외된 느낌은 무엇보다 어른이 아이들을 성에 무감각한 존재로 다루기 때문에 생긴다. '조숙(早熟)' 같은 개념은 성이 사춘기 이전의 아이들에게서는 관찰되지 않는다는 점을 분명하게 보여준다. 그리하여 유년기에는 우리가 남성 문명의 이념으로 채워 넣을 수 있는 빈 공간이 하나 만들어진다. 이곳에 우리는 수치심, 사회적 예절 규칙을 채운다. 그리고 자신의 성기와 느낌에 거리를 두라고 가르친다. 이때 우리가 얼마나 엄격한지는 우리 자신이 받은 교육, 종교, 성숙도, 삶의 경험, 문화적 특징에 따라 다르나. 매우 자유로운 생각을 가진 부모도 많지만, 보수적인 부모도 많다.

낯설고 소외되는 첫 번째 단계는 주제 전체를 금기시하는 것이다. 어린아이가 발가벗고 있거나 이런 아이들 앞에서 부모가 발가벗고 있는 것은 대체로 문제가 되지 않는 데 비해 좀더 나이 든 아이들의 경우는 다르다. 나체는 간접적으로 쾌락적 행동과 연계된다. 그리하여 아이가 사춘기에 근접하면 할수록 집 안에서 나체로 있는 상태를 완전히 배제하는 것이 부모에게는 더욱 중요해 보인다. 2020년 인터넷 토론장에서 부모들 사이에 오간 대화를 보면, 대부분의 부모(주로 어머니들)가 확신을 갖지 못하는 사례를 털어놓았다. 이를테면 벗은 채로 아이들 앞에서 샤워를 해도 괜찮은지, 남자애가 팬티만 입은 채로 여자애를 쳐다봐도 되는지, 몇 살 때부터 발가벗으면 안 되는지 등이다.

그러나 어린 나이가 지나서 자기 부모의 벗은 모습을 한 번도 보지 못하고 부모가 이러한 주제를 금지하는 아이들은 무엇보다, 나체는 반드시 성과 연계되어 있다고 배운다. 일상에 속하지 않는 뭔가 '비윤리적인 것'이라고 말이다. 수치심을 가진 부모로 인해 생겨난 아이들의 성생활과 아이들 사이에 놓여 있는 벽을 무너뜨려야 한다.

어쩌면 '아이들'과 '성'이라는 개념을 하나의 문장에서 사용하는 걸 보고 한숨을 내쉴 사람도 있을 것 같다. 물론 그렇게 하는 것도 좋다. 하지만 녹색당이 1970년대에 '자유로운 사랑'을 주장하는 과정에서 수용할 수 없는 방식을 취한 것처럼, 내가 여기서 '아이들 섹스'의 '자유화'를 얘기한다고 믿어서는 안 된다. 내가 말하고자 하는 것이 무엇인지 설명하도록 하겠다. 어른이 아이들을 무시하고 지나쳐도 된다는 의미가 아니다. 혹은 성적인 계몽을 한답시고 아이들한테 성기를 보여주라는 의미도 아니다. 아동 학대와 성폭행은 용서할 수 없는 범죄로 당연히 벌을 받아 마땅하다. 내가 여기서 말하고자 하는 것은 아이들 **자신의 성**으로부터 아이들을 멀리 떼어놓아서는 안 된다는 것이다. 아이들에겐 수치심 없이 장난치면서 자신을 발견할 수 있는 보호된 공간이 필요하며, 이때 어른의 개입은 불필요하다.

아직 충분히 성숙하지 않은 상태에서 아이가 발견할 수도 있는 '조기 섹스화' 같은 것은 존재하지 않는다. '충분히 성숙하지 않은' 상태란 남성 중심 문명이 인간의 성생활을 통제하기 위해 섹스 윤리를 학습하는 과정에서 시급하게 필요로 한 자의적이고 인위적인 한계였다. 보수 우파 정당이 특히 '조기 섹스화'를 투쟁 개념으로 끌어들인 것은 그렇게 놀라운 일이 아니다. 오래된 세계 질서를 유지하는 데 큰 관심을 가지고 있는 정당이니 말이다.

금기시한 결과는 교육의 종류에 달려 있다. 성적인 행동을 낭만적으로 승격시키는 형태에서부터 불확실한 인식을 거쳐 깊은 수치심·죄책감 또는 두려움까지 소외의 형태가 만들어질 수 있다. 이처럼 어린 시절의 성에 대해 전혀 모르거나 부족하게 아는 것은 아이들의 성생활을 건전하고 주도적으로 발전시킬 수 없게 만든다. 그뿐만 아니라 아이들과 청소년을 완벽한 희생자로 만든다. 자신의 몸에 거리감을 갖고, 그 때문에 부모한테 자신의 신체에 관해 말하는 걸 망설이는 젊은 사람은 쉽게 악용되고 통제받을 수 있다. 아이의 수치심은 어린이에게 성욕을 느끼는 성도착자의 위협 수단, 즉 그들의 효과적인 무기가 될 수 있다. ("모든 걸 네 부모한테 얘기할 거야.") 성적인 주제가 등장하지 않는 가정에서 자란 아이는 자신이 침해당한 일을 설명할 단어도 모를 수 있다. 심지어 자신이 당한 일이 범죄라는 걸 모를 수도 있다. 그러므로 아이가 자신의 성에 대해 자신만의 의식과 언어를 개발할 수 있도록 허용해야 한다. 모든 의문, 걱정 그리고 침해당한 뒤 부모인 당신에게 솔직히 얘기하고 도움을 요청하라고 아이한테 말하는 데 그치지 말고, 성적인 주제와 그렇지 않은 주제 사이에 엄청난 차이가 있는 게 아니라는 걸 보여주도록 하자. 아이가 침묵과 수치심이라는 괴물 같은 협곡을 언어로 극복하길 기다리지 말자. 이 깊은 협곡을 당신의 말로 채우고, 더 나아가 이런 협곡이 애초부터 생겨나지 않도록 하는 게 더 좋다.

그렇게 하기 위해 내딛는 첫걸음은 놀라울 정도로 간단해서, 어쩌면 당신은 내가 진지하게 생각하고나 있는지 의문을 품을 수도 있다. 집 안에서 나체로 돌아다니고, 샤워하거나 화장실 갈 때 문을 열어두면 된다. 아이들의 얼굴에 대고 당신의 성기를 보여주라는 얘기가 아니다. 발가벗은 상태가 지극히 정상적인 상황에서는 성기를 감출 필요가 없다는 얘기다. 이렇게 당신은 아이에게 본보기로 보여줄 수 있다. 즉, 발가벗은 상태가 a) 사적인 공간에서는 당연히 괜찮으며, b) 반드시 성적인 상황과 연계시킬 필요는 없다는 사실이다. 대부분의 성인이 자기 신체에 대해 소외된 관계를 갖고 있기 때문에 이것을 실천하기는 설명하는 일보다 훨씬 어렵다. 어른에게도 나체는 정상적인 게 아니며, 이는 문화적인 특징으로 인해 지극히 논리적이므로 내 제안이 불편할 수도 있다. 그러나 우리 모두가 신뢰할 수 있는 편안한 구역에만 머물러 있다면 세상은 결코 향상되지 않는다. 당신 스스로 신체와 성생활을 두려움 없이 대하면 대할수록 당신의 아이들도 두려움 없이 성장할 가능성이 그만큼 더 많다.

이는 언어에도 해당한다. 아이들이 질문하기 전까지 성에 대한 대화는 흔히 회피한다. 부모 스스로도 올바른 개념을 입에 올리면 창피한 까닭에 성기에 대해 아기들의 언어로 에둘러 표현한다. 부모는 이러한 망설임을 극복해야 하고 섹스와 몸에 대해 말해야만 한다. 이때 올바른 단어를 베일에 감추거나 '어린아이에게 적합한' 언어를 사용하는 대신 신체 부위를 정확하게 지칭해야 한다. 이런 방법이라야 어린아이들이 자기 음경이나 질에 대해 얘기하는 방법을 배울 수 있다. 아이들이 뭔가 더 알려고 하면 부모로서 당당하고 능숙하게 대답해주면 된다. 그래야 아이는 자신의 성적 자아, 자신의 신체 부위 그리고 이와 연관된 독특한 느낌에 대해 수월하게 말할 수 있다. 아이가 앞으로 자신한테 발생할 수 있는 타인의 성적 개입뿐 아니라, 훗날 성적 경험을 할 때도 큰 도움이 된다.

만일 당신이 아이의 자위행위를 목격하더라도—충격 그 자체이기는 하지만 아이들은 사춘기가 되어서야 자위를 한다!—이는 자연을 거역하는 일도 아니며, 병적인 일도 아니다. 부모들 사이트에 들어가서 완전히 경악한 어조로 '조숙한' 딸이 자기 성기를 가지고 장난치는 데 어떻게 해야 하는지 물어봐서는 안 된다. 침착하게 아이의 사적인 공간을 허락하고, 조용히 문을 닫으면 된다. 아들이 여자 옷을 입어본다고? 그렇게 하도록 놔둬라. 딸이 다리를 쩍 벌린 채 앉는다고? 그렇게 하도록 놔둬라. 열 살 먹은 당신의 아이와 같은 나이의 이웃집 아이가 서로 성기를 비비고 있다면? 그렇게 하도록 놔둬라. 사적인 공간에서 아이가 만족해한다면 경고하거나 금지할 이유가 없다. 그렇다고 해서 그런 일을 하게끔 아이들에게 용기를 줄 필요는 없다. 그런 생각은 저절로 생겨날 뿐이다. 그럼으로써 아이들은 성을 침묵의 담에 둘러싸인 뭔가 소외된 게 아니라, 자아와 신체의 본질적인 부분으로 파악한다. 이와 같은 방식으로 아이들은 특히 더 강해진다. 부모인 당신을 고통스럽게 하는 것은 당신 자신의 편견이지 아이들의 편견이 아니다. 그것은 어떤 경우에도 당신이 아이들한테 넘겨줘선 안 되는 걱정 보따리일 뿐이다. 당신은 이런 불편함을 극복해야 한다. 그래야만 아이가 훗날 자유롭게 자신의 쾌락을 체험하고 두려움 없이 성적인 결정을 할 수 있다.

아이들이 하는 대로 허용하고 방해받지 않도록 주의하라. 아이가 당신과 다른 어른들로부터 방해를 받아서는 안 된다. 사춘기 이전의 아이들이 낯선 남자에게 자기 성기를 보여주는 일은 물론 문제가 될 수 있다. 그렇기 때문에 아이들에 대한 보호를 항상 최우선으로 여겨야 한다. 아이들이 다양한 상황, 배경, 상대방 그리고 특히 만일의 위험을 의식하게 만드는 것이 무엇보다 긍정적인 성교육에 속한다.

하지만 부모들 사이트는 우리가 이미 오래전부터 알고 있는 것들에 머물러 있곤 한다. 이를테면 소녀와 소년을 성적으로 다르게 교육해야 한다는 식이다. 아들이 자신의 여형제가 속옷만 입고 있는 모습을 보지 못하게 하는 어머니는 딸에게 욕실 문을 잠가야 한다고 말한다. 특히 어린 소녀와 대화할 때 성기와 관련해 할 말을 잃는다. 많은 부모가 '음경'이나 '불알'이라는 단어는 어느 정도 쉽게 입에 올리는 반면, '질'이나 '외음부'라는 말은 회피하곤 한다. 그래서 어린 소녀들은 자기 성기를 가리켜 '밑에 있는 부분' 또는 '다른 엉덩이'라고 부르기도 한다. 이 같은 언어적 치장은 현대적인 형태로 성을 은폐하는 것에 불과하다. 남자가 여자의 성기를 예술에서 지워버리기 시작한 그리스 시대에 질을 금기 사항으로 도입했는데, 언어적 은폐는 바로 그와 같은 금기를 이어받고 있는 셈이다. 소녀들은 자기 성기 부위를 지칭하는 언어적 표현이 빈칸일 정도로 자신의 성별에 대한 교육을 받지 못하고 있다.

부부 관계에 대해 소녀들은 대부분 평생 성적으로 정절을 유지하는 게 이상적이라고 교육받는다. 성행위와 관련해서는 사랑이라는 전제가 뇌리에 이식되어 있다. 그리고 소녀들은 성적으로 방어적인 태도를 취해야 한다고 강요받는다. 이런 말은 너무 공격적이지 않은가? 당신은 자신이 계몽적이고 자유주의 사상을 지닌 부모이며, 그래서 딸에게 그와 같은 생각을 주입시키지 않는다고 확신할지 모른다. 그러나 딸에게 이미 다음의 문장 (또는 변형된 형태의 다른 문장) 가운데 하나를 한 번 또는 여러 차례 하지는 않았는지 깊이 생각해보기 바란다.

- 첫 경험은 특별해야 해.
- 첫 경험은 아플 수도 있어.
- 남자애가 네가 원치 않는 것을 원하면 분명하게 싫다고 말해.

남자의 성적 욕구를 우선시하고 남자가 저지르는 성폭행을 어쩔 수 없는 것으로 치부하는 남성 중심 문명이라는 배경에서는 위와 같은 문장이 의미심장하고 이성적으로 보일 수 있다. 그러나 1) 우리는 지금 새로운 종류의 문명을 만들어가고자 하며, 2) 위의 세 문장은 모두 남자애는 여자애들이 좋아하지 않는 일을 한다고 암시한다. 여자애는 세심한 선택과 주의를 통해 첫 경험뿐 아니라 섹스는 전반적으로 결코 불쾌한 경험이 아니라는 걸 인식할 필요가 있다. 그런데 처음 생리를 하면서부터 끊임없이 주의와 경고성 얘기만 듣는 여자애가 어떻게 편견 없고 진솔한 섹스를 할 수 있겠는가? 그런 말은 삽입 섹스를 해보기 전에 여자애로 하여금 섹스를 실제보다 더 과장하거나 심지어 두려울 것이라는 편견을 심어줄 뿐이다.

부모뿐 아니라 영화와 청소년 잡지를 통해 전달되는 첫 경험은 허무맹랑할 정도로 낭만적으로 과장되곤 한다. 그리고 여자애에게 자신의 신체와 처녀성은 남자애한테 선물할 수 있는 것 가운데 최고로 소중하다는 걸 암시한다. 이는 그 밖에 여자애가 할 수 있고 줄 수 있는 모든 걸 평가절하하고, 여자애를 다시금 남성중심주의 사회에서 맡았던 짝짓기 재료의 역할로 축소시키는 반(反)페미니즘적 헛소리다. 십대의 사랑과 특히 첫 경험을 둘러싸고 많은 야단법석을 떨곤 하는데(진짜·짝이어야 한다는 등, 긴장할 필요 없다는 등, 시간을 가져야 한다는 등, 낭만적 분위기 어쩌고저쩌고), 첫 경험을 위해 중요한 것은 기본적으로 두 가지다. 합의와 피임. 여자애가 진정한 자신의 '짝'과 천개(天蓋) 달린 침대에서 잠이 들든, 디스코텍에 갔다가 누군가의 대문 앞에서 처녀성을 내어주든, 이는 전혀 중요하지 않다. 여자애 외에는 그 누구도 상관할 일이 아닌 것이다.

　게다가 많은 여자애는 생리를 시작하면서부터 자신의 성으로 인해 고통을 받는다. 우리는 건강한 소녀에게 적어도 1년에 한 번은 자궁에 이상이 없는지 병원에 가봐야 한다고 호통 친다. 물론 남자애들한테는 해당되지 않지만 여자애가 입는 건강상의 위험이 있기는 하다. 인간유두종바이러스(HPV)는 남자와 여자 몸에 모두 침투할 수 있지만, 여자의 경우 이것이 자궁암으로 발전할 수 있다. 반면, 남자의 경우는 암으로 발전할 위험이 상당히 적다. 따라서 남자는 자신도 모르게 섹스 상대인 여자를 위험하게 만드는 바이러스 전달자가 될 수 있다. 이런 이유로 가끔 산부인과에 들러 건강을 체크하는 것은 맞지만, 건강한 소녀와 여자에게 자주 병원을 방문하라고 하는 말은 이런 뜻이다. "네 몸은 의사가 확인해야 한다." 병에 걸릴 수 있는 여자들이 끊임없이 의사한테 달려가는 반면, 병균을 나르는 남자들은 아무런 방해도 받지 않는다. 그러는 동안 예방 접종 기관은 사춘기 소년들에게 HPV 예방 접종을 하라고 권장하지만, 미래에나 접종할 가능성이 있을 따름이다. 이 책을 읽고 있는 남자 독자 가운데 HPV 테스트 결과가 양성이라 섹스 금지 또는 콘돔 사용을 권유받은 사람이 과연 몇 명이나 될까? 여자의 경우는 그와 같은 일이 사춘기부터 끊임없이 일어난다.

여자애들은 대부분 구강 피임약을 복용함으로써 비교적 더 자주 산부인과에 가서 검사를 받는다. 이미 사춘기가 시작될 때 혹은 늦어도 남자애들과 성적으로 적극적인 접촉을 하면서부터 당연하게 피임약을 처방하고, 이로써 피임의 책임은 여자애에게만 지워진다. 어린 소녀들은 이미 열서너 살이 되면 매일 호르몬 약을 복용한다. 피임을 할 수 있는 다른 대안이 없기 때문이다. 콘돔을 피임이 아니라 무엇보다 성병 예방이 주목적인 것처럼 간주하는 태도가 여자애로 하여금 그처럼 터무니없이 자주 산부인과를 방문하는 일에 의문을 품지 못하게끔 한다. 열네 살 된 소녀가 말이다. 임신을 스스로 관리하는 것은 독립적으로 살아가려는 여자에게 매우 중요하다. 하지만 콘돔을 싫어하는 남자에게 피임 알약은 전제조건이다. 두 달마다 새로운 피임약을 처방받는다 하더라도, 앞에서 언급했듯 피임약을 복용함으로써 생기는 부작용 때문에 여자애는 병원에 가야만 한다.

이처럼 의학적으로 그릇된 상황의 배후에는 남자에게 건강과 임신에 대한 책임을 지우지 않으려는 남성 문명이 있는 게 이다. 사람들이 건강한 자궁에 과도한 두려움을 갖는 것도 한몫을 한다. 임신 능력이 있는 여자 개개인은 남자들에 비해 인구 증가에 본질적으로 중요한 요소다. 가령 건강한 1명의 남자와 100명의 임신 가능한 여자가 살고 있는 외딴 섬이 있다고 치자. 이론상으로는 매년 최소한 100명의 아이가 태어날 수 있다. 쌍둥이 이상의 다태아가 태어날 경우는 더 늘어날 것이다. 아이들 일부가 다섯 살이 되기 전에 사망한다 해도 인구는 상당히 증가한다. 그러나 섬에 임신 가능한 여자 1명과 100명의 남자가 산다면, 1년 뒤에 1명 또는 2명의 갓난아이가 태어날 것이다. 초기의 위험한 단계를 거쳐 살아남지 못한다면 아이는 없다. 결국 인구는 시작했던 그 시점으로 되돌아간다. 여자가 1명밖에 없는 상황에서는 첫해에 지속적인 성폭행으로 여자가 살아남지 못할 확률도 많다. 하지만 나는 이런 경우를 고려하지 않겠다. 첫 번째의 경우, 인구는 계속 늘어나는 데 반해(근친상간도 많이 발생할 테지만 순전히 상상으로만 하는 계산임을 잊지 마시길!), 두 번째 경우에는 아마 모두 죽을 가능성이 많다. 지속적으로 존재하기 위해 최소한으로 필요한 인구수를 채우기에 충분한 아이들이 태어나지 않기 때문이다.

과도하게 생산되는 정자는 인구를 늘리는 차원으로 동원할 수 있다. 그러나 임신 가능한 난자와 자궁은 훨씬 더 소중한 자산이다. 생식과 관련해 남자 1명은 100명의 남자를 대체할 수 있지만, 여자 1명은 100명의 여자를 대체하지 못한다. 그래서 덜 건강한 자궁은 인구 성장의 잠재력을 현저하게 제한한다. 정착 생활을 시작한 남성 사회는 장소 부족, 자만 또는 방어 능력을 갖춘 적들이 멈추게 할 때까지 성장을 위한 노력을 그만두지 않았다는 사실을 우리는 기억하고 있다.

여자애의 가슴이 발달하기 시작하기도 전에 이미 부모와 사회는 성생활과 관련해 예방 차원의 방어 자세를 한가득 쏟아낸다. 지속적인 경고, 주의나 금지를 통해 여자애를 성적으로 위축시키는 대신 그들의 몸, 그들의 쾌락, 그들의 충동을 수치심 없이 발견할 수 있도록 용기를 북돋아 줘야 한다. 죄책감이 없도록, 자신이 누릴 수 없는 감정이라고 느끼지 않도록, 당당하고 자의식 있게 그런 것을 발견할 수 있도록 도와줘야 한다. 어린아이에게 해당되는 것은 성장한 여자애에게 더더욱 해당되기 때문이다. 요컨대 우리는 그들을 희생자로 교육하고 있다. 남자들이 자신에게 고통과 손상을 입힐 수 있다고 배운 소녀는 이미 첫 경험을 갖기 전부터 두려움과 불확실성을 안고 살아간다. 성적으로 적극적인 행동을 취하기 전부터 우리는 소녀들에게 움츠린 자세와 불안한 두려움을 지닌 채 세상으로 나아가라고 가르친다. 남자애들에게 두려움을 갖고 대항하는 공격적인 소녀는 섹스란 자신의 최고 자산이자 소중한 보물이라고 배운 소녀와 비교할 때 훨씬 쉽게 주눅 들고 혼란에 빠진다. 남자에게 공포심을 갖게끔 여자애를 교육하는 것은 남자에게 어마어마한 권력을 쥐어주는 것이다.

이는 결코 책임을 다른 이에게 떠넘기려는 것이 아니다. 사실 한 사람의 행동과 자신에 대한 이해는 환경이 이런 개인들을 어떻게 대할지에 영향을 미친다. 자신의 신체에 직접 행하고자 하는 모든 일은 괜찮다고 생각할 수 있도록 여자애들에게 강한 용기를 주어야 한다. 어떤 사람도 여자애들이 **근본적으로** 두려워하는 일을 해서는 안 된다. 이렇게 해야만 우리는 장기간 구토를 유발해온 윤리 의식을 벗어던질 수 있다. 바로 파트너를 자주 바꾸는 여자를 '온 동네 깔개' '방탕한 여자' '갈보' '천박한 여자'라고 부르는 윤리 의식 말이나.

여기서 사소한 일화를 하나 소개할까 한다. 나는 살아가면서 다수의 성인 남자—모두 대학 교육을 받았고 성생활을 즐기는 지적인 남자—로부터 다음과 같은 얘기를 들었다. 즉, 여자들은 섹스에 전혀 관심이 없다는 생각이 들고, 그래서 자신이 적극적으로 나서서 흥미를 갖도록 설득해야 한다는 것이었다. 이들은 예의 바른 남자들이었고, 그래서 존경할 만한 방식으로 이런 목표를 달성하려 시도했을 것이다. 하지만 이런 생각이 양심의 가책을 별로 느끼지 않는 남자들에게 어떤 감정을 불러일으켰을지 알 수 없다. 물론 이 남자들은 나와 같은 세대에 속하고, 오늘날의 젊은 남자들도 여전히 이러한 생각을 품고 성장하는지는 모르겠다. 어쨌거나 그런 생각은 나에게 매우 독특하게 들렸다.

이어서 우리는 이제 남자애들에 관해 다룰 텐데, 이들에 대한 교육이 잘못 이뤄지고 있기 때문이다. 여자애들이 성적으로 수동적이고 억제하는 태도를 취하라는 교육을 받고 있다면, 남자애들은 자신에 대한 여자애들의 관심을 통제해야 한다고 설득당한다. 운이 좋으면 여자를 존중하며 주의 깊게 대하는 법을 배운다. 물론 당연히 신중하고 다정다감하게 대해야 한다. 촛불이 있는 저녁 식사, 낭만적인 음악, 꽃다발, 아이스크림 파티에 초대하기 등등 남자애들이 섹스를 위해 펼치는 마법의 목록은 이 밖에도 많다. 이런 태도는 물론 자연스러운 짝짓기에 상응하는 행동으로 해석할 수도 있다. 그러나 이런 태도의 배후에 숨어 있는 핵심 메시지가 문제다. "만일 네가 이런저런 행동을 하면 너는 섹스를 할 수 있어." 이런 메시지는 **모든** 소년이 스스로 섹스를 통제할 수 있다고 암시한다.

하지만 이런 암시는 진실한 세상에서 작동하는 그 어떤 시스템에서도 적합하지 않으며, 일처일부에서도 적용되지 않는다. 여성 선택이라는 원칙은 남자가 아니라 여자가 누구와 잠을 자고 싶은지 결정한다는 걸 의미한다. 남자가 어떻게 행동하는지, 젊었는지 늙었는지, 매력적인지 아닌지, 교육을 받았는지 아닌지 같은 조건들과 무관하게 모든 그룹에는 성적으로 성공하지 못하는 남자가 있게 마련이다. 이런저런 행동을 하면 모든 남자애가 섹스를 할 수 있다는 화법(話法)은 연애에 실패해서 그렇지 않아도 이미 좌절하고 외로운 상태에 있는 남자애들을 더 좌절에 빠지고 외롭게 만든다.

여기에 바로 중요한 첫 번째 교육의 접근법이 있다. 부모와 교사들은 남자애가 매력적인지 아니면 아웃사이더인지 알아야 한다. 물론 모든 아웃사이더가 인셀은 아니다. 사회적 약자도 여자에게 상당한 매력을 발산할 수 있다. 심지어 학창 시절이 끝나 극단적으로 경직된 규칙으로부터 벗어나면 오히려 꽃을 피우는 아웃사이더도 많다. 그러나 만일 체육 시간에도 팀원으로 뽑아주지 않고 놀림을 받으며 친구가 한 명도 없다면, 이것이 최초의 징후일 가능성은 매우 높다. 교사는 이러한 정보를 부모에게 알려줘야 하고, 부모 역시 먼저 알게 될 경우 교사에게 정보를 제공해야 한다.

남자들의 경쟁이 심각하고 여자가 상대를 선택하는 시스템에서 성적 욕구를 제대로 해소하지 못하는 남자가 있는 건 정상적인 일이다. 오히려 다수를 차지한다. 그런데 일처일부를 도입한 남성 세계는 여성 선택으로 인해 발생한, 욕구를 충족하지 못하는 다수의 남자를 마침내 문화적인 소수로 만들어버렸다. 세계에서 가장 쿨한 파티에도 초대받지 못한 채 밀려난 남자가 그들이다. 이것이 그들을 고통스럽게 한다. 우리는 스스로를 실패자라고 느끼는 남자애들의 감정을 부수기는 내신 감싸줄 수 있이야 한다. 이런 사람들을 사회로 사랑스럽게 받아들여야 한다. "만일 ⋯⋯하면 모두가 섹스를 할 수 있다"라는 화법을 "모두가 섹스를 하는 것은 아니며, 이는 지극히 정상적인 일이다"로 바꿔야 한다.

여자 친구 없는 남자는 태어날 때부터 폭력을 행사할 준비가 되어 있는 여성 혐오자가 아니다. 남자와 섹스를 동일시하는 매우 남성적인 세계를 통해 그렇게 만들어진다. 여기서 남자들 사이엔 연대감이 부족하다는 사실이 드러난다. 원래 남성중심주의는 이와 같은 남자들의 위신을 살려주는 해결책을 준비해둬야 한다. 그러나 서열에 사로잡힌 남자들의 본성은 다른 남자에 맞서 자신의 의지를 관철하는 걸 최상의 목표로 두며, 실패자들의 상처를 후벼 파는 것도 좋아한다.

하지만 여자 친구 없는 남자—이런 말을 별도로 언급해야 하는 것도 우스꽝스러운 일이지만—는 다른 남자들에 비해 더 형편없는 사람이 결코 아니다. 그들은 '멍청하지'도 않고 '불쌍한' 인간도 아니며 '루저'도 아니다. 그들도 사람이다. 그들은 모든 여자애가 달려드는 잘생긴 학급 친구와 마찬가지로 사회로부터 존중받을 자격이 있다. 교육은 바로 이 지점에서 출발해야 한다. 여자애들이 남자애의 행동에 따라 좋다고 매달리는 게 결코 아니라는 사실을 남자애들에게 가르쳐야 한다. 자신을 따르는 여자애가 몇 명이든 상관없이 남자애 자신이 멋지고 소중한 사람이라는 사실을 가르치자. 여자애가 관심을 가져주지 않는 것은 그 누구의 잘못도 아니며, 지극히 정상적이고 자연스러운 일이라는 걸 가르치자. 그들 자신이 예외가 아니며, 반에서 수많은 여자애들의 인기를 독차지하는 스타 소년이 예외라는 사실도 일깨워주자. 나는 교육의 진보적 가치가 언젠가는 좌절하는 학생들이 늘어나는 상황과 맞닥뜨릴 거라고 예상한다. 하지만 생물학적 사실을 토대로 잘 준비한다면 그 같은 문제를 줄일 수 있을 것이다.

남자라는 존재와 섹스를 연관시키는 태도를 바꿀 필요가 있다. 이와 같은 연관이 사춘기 시작 때부터 남자애들을 무모할 정도로 억압하는 까닭이다. 매 학년마다 섹스를 해본 아이들에 대한 시기심이 더 커진다. 매년 외로움은 더 불어난다. 그리고 해가 거듭될수록 무한하게 열망하는 자원을 관장하는 여자에 대한 분노도 더 증가한다. 남자애들이 자존감을 여자 친구의 유무가 아니라 다른 것으로부터 창조해낼 수 있다는 관점을 제시하자. 그들의 지성, 유머, 사회적 참여, 창의성으로부터도 충분히 자존감을 획득할 수 있다고 말이다. 물론 그런다고 해서 원래부터 불공평하게 분배된 성이 변하지는 않겠지만, 그로 인해 발생하는 고통에는 뭔가 변화가 생길 수 있다.

만일 우리가 아이들과 청소년에게 성생활이라는 거친 현실에 대해 준비를 시키고자 한다면, 성별 개념으로 이를 시행할 수 있다. 성과 젠더 사이의 차이 또는 생물학적 성별과 사회적 성별 사이의 차이를 불필요하게 자꾸 언급하는 대신 아이들에게 진실을 말해줘야 한다. 바로 그런 차이는 존재하지 않으며 염색체, 성호르몬 그리고 외부로부터 받는 교육/특징 같은 요소들의 상호 작용이 매끄러운 과정으로 이어지게 된다고 말이다. 염색체와 호르몬이 반대되는 성의 특징을 만들어내는 곳에서, 단순하게 생물학적 성별에 대해 얘기할 수는 없다. 그러나 신체의 관찰만으로 두 가지 성별이 있다고 말할 수 없다면 부모, 사회, 문화 그리고 종교로부터 받는 영향력을 여기에 보충하더라도 틀린 것은 아니다.

이처럼 인위적인 구분의 해체가 숭성 또는 성선환 아이들과 청소년에게뿐만 아니라 성역할에도 유익하다. 만일 여성의 장기를 갖고 있는 사람이 남성적 행동을 하는 걸 허용하면, 그리고 여자의 경우에도 이를 허용한다면, 남성 문명이 끊임없이 주장해온 여자에 대한 남자들의 '자연적인 우성'이 순전히 가부장적 권력 구조를 유지하기 위한 망상이라는 사실이 더욱 분명하게 드러날 것이다. 다른 여자보다 우세한 여자도 있고, 다른 남자보다 우세한 여자도 있다. 등장할 때 힘이 넘쳐나는 인물이나 공간을 휘어잡을 정도의 인격은 성별에 의해 타고나는 게 아니다.

이와 함께 성적인 방향 제시를 하는 태도 역시 막아야 한다. 신체가 발달한 여자는 그런 남자처럼 이성애적인 여자에게 매력적으로 보일 수 있다. 불알이 있지만 부드럽고 여자 같은 사람은 이성애적인 남자에게 여자처럼 성적 매력을 줄 수도 있다. 자손을 낳을 수 있는 조합으로 남자-여자가 가장 혼하다는 이유 때문에 단 하나의 유형인 사람에게만 성적 욕구를 가질 이유는 전혀 없다.

이 모든 아이디어로 성적 갈등을 해결할 수는 없다. 하지만 상응하는 (조기) 교육과 계몽을 통해 한 세대 또는 두 세대가 지난 후, 이런 아이디어보다 더 위대한 생각들이 무성하게 자랄 풍요로운 토양이 될 수는 있다. 모든 세대는 소녀와 성인 여자가 남자와 마찬가지로 많은 섹스 파트너를 가질 수 있으며, 섹스 파트너 없는 소년과 성인 남자도 루저가 아니라는 사실을 점점 더 많이 받아들이게 될 것이다. 가우스의 종 모양 곡선이 서로 다른 빈도를 보여준다는 사실은 결코 어떤 것이 '옳고' 어떤 것은 '틀렸다'는 걸 의미하지 않는다. 시간과 관련해서는 현실적으로 보는 것이 중요하다. 교육의 효과는 해마다 나오지 않고 세대가 지나면서 나타난다. 다른 세계 질서를 구축하기 위한 **모든** 생각은 수천 년간 문명의 영혼 깊숙이 각인되어 있는 오래된 화법에 맞서 등장한다는 사실을 깊이 유념해주기 바란다.

모두를 위한 섹스
인셀 덫으로부터 빠져나가는 길

우리가 교육을 통해 사람들이 다시금 자신의 성생활과 하나가 되고 아이들을 자의식 강하고 계몽된 어른으로 성장시키는 데 성공할지라도 유전적인 하부 구조는 여전히 존재한다. 신체에서 일어나는 과정, 이를테면 자극, 쾌감, 거절에 대한 호르몬과 신경의 반응이 그것이다. 우리는 신체의 요소를 생물학적 망상이라고 치부하면서 부인하는 태도를 멈춰야 한다. 타고난 성적 본능은—여성 선택 패턴에서 인상적으로 나타나듯—아무리 노력해도 교육으로 떼어낼 수 없다. 따라서 남자의 성생활을 있는 그대로 받아들이고, 이와 연관된 문제를 우리 시대의 가장 시급한 요구로 봐야 한다. 이러한 요구 속에 동시대인과 사회를 위험에 빠뜨릴 수 있는 공격적인 측면이 있기 때문이다.

만일 남자들이 (성적으로) 폭력적이 된다면, 이는 자연과 사회 그리고 진화생물학적 및 문화적 요인의 상호 작용 때문이다. 그래서 외부로부터 가해지는 중요한 영향력을 바꾸고자 하는 노력도 문제의 절반만 해결할 수 있을 뿐이다. 페미니스트 중에는 여자애들에게 어떻게 하면 성폭행을 당하지 않는지 가르치지 말고 남자애들에게 성폭행을 하지 않도록 가르쳐야 한다고 주장하는 사람이 있다. 이는 틀린 접근법은 아니지만 충분하지는 않다. 따라서 지속적으로 욕구를 해소하지 못하는 이 문제는 교육 외에 정치적이고 사회적인 조치에 호소해야 한다. 남자를 범인처럼 취급하지 않고서 말이다. 여자가 생리통의 원인을 아무리 찾아도 몇 가지밖에 발견하지 못하듯 남자 역시 성적 좌절을 통해 긴장을 유발하는 불안 상태에 빠지고 심지어 폭력을 동원할 만큼 증오심을 표출하는 지경까지 가는 원인을 잘 찾지 못하기 때문이다.

무차별 살인은 분명 인셀로 발전하는 가장 극단적인 특징이다. 외로워하고 경우에 따라 왕따를 당하는 젊은 남자 가운데 오로지 소수만이 복수에 나선다. 따라서 이러한 극단적인 경우는 예외로 하고, 섹스 파트너가 가끔 있거나 거의 없지만 그렇다고 곧장 폭력적이 되지는 않는 남자들에게 관심을 쏟도록 하자. 이들은 선거를 통해 직간접적으로 가부장적이며 착취하는 정치를 지지할 수 있고, 따라서 평화로운 세계에 위험이 될 수 있기 때문이다. 이들은 직업이 있을 수도, 없을 수도 있다. 취미가 있거나 없을 수도 있다. 당신과 같은 남자일 수도 있지만, 당신 자신과 같지는 않을 것이다. 평범한 외모, 평범한 유머, 평범한 능력, 평범한 소득을 올리는 남자일 수도 있다. 여자가 자신의 성적 본능에 따라 자유롭게 산다면, 지저분하거나 재능이 적거나 또는 가난한 남자만이 여자 구경을 못 하는 게 아니라, 첫눈에 전혀 그렇게 보이지 않는 '정상적인' 남자들도 빈손으로 돌아가야 할 것이기 때문이다. 이런 남자들을 위해 자신의 충동을 발산할 가능성을 찾아주고, 동등한 시민으로서 자유롭게 살아가는 남녀들과 조화롭게 지낼 수 있는 가능성을 찾아줘야 한다.

남자가 섹스를 더 잘 해결한다는 생각은 이 세상에서 오랫동안 통용되고 있다. 유명한 미국 경제학자 로빈 핸슨(Robin Hanson)은 2018년 왜 공평한 분배라고 하면 항상 재산과 돈을 얘기하고, 섹스를 언급하지 않는지 물었다. 그는 토론토에서 벌어진 무차별 살인을 직접 연관 지으며 비자발적 금욕과 폭력의 관련성을 언급했다. 섹스를 적게 하는 남자들은 수입이 적은 남자처럼 괴로워하며, 노동 운동과 비슷하게 이러한 정체성을 가진 남자끼리 조직을 만든다. 수입이 적은 사람과 섹스 없이 사는 남자 가운데는 비폭력적으로 자신의 상황을 향상시킬 방법을 찾는 부류가 대다수고, 소수만이 자신의 불만을 공격성을 통해, 나아가 테러리스트 같은 행동을 통해 표출한다. 핸슨은 섹스의 결핍이 돈의 부족함과는 반대로 사회에서 동정심은 물론 연대감조차 불러일으키지 못한다는 사실에 놀라움을 표했다. 사회적 지위는 돈과 연관이 있고 섹스할 수 있는 기회는 사회적 지위와 상당한 관련이 있기 때문에 그는 조금 더 쉽게 섹스 파트너를 찾을 수 있도록 성적으로 핍박받는 남자들에게 돈을 지불하자고 제안했다.

핸슨의 글은 짧기는 하지만 많은 관점에서 주목할 만하다. 우선 사회정치적 논쟁에서 그의 글에 나타난 자연과학적 빈틈이 얼마나 큰지를 읽을 수 있다. 그는 생물학적 문제를 인식하고 그에 관해 서술하지만, 진화상의 하부 구조에 대한 지식이 부족해 경제적 '지원'이라는 자신의 생각으로 남성 중심의 화법만을 반복할 뿐이다. 즉, 여자가 남자를 선택할 때 기준으로 삼는 알파 특징을 복지로 대체하자는 화법이다. 여자가 경제적으로 차별 대우를 받는, 즉 재산을 기본으로 하는 문명에서는 이와 같은 화법이 맞다. 하지만 이러한 차별 대우가 없는 세상에서는 그런 계산법이 통하지 않는다. 핸슨이 본문에 이어 쓴 후기는 그야말로 흥미진진하다. 그가 여자의 노예화와 성폭행을 선동하고 있다며 비난을 퍼붓는 화난 군중에 대한 내용이다. 그와 같은 태도야말로 성적인 욕구를 불충분하게 해소하는 남자를 낙인찍지도 않고 범죄자 취급도 하지 않으면서 해결책을 찾는 일을 매우 어렵게 만든다.

그러나 우리는 해결책을 발견해야 한다. 만일 여자가 더 이상 강제적으로 한 남자에게 묶여 있을 필요가 없으면, 욕구를 충족하지 못하는 남자는 그걸 해소할 수 있어야 한다. 만약 그렇게 하지 않으면 새로운 문명은 남자의 공격성으로 인해 몰락할 위험을 받을 것이다. 그래서 나는 진심으로, 다음에 소개할 제안을 여자를 노예화시키려는 요구로 **받아들이지 말**라고 부탁하고 싶다. 또한 섹스를 못 하는 남자도 야만적이라고 **보지 말아달라**고 부탁하고 싶다. 나는 예나 지금이나 **모두**를 위해 더 공정한 세상을 만드는 것이 중요하다고 생각한다.

다양한 규범을 가진 우리의 세계이기는 하지만 누군가가 동성과 성행위를 하면, 규범에서 벗어나는 행동으로 여기고, 따라서 '정상'에서 제외하지 않고는 못 배긴다. 뭔가 시험해보지도 않고, 성적인 자아를 발견하지도 않고, 초기 문화에서 흔히 통용되었듯 "너 좋을 대로 해봐"라는 것도 불가능하다. 하지만 동성애에 더 관대한 태도를 취하거나 완전히 자유로운 가치를 부여한다면, 특히 욕구를 채우지 못한 남자에게 더 많은 가능성을 제공할 수 있다. 그리고 인셀이 되어 일으키는 위험도 줄일 수 있다. 나는 여기서 섹스할 가능성과 무관하게 무엇보다 동성한테 끌리는 호모들의 장점에 대해 말하고 싶지는 않다. 우리는 그와 같은 이상과는 매우 동떨어져 있으므로 그 해결책으로 여자와 여자에 대한 묘사가 지배적인 구조만을 포함시킨다. 남자가 이러한 구조에서 일하는 한 그들도 역시 여기에 포함시킨다.

수천 년 전부터 남자에게 성적 만족을 제공하는 모든 제안 가운데 가장 가까이에 있는 것부터 시작해보자. 돈을 받고 남자와 잠을 자는 사람은 특히 여자다. 매춘이 바로 그 해결을 위한 첫 번째 접근법이다. 여기엔 애매한 측면이 있다. 여자를 희생자로 만들지 않는 게 목표라면, 매춘은 현재의 형태로는 추천해서는 안 되기 때문이다. 인신매매와 폭력을 통해 이런 일을 강요받는 소녀와 성인 여자의 수가 너무나 많다. 그 밖에 많은 여자는 가난하고 교육을 받지 못했거나 중독된 상태라 어쩔 수 없이 매춘을 한다. 매춘이라는 가리개 밑에서 그토록 많은 범죄와 여성의 불행이 늘어나는 한 사회는 맨 먼저 이와 같은 불행과 비극을 완화하는 데 집중해야 한다.

그렇게 하려면 무엇보다 낙인을 찍지 말고 범죄자로 취급하는 태도도 버려야 한다. 섹스 노동을 하는 여자의 조건을 좀더 안전하고 투명하게 만들어야 한다. 사회는 이와 같은 여자들에게 무엇을 감사해야 하는지, 그들이 이루 말할 수 없이 중요한 일을 해주는 덕분에 다른 사람들—특히 여자와 아이들—이 남자의 폭력으로부터 자유롭게 살 수 있다는 사실을 인식할 필요가 있다. 매춘은 남자의 성생활 가운데 일부, 그러니까 통제받지 않고 사회에 잠재적 위험이 되는 부분을 거둬들이고, 사회적으로 인정되지 않는 취향과 욕구 불만에 의해 쌓인 충동을 덜어줄 수 있다. 매춘을 하지 않는 여자들이야말로 매춘부를 부정적으로 경멸하는 대신 존중하고 고마워해야 한다. 그러나 잘해봐야 우리는 매춘부를 약간 동정할 따름이며, 전반적으로 그들을 사회에서 가장 밑바닥에 두는 게 당연하다고 간주한다.

고통을 당하고 있는 매춘부가 몇 명이나 되는지 정확하게 그 수를 헤아리기란 힘들다. 사회적으로 금기시하고 강제로 매춘을 하는 경우 통계에 잡히지 않는 수가 많은데, 매춘부뿐 아니라 이들을 이용하는 남자도 마찬가지다. 신고를 하고 운영하는 유곽은 국가의 통제를 받긴 하지만, 길거리에서 호객하는 매춘부나 자신의 집에서 하는 매춘은 발견하기가 매우 힘들다. 이보다 더 힘든 것은 매춘부한테 가하는 폭력인데, 경찰에 신고하는 경우에만 기록되기 때문이다. 그런데 체류 허가증 없는 외국인 여자는 공권력으로부터 도움을 받을 수 있다는 믿음보다 오히려 강제로 추방당할지 모른다는 두려움이 더 크다. 인신매매를 하는 업자와 포주에 대한 두려움은 두말할 필요도 없다.

북아일랜드, 스웨덴 그리고 오스트리아에서 시행하고 있는 매춘 금지는 매춘을 없애기보다 오히려 매춘부의 노동 조건을 더 악화시킨다. 스웨덴에서는 1999년부터 매춘을 금지했다. 이른바 '북쪽의 모델'은 섹스 구매만 벌하고, 섹스 판매에 대해서는 벌을 내리지 않는다. 당시의 목표는 매춘부에게 찍었던 낙인을 구매자에게 옮겨놓는 것이었다. 구매자가 대체로 경제적 궁핍 때문에 그런 직업을 강요받았을 여자에게 섹스를 구매함으로써 권력을 휘두른다는 이유 때문이었다. 그러나 매춘을 금지하자 섹스 산업에 종사하는 여자는 거주지를 찾기가 매우 어려워졌다. 매음 알선도 벌을 받았기 때문에 집주인이나 호텔이 여자의 직업을 알게 되면, 매춘부는 매우 큰 위험에 처할 수 있다. 그리하여 매춘부는 거리로 쫓겨났고, 거리는 그들에게 평소보다 더 위험한 곳이 되었다. 흥미롭게도 강력하게 매춘을 금지하는 국가들은 유럽에서 성폭행 비율이 가장 높은 편이다.

그런데 구매자뿐 아니라 매춘부도 금지한 곳에서는—북아일랜드의 연구에서 보여주듯—매춘부에 대한 폭력이 늘어났다. 매춘부는 협박을 받아도 경찰서에 가지 않고, 이로 인해 무자비한 구매자는 또다시 그들을 상대로 권력을 마구 휘두른다. 매춘을 금지하자 특히 예의 바른 고객은 사라지고, 대신 불쾌하고 잔인한 고객만 남았다. 그러나 전반적으로 매춘 시장—공급은 물론 수요 역시—은 줄어들지 않았다. 낙태의 경우처럼 매춘 금지는 근본적으로 문제를 해결하지 않고 그 일을 하는 여자들의 삶만 고달프게 만들었다. 심지어 인권 단체 국제앰네스티는 매춘 금지에 반대하는 성명을 냈다. 사실 매춘부의 불행을 줄이려면 그들이 처한 삶의 조건과 노동 조건을 향상시키는 것이 제일 중요하다.

매춘을 범죄로 여기고 이를 금기시하는 태도를 제거한다고 해서 그것이 이 업종에 종사하는 여자들에게 좋기만 한 것은 아니다. 섹스를 제공하는 일이 다른 분야에서 그러하듯 투명한 조건과 권리 그리고 의무를 갖춘 정상적인 서비스로 취급받으려면, 남자들도 수치심 없이 이 서비스를 받을 수 있어야 한다. 매춘을 뭔가 정상적인 활동으로 여겨야 한다. 여자가 자발적으로 선택할 수 있고, 그 누구도 거부하거나 동정심을 갖고 얼굴을 찌푸리지 않는 활동으로 간주해야 한다. 여자에게 협박하고 강요해서는 안 된다. 그래야만 비로소 매춘은 사회에서 인셀을 방지하는 효과를 충분히 발휘할 수 있다.

비자발적으로 성적 욕구를 충족시키지 못하는 남자가 위험에 빠지는 것을 억제할 수 있는 또 다른 모델은 섹스 도우미 또는 섹스 보조원—경우에 따라서는 국가나 의료보험이 대가를 지불하는 방법—이다. 오늘날에는 중병을 앓거나 간호가 필요하거나 장애가 있는 사람을 위해 이와 같은 것을 제공하는데, 예를 들면 네덜란드가 그러하다. 독일에서도 이런 생각을 실행에 옮기기 시작했다. 이런 시도의 배후에는, 성적 만족은 인간의 기본적 욕구라는 생각이 숨어 있다. 이는 매우 정당한 생각이다. 그러나 장애를 가진 사람에게만 제공하는 현재의 기준은 이해하기 어렵다. 많은 남자들이 신체적 장애가 없더라도 섹스할 기회를 갖기 매우 힘들기 때문이다. 왜 이러한 시스템을 욕구를 가진 모든 사람에게 확장하지 않는 것일까?

이와 같은 시스템을 악용하는 걸 방지하려면 세심하게 검사하는 게 전제 조건이 되어야 한다. 물론 자신의 욕구를 채워줄 사람이 없다고 해서 모든 남자가 국가로부터 달콤한 시간을 선물받아서는 안 된다. 세심한 검사를 동반한 신청 절차를 마련해야 하고, 비자발적인 금욕에 대한 정의도 확정해야 한다. 정신의학적 검사를 통해 남자가 섹스 도우미에게 건강상의 위험 또는 폭력을 휘두를 위험이 없다는 사실도 확보해야 한다. 그리고 도우미를 허락하는 기간과 횟수도 정해줌으로써 과도한 사용을 줄여야 한다. 신청 절차는 심리치료사들의 제안으로 진행할 수 있다. 여기서 의료보험은 심각하게 도움이 필요한 경우 신청이 없더라도 3~5번의 회의를 진행하고, 그런 뒤 의사가 검사를 실시하고, 정신적 문제의 심각성에 따라 단계를 정하고, 이에 따라 도우미의 도움을 받을 수 있는 시간을 할당한다. 도움을 신청한 남자에게 불편을 주지 않으면서, 이런 시스템과 여기서 일하는 직원을 보호할 수 있는 더 많은 안전장치가 필요할 것이다.

수천 년의 역사를 가지고 있으며 성적 충동을 해소할 수 있는 또 다른 가능성은 바로 포르노다. 포르노는 피라미드 벽에 그린 그림으로 소박하게 시작했으나 그동안 미디어 기술이 상당히 발전한 가운데 매춘과 마찬가지로 애매하고 이중적인 평가를 받고 있다. 포르노 산업에도 강요당하거나 순전히 경제적 궁핍으로 인해 이 일을 할 수밖에 없는 여자가 많다. 매춘에 해당하는 요구 사항을 포르노에도 적용해야 하는데, 우선 노동 조건을 향상시켜야 남자들에게 사회적으로 용인되는 버팀목이 될 수 있다. 인터넷으로 말미암아 포르노는 점점 강력하게 사회의 중심으로 옮겨가고, 확실한 문화 자산에 속하게 되었다. 금기시하던 태도를 벗어던지는 것만으로도 이미 상황을 약간 향상시키고 있다. 더 이상 비난하는 사람들 뒤에서만 얘기하지 않게 되었고, 사람들이 비난받지 않고서도 포르노를 소비할 뿐 아니라 이런 업계에서 활동할 수 있기 때문이다. 전문적인 포르노의 절반쯤은 이제 범죄자들의 손에서 만들어지지 않고, 자칭 페미니스트라고 하는 여자들에 의해 만들어지는 경우도 많다.

섹스에 좀더 긍정적이고 여자의 존엄을 훼손하지 않는 포르노 외에 진짜 사람들이 출연하지 않고도 흥분을 부추기는 묘사 역시 한 가지 방법일 수 있다. 나는 아시아에서 유행하는 모자이크 처리한 만화를 말하는 게 아니다. 분명하고 완전하게 섹스를 보여주는 내용을 말하는 것이다. 이런 시장은 상상을 초월하므로 기이하다고 부를 것도 없다. 악마, 외계인, 물론 남자와 여자 사이의 정상적인 섹스도 있다. 이것은 투명성이 핵심인 영역이다. 이러한 표현은 흔히 과장될 경우도 않지만―여자들 몸의 비율은 비비 인형 곁에 있어도 현실감이 있을 정도다―고상하고 유연한 행동, 환상적인 문장과 사람의 목소리(대부분의 포르노에서처럼 흥분을 부추기지 않는 어조)를 들을 수 있다. 여기에 엄청난 잠재력이 숨어 있는데, 묘사가 너무나 대담해서 환상이라고 할 수밖에 없기 때문이다. 그 어떤 여자나 남자도 강요받지 않으며, 학대 또는 착취당하지 않는다. 흥분을 유발하는 포르노의 유포는 좋은 대안이 될 수도 있다.

실제로 통제 불가능한 아마추어 포르노의 유포가 문제다. 오늘날에는 모두가 포르노를 아무런 심사도 거치지 않고 유명 포털에 올릴 수 있다. 포르노에 찍힌 인물이 성인인지, 공개해도 좋다는 동의를 받았는지, 또는 합의했으나 동의하지 않은(consensual non-consent: 예를 들어, 능동적 파트너와 수동적 파트너 사이에서, 일반적인 합의는 수동적 파트너가 그만하겠다는 신호를 보내면 놀이가 끝나지만, 이 경우는 수동적 파트너가 그러한 권한을 포기한 상태를 말한다—옮긴이) 상태에서 이뤄진 잔인한 섹스인지, 자발적으로 지배받는 놀이를 한 것이지, 혹은 진짜 성폭행을 찍은 것인지 검사하지 않는다. 또한 이른바 복수 포르노(revenge porno)도 문제가 많다. 이것은 여자가 동의해서 한 섹스이지만 여자 몰래 남자가 그 장면을 찍은 비디오를 온라인에 올린 경우다. 흔히 여자가 남자와의 관계를 끊고 난 뒤 올리기 때문에 '복수'라는 이름이 붙는다. 이런 비디오에 등장하는 여자는 전문 배우가 아니라 여고생, 여대생 등 일반인이다. 이런 행동을 한 남자에게는 법을 엄격하게 적용해 그에 상응하는 벌을 주어야 한다. 아울러 무엇보다 플랫폼을 훨씬 더 신중하게 관리해야 한다.

고려해볼 수 있는 방법은 자신의 사진과 신분증을 올려서 신분을 확인해주는 유저에게만 업로드를 허용하는 매우 엄격한 절차를 마련하는 것이다. 부차적으로 비디오에 등장하는 모든 인물이 그와 같은 확인 절차에 동의하도록 하는 강제 조건도 마련해야 한다. 또한 일종의 신뢰 증명서도 생각해볼 수 있다. 그 전에 증명된 여자 몇 명이 한 명의 유저를 믿을 만하다고 표시하면, 이 유저에게 개인 비디오를 업로드할 수 있게 하는 것이다. 이러한 증명서도 무한정 유효한 것보다 시간제한을 줌으로써 남자 유저가 여성의 품행 조사를 받을 수 있도록 해야 한다. 이 모든 것이 100퍼센트 안전을 보장하지는 않겠지만, 여자와 플랫폼을 악용하는 것을 적어도 막을 수는 있다.

'진짜' 포르노뿐 아니라 흥분을 유발하는 포르노에도 해당하는 그 밖의 다른 어려움은 남자에게 미치는 애매한 효과다. 앞서 언급했듯 포르노를 보면 남자의 뇌에서는 우선 사람을 즐겁게 해주는 고무적인 호르몬이 쏟아진다. 그러면 대부분의 남자는 자위행위를 하고, 이어지는 오르가슴이 남자를 진정시키고 긴장을 해소해준다. 방출된 테스토스테론 수치가 혈액에서 줄어들기 때문이다. 그러나 남자가 자위행위를 원하지 않거나 할 수 없어서 오르가슴을 느끼지 못하면 한동안 흥분한 상태에 머물게 된다. 따라서 포르노는, 단순하게 말해서, 긴장을 풀어줄 수도 있고 더 공격적으로 만들 수도 있다. 포르노와 성폭행의 연관성은 이미 오래전부터 알려져 있는데, 전자는 대체로 후자의 원인으로 작용한다.

총 2000명을 대상으로 실시한 33건의 대대적인 연구가 보여주듯 이미 분노한 상태에 있는 남자는 특히 하드코어 포르노를 본 뒤, 무엇보다 폭력적인 포르노를 시청한 뒤 훨씬 더 공격적이 되었다. 성기를 노출하지 않는 소프트코어 포르노는 이와 같은 영향이 없었다. 또 다른 연구에 따르면 포르노 소비자 사이에는 정상에서 벗어난 성생활(사회적으로 수용할 수 없는 성향), 인간관계 거부와 이른바 성폭행 신화("여자에게 가하는 성폭력이란 **존재하지 않는다**. 왜냐하면 여자는 제압당하길 **원하기** 때문이다")가 널리 보급되어 있다. 성범죄자를 관찰해보면, 다른 남자에 비해 폭력적인 포르노를 시청하면 더 많이 흥분하고 합의한 상태에서 진행되는 포르노를 시청하면 덜 흥분한다는 사실을 알 수 있다. 그 밖의 성범죄자 가운데 30퍼센트는 자신의 행동을 자극하기 위해 포르노를 이용한다고 한다.

이 부분에서 사람들은 집게손가락을 허공에 대고 "그러면 그렇지, 나도 알고 있었어!"라며 승리의 미소를 지을지 모르지만 그렇게 간단한 게 아니다. 서로 관계가 있고 직접적인 효과도 있다는 걸 부인할 수는 없다. 그러나 인격 형성에 영향을 줄 만큼 인과성이 있다면, 이런 인과성이 어느 방향으로 흘러가는지 지금까지는 알려져 있지 않다. 포르노가 폭력적 행동을 가져왔을 가능성도 있다. 폭력적 성향의 남자가 포르노를 더 잘 볼 수 있기 때문이다. 이 두 가지 중 원인이 무엇인지 지금까지는 증명되지 않았다. 이토록 복잡하게 연결되어 있는 세상에서는 포르노 없이 안정적인 실험을 하는 것이 어렵기 때문이다. 오늘날의 아이들은 너무 일찍 포르노를 접하는 탓에 포르노의 영향 없이 어떻게 성장할지 확실하게 규명하는 게 불가능할 정도다. 교육, 어린 시절의 경험, 타고난 테스토스테론 수치 같은 요소도 어른이 되었을 때 성적인 공격성을 야기할 수 있다는 사실을 고려하는 것은 올바른 태도다.

이에 상응하는 시도가 인터넷이 전반적으로 도입되기 이전에 있었다. 1991년의 종단 연구가 1954~1984년까지 독일, 스웨덴, 덴마크, 미국에서 포르노와 성폭행 사이의 관계를 비교한 것이다. 이 시기에 포르노 분량이 서서히 증가하고, 합법화를 통해 포르노를 접하는 것도 상당히 수월해졌다. 더 많은 하드코어 포르노가 더 많은 성폭행을 불러올 것이라고 예상했으나, 조사 국가 중 어떤 곳에서도 성폭행 건수가 증가하지 않았다. 이 연구에 따르면 독일에서는 1971~1987년 낯선 사람에 의한 성폭행과 집단 성폭행이 증가했고, 그 밖의 유럽 국가에서는 성범죄 아닌 기타 범죄가 엄청나게 늘어났다. 이러한 관찰을 통해 둘 사이의 관계가 다른 방향으로 작용하는 것은 아닌지 생각해볼 수 있다. 포르노가 남자의 충동을 해소해 그와 관련한 문제를 불러일으키지 않을 가능성이 있다고 말이다. 요컨대 포르노가 성범죄를 저지르지 않도록 해줄 수도 있다는 얘기다.

실물 같은 섹스 인형은 인셀-폭력을 방지하는 또 다른 방법이 될 수 있다. 성적으로 소외된 세계에서 섹스 인형은 충동을 더러운 방법으로 해소하는 방식이 되었고, 인형을 이용하는 남자는 절망에 빠진 남자들 가운데 가장 절망적인 부류로 여겨진다. 그런데 인위적으로 여자를 만들어보겠다는 기본적인 생각은 이미 고대부터 있었다. 우리는 여기서 예술적으로 재능이 많았던 키프로스의 왕 피그말리온(Pygmalion) 이야기를 들려주는 고대의 전문가 오비디우스에게로 다시 한번 돌아가야 한다. 여자들에게 실망한 피그말리온은 상아로 매우 아름다운 여자상을 조각했다. 이 조각상은 너무나 우아해서 왕은 그것과 사랑에 빠졌고, 그걸 진짜 여자처럼 다루었다. 마침내 그는 사랑을 관장하는 여신 아프로디테에게 자신의 조각상과 닮은 여자를 내려달라고 부탁했다. 에로틱한 왕이 마음속으로 사랑을 담아 포옹하자 조각상은 살아 움직였고, 심지어 두 사람은 자식도 보았다.

이보다 덜 알려진 알프스 전실이 있는데, 특히 오스트리아와 스위스에 널리 퍼져 있는 목동의 이야기가 그것이다. 19세기까지 남자들은 여름에 혼자서 가축을 데리고 높은 산에 올라가 방목을 해야 했다. 아내와 단절

된 상태에서 이 남자들이 아마도 기독교 교리에 반하는 온갖 이상한 짓을 했으리라는 얘기가 나돌았다. 전설에 따르면, 한 외로운 목동이 인형을 하나 만들어 마치 진짜 아내처럼 다루었다. 인형과 말을 하고, 식탁에서 함께 음식을 먹고, 섹스도 했다. 심지어 성수(聖水)가 아닌 오물로 인형에게 세례를 주었다. 행복한 피그말리온과 달리 목동의 여자에게 해피엔드는 없었다. 목동이 마침내 현실로 돌아왔을 때, 자신이 저지른 온갖 수치스러운 행위에 대한 복수가 뒤따랐기 때문이다. (가장 큰 죄는 종교심이 우러나는 깊은 산에서 저지른 신성 모독적인 세례였다.)

외로운 남자에게 여자를 대체해준 형상은 이미 오래전부터 세상에 있었고, 따라서 금세 사라지지는 않을 것이라고 생각한다. 우리는 이런 형상물을 비웃지 말아야 한다. 대신 편견 없이 조금 더 나은 세상을 만들려는 큰 목표를 위해 이용해야 한다. 오늘날의 섹스 인형은 20세기에 입으로 불어서 만든 형상과는 공통점이 별로 없다. 이런 인형이 아직 있기는 하지만 가격이 비싼 인형을 생산하는 사람들은 훨씬 앞서가고 있다. 오늘날의 인형은 실제 사람 크기만 하며, 부드러운 실리콘으로 만들었다. 가슴(적어도 약간 가슴 느낌을 주는)과 성기도 정확하게 있다. 고객은 자금 여력에 따라 자신이 원하는 크기, 신체 비율, 머리카락 색과 피부색도 주문할 수 있다. 기술의 발달로 인형은 몸짓이 가능하고 말도 한다. 시리즈로 생산되는 로봇은 몇 년 더 기다려야 하지만 지금도 인공 지능, 언어 모듈, 중력 감지 센서, 얼굴 인식 장치를 구비한 인형은 섹스 대체물이라기보다 진짜 여자와 가깝다는 착각을 하게 만든다.

이런 인형은 '리빙 돌(living doll)'이나 '와이프 돌(wife doll)' 같은 이름을 갖고 있다. 이름에서 알 수 있듯 인형은 순전히 섹스 용도로만 머물지 않는다. 많은 남자가 마치 진짜 사람인 것처럼 인형과 함께 살고 있다. 대체물 여자는 식탁에도 앉아 있다. 남자들은 인형과 얘기도 나누고, 텔레비전도 함께 시청하고, 일상적인 생활도 함께한다. 수천 명의 회원이 가입한 인터넷 토론장에서는 일종의 인형 애호가 문화가 형성되어 있다. 남자들은 이곳에서 특정 모델의 장점과 단점에 대해 정보를 교환하고, 관리 방법에 대해 알려주고, 자랑스럽게 가장 좋아하는 사진도 보여준다. 프라운호퍼 연구소(Fraunhofer Instituts)에서 2018년 실시한 연구에 따르면, 설문 조사에 응한 사람 가운데 4분의 1이 로봇과 섹스하는 상상을 하며, 심지어 6퍼센트는 사랑에 빠지는 상상도 한다고 한다.

특히 극동 아시아에서는 진짜 사람 같은 인형이 인기 있는데, 전 세계로 이런 것들을 공급하고 있다. 중국에서는 수십 년 동안 한 명의 자식을 갖는 정책을 폈고, 이로 인해 여자 태아를 낙태시켜 남자가 과도한 상태다. 인형 시장이 호황을 맞이하고 있는 이유다. 페미니즘이 엄격한 검열 사회인 중국에 서서히 파고 들어감으로써 이곳 남자들이 처한 상황을 더욱 첨예화시키고 있다. 물론 다른 곳에서도 시장이 성장하고 있다. 하지만 사람 크기의 인형은 수천 유로를 줘야 구매할 수 있을 만큼 비싼 까닭에 그렇게 빨리 성장하지는 못하고 있다. 2020년에는 코로나19로 인한 검역 조치로 진짜 사람들과 만나는 게 불가능해지자 가격별 섹스 인형을 생산하는 사업이 호황을 누렸다. 여자와의 섹스를 제공하는 게 아니라 인형과의 섹스를 제공하는 '유곽'도 호황을 이루고 있다.

파트너를 찾는 데 어려움이 적은 남자에게 인형을 구입하는 남자는 동정심을 불러일으킨다. 인형을 구입하는 남자는 평생 왕성한 성생활을 하는 부부라는, 우리 사회가 선동하는 이상과 너무 동떨어져 있다. 그들은 너무 외롭고 욕구를 충족할 필요가 상당히 많아 보인다. 우리 사회는 냄비의 수만큼 뚜껑도 있으므로, 모든 사람은 평생 가는 파트너를 찾아야 한다고 말한다. 사람들은 섹스 인형과 섹스 로봇을 앞으로 몇십 년 동안 극단적으로 변화할 사회에서 발생하는 문제의 해결책이라고 간주하지 않는다. 인형과 인형을 찾는 고객에 대한 비판은 특히 페미니즘에서 나온다. 이들은 남자가 아무런 반대도 하지 않고 묵묵히 '성교할 대상'만 원한다는 점에 대해 단순히 혐오감을 느끼는 것부터 이러한 종류의 섹스가 남자들과 사회에 어떤 영향을 주는가라는 좀더 정의로운 질문도 한다. 영국의 인류학자 캐슬린 리처드슨(Kathleen Richardson)은 남자들이 예전에도 그랬지만 섹스 인형을 통해 여자를 더욱더 대상으로만 인식할 위험이 있다고 주장한다. 또한 그녀는 그 누구도 진짜 사람과 신체 접촉을 하지 않는 고독한 사회가 도래하지 않을까 우려한다.

리처드슨의 논문은 순전히 문화적 논쟁을 위한 폭넓은 사례다. 그녀는 인간과 인간의 욕구를 문화적·기술적 발전의 결과물로 보며, 그래서 성생활의 생물학적 배경을 도외시한다. 당연히 문제 해결을 위한 모든 접근법, 그리고 개인은 물론 사회적 과정에 광범위하게 영향을 미치는 발전도 과학적으로 고려해야 한다. 따라서 사회학적, 심리학적, 인류학적인 분야도 포함해야 한다. 또한 자연과학적 견해도 포함해야 한다. 하지만 직간접적으로 성생활과 연관된 영역뿐 아니라 시민을 대상으로 실시한 설문 조사, 건강 관련 주제, 성폭행도 포함해야 한다.

논쟁이 펼쳐지면 여자를 성적 대상으로만 바라보는 남자들의 시각이 바뀌도록 교육을 시켜야 한다는 믿음이 지배적이다. 여자를 성적 대상으로 보는 남자의 시각은 섹스(이것과 더불어 여자)가 남자에게 무엇보다 부족한 자원일 수밖에 없게끔 만든 여성 선택으로부터 필연적으로 나온 결과다. 그래서 나는 남자들의 그 같은 시각은 사라지지 않을 거라고 확신한다. 정착 생활 문화를 이어온 지 수천 년이 지났지만 우리의 DNA에는 여전히 성적인 태도에 영향을 주는 여성 선택의 패턴이 저장되어 있다는 사실을 지금까지 많은 가시적 지표와 측량 가능한 지표가 말해주고 있다. 진화가 아니라 문화의 도움으로 지금까지 남자는 여자를 마음대로 다루었고, 이제 여자가 그것을 무너뜨리려 한다. 남자는 섹스 인형이 있기 때문에 외롭지 않은 게 아니다. 여자가 사회적·경제적 강요로 인해 평생 한 남자와 부부로 함께 사는 일이 전 세계적으로 점점 드물어지고 있다. 이는 여자가 직접 남자를 선택하기 때문이다. 끝으로 나는 섹스에 긍정적인 여자로서 여자가 직접 선택한다는 말을 첨가하고 싶다.

결코 섹스를 해보지 못했거나 조금밖에 해보지 못한 남자들의 문제가 점차 대중의 의식에까지 파고들고 있다. 이것이 지금까지는 불행하게도 인셀의 증오심과 폭력으로 알려져 있다. 성적으로 자유로운 여자가 많아진다는 것은 자동적으로 더 많은 남자가 파트너를 구할 때 어마어마한 문제를 안게 된다는 뜻이다. 이러한 사실을 우리가 일찍 알면 알수록 더 일찍 남자들과 **전체 사회**에 도움을 줄 수 있다. 왜냐하면 우리는 그로부터 이득을 얻을 수 있기 때문이다. 여기에 해당하는 남자가 이득을 보고, 줄어드는 성폭행 덕분에 좀더 자유롭게 살 수 있는 여자 역시 이득을 본다. 좌절한 남자들을 자기 목적에 더 이상 악용할 수 없는 정치적 환경도 만들 수 있다.

그 어떤 남자도 한 여자와 섹스할 권리는 없다. 섹스 산업이나 매춘에 종사하지 않는 그 어떤 여자도 성적 매력이 아닌 다른 이유로 한 남자와 잠을 자서는 안 된다. 이와 같은 이유로 나는 여자의 요구에 관해 습관적으로 행해지는 문화적 설교는 하지 않기로 결정했다. 키 큰 남자를 좋아하는 여자의 성향은—언론에서 떠들 듯—강력한 보호자와 그의 연약한 여자라는 유해하고 남성적인 화법의 결과가 아니다. 이런 성향은 수백만 년 전부터 지속되어온 암컷과 여자의 본능적 선택의 결과일 뿐이다. 남자의 성적 욕구와 마찬가지로 그와 같은 여자의 본능적 우선순위는 교육으로 제거하기 어렵다.

낭만적 부부 관계
거짓말은 사라져야 한다

그렇다. 여성 해방 운동은 남자들과 함께 사회 문제로 대두되고 있다.

그렇다. 페미니즘이 원인을 제공해 특히 서구에 사는 여자들은 지난 몇천 년과 달리 파트너(그리고 파트너의 수)를 다른 방식으로 선택한다.

그렇다. 이 같은 문제는―환경 파괴와 인구 과잉 외에―미래 세대에 가장 큰 도전거리를 제공한다.

아니다. 여자를 낭만적 이야기와 경제적 강요를 통해 평생 일처일부-일처다부라는 퇴행적 관계로, 타고난 여자의 성적 본능을 억압하는 관계로 몰아세우는 것이 해결책은 아니다.

여자에 대한 폭력과 억압의 열쇠를 어딘가에서 찾는다면 그건 바로 결혼이라는 제도다. 여자들이 (성적) 폭행의 희생자가 될 경우 범인 10명 가운데 8명은 남편(남자 친구)이나 전남편(전 남자 친구)이다. 이러한 수치만 보더라도 정착 생활을 한 뒤 우리가 만들어온 남녀 관계가 얼마나 문제투

성이인지 알 수 있다. 동시에 결혼은 사람들의 머릿속에서 지우기가 매우 힘들다. 평생 유지되는 진실한 부부 관계라는 이념처럼 오늘날 이상적으로 과대 포장된 주제는 없을 것이다. 공공연하게 권력의 도구이자 억압의 도구로써 강제로 생겨난 하나의 시스템이 어떻게 예나 지금이나 여자들의 마음속에 긍정적으로 자리를 잡고 있는 것일까?

그 원인 중 하나는 제도가 발생한 기원에 있다. 어린 소녀가 아버지를 통한 강제 결혼을 막을 수 없었던 시기에는 좋은 남자를 만나길 희망하는 것 외에 다른 방도가 없었다. 신랑도 마찬가지였다. 아리스토텔레스에게서 볼 수 있듯 당시에도 남자는 엄격하고 냉정한 아내에 대해 불만과 분노를 표출했다. 신부가 경험 없는 어린 소녀였기에 낭만적인 화법으로 결혼식과 결혼을 찬양하는 것도 매우 쉬웠다. 그리고 어머니도 이런 분위기에 많은 기여를 했다. 낯설고 어른인 남자에 대해 딸이 가진 두려움을 떨쳐버리도록 용기를 주었던 것이다. 어쩌면 자신의 결혼 생활보다 딸의 결혼 생활이 더 나아지길 바라는 마음도 한몫했으리라 본다.

한 명의 여자와 살았던 일처일부 제도 초기에는 남자와 여자 사이의 애정은 그야말로 행운이 따라야 하는, 오늘날의 로또 당첨과 마찬가지로 예측할 수도 없고 드문 일이었다. 실제 로또에서와 똑같이 대부분 실망을 안겨주는 이 시스템에 사람들을 엮기 위해서는 성공할 거라는 희망만으로 충분했다. 이런 희망은 또다시 권력자에게 사람들을 좌지우지하고 영향력을 행사할 수 있게끔 하는 훌륭한 지렛대였다. 위계질서 있는 가부장적 구조를 유지하고 사회적 안정을 이루기 위해 일처일부가 얼마나 중요한지 우리는 앞에서 살펴봤다. 보수 정당에서 '전통적인 가족의 가치'가 예나 지금이나 높이 평가받는 이유는 그다지 놀랍지 않다. 또한 문화와 경제에서 행복한 소가족(小家族)―어머니와 아버지 그리고 2명의 자식―이라는 이상은 어느 곳에나 존재한다. 종교에서도 마찬가지다.

심지어 아주 어린 아이에게도 이야기와 영화에서 오래 지속되는 남녀 관계가 소중한 삶의 모델이라고 가르친다. 물론 자의식 강한 싱글 여자 주인공이 어린이 영화(《메리다와 마법의 숲》의 메리다, 〈겨울왕국〉의 엘사)에 등장함에도 보수적으로 해피엔드로 끝나는 경우가 대부분이다. 〈아리스토캣〉〈미녀와 야수〉〈레이디와 트램프〉〈슈렉〉 그리고 동굴에서 사는 사람들(《크루즈 패밀리》), 게다가 공룡들(《굿 다이노》)까지 가부장적 핵가족을 유지한다. 수백만 가지 사랑 영화, 사랑 소설, 사랑 노래가 오로지 하나의 주제만 알고 있다. 즉, 냄비에 맞는 뚜껑을 찾는 것. 각자가 오로지 한 사람의 섹스 파트너만 가지세요. 그러면 행복해질 겁니다, 감사합니다, 멋진 인생 사시길.

이제 다음으로 가능한 설명을 살펴보자. 어머니와 아버지 그리고 형제자매로 이루어진 핵가족 안에서 어린 시절을 보냈을 때의 특징이다. 아이는 대부분의 시간을 동일한 가족과 그들의 행동에 둘러싸여 있다. 아이들이 받는 인상도 끊임없이 반복될 뿐이다. 가족의 특색은 대부분의 사람에게 감정적 결함이라는 형태를 흔적으로 남겨둔다. 형제자매의 질투, 채워지지 못한 부모의 애정, 압도적 사랑, 성과에 대한 생각, 불안, 부모의 정신 질환, 이혼. 이렇듯 가정에서 감정적 결함이 많이 생겨날 수 있으므로 어른들에게 감정적 부담을 추가로 떠안게 하는 거칠고 잘못된 교육까지 굳이 언급할 필요도 없다. 이러한 감정적 부담은 심리 치료를 받지 않으면 평생 짊어져야 하며 행동에도 영향을 주곤 한다. 평생 자신의 가족과 접촉함으로써 아이의 상처, 그리움, 방어 기제가 또다시 작동한다.

대부분의 어른은 어린 시절에 채우지 못한 채 잔존하는 것에 대해 강하거나 희미한 향수를 느낄 때도 있다. 그리고 어른은 대체로 이 같은 향수를 자기 파트너에게 투사하는 경향이 많다. 우리는 파트너가 두려움을 잠재워주고, 향수를 채워주고, 자기혐오를 완화해주고, 자신을 혹사하더라도 성과를 올리고자 하는 마음에 브레이크를 걸거나 낮은 자존감을 향상시켜주길 희망한다. 우리는 파트너가 우리 안에 있는 감정적 공백을 채워주길 바라기 때문에, 그리하여 마침내 우리가 행복해지길 바라기 때문에, 우리 안에 있는 아이 같고 청소년 같은 부분이 남녀 관계로 이동한다. 또한 언론 매체는 부부가 되거나 핵가족을 이루면 일종의 행복을 약속받는 것처럼 말한다. 바로 이 같은 이유로 결혼이라는 제도에 문제가 있다는 사실을 알아차리기 힘들다. 나 역시 수년에 걸쳐 그와 같은 사실을 깨달았다. 나는 결혼이란 사랑의 절정이며, 결국 모든 상황이 좋아질 거라고 생각했다. 그런데 나의 관계는 달라지지 않았고, 결혼하지 않았던 시기에 비해 더 나아지지도 더 나빠지지도 않았다고 할 수 있다.

결국 낭만적이고 영원히 지속되는 사랑/결혼에 대한 고집은 억압을 핵심으로 하는 시스템의 긍정적 재해석일 수 있다. 결혼을 둘러싼 많은 상징과 전통은 원래 여성을 경멸하는 것임에도 불구하고 무엇보다 낭만적으로 보인다. 신부를 마치 소유물인 것처럼 신랑에게 넘겨주는 아버지는 오늘날에도 자신의 딸을 '사랑스러운 몸짓'으로 제단으로 이끈다. 처녀성을 상징하고, 이로써 고대의 어린아이 같은 신부임을 보여주는 하얀 드레스는 오늘날 '흰색의 꿈'이다. 결혼반지는 고대 로마 시대처럼 소유물의 표시이자 지참금을 수용한다는 의미 대신 오늘날 '보석'으로 간주된다. 억압이 라이프스타일이 된 것이다. 특히 여자들은 이와 같은 낭만적인 재해석을 잘 지킨다. 그것은 마치 돈을 적게 버는 사람이 스스로를 착취하는 삶의 방식을 노력할 가치가 있는 삶의 목표로 재해석하는 것이나 마찬가지다. 정말 기괴하기 짝이 없다.

그러나 결혼은 남자가 억압과 통제를 하겠다는 필연적인 바람으로부터 탄생했고 법 제정자들이 오늘날까지 여자를 차별 대우하기 위해 이용하는 도구다. 결혼하기로 결정한다는 것은 결혼의 기원과 목적을 이어가겠다는 의미다. 여자와 남자가 서로 사랑에 빠지고 경제적 강요 없이 결혼을 결정하더라도 이런 점은 변하지 않는다.

결혼이라는 모델을 대체할 수 없는 상태로 수천 년이 지났으나 우리가 얼마나 자유롭게 결혼하겠다는 결정을 내릴 수 있는지에 대해 나는 아무튼 의심을 하고 싶다. 특정 삶의 모델 속에서 성장하고 어떤 사회적 환경에서든 이러한 모델이 실행되고 있음을 보며 자란 사람은 **다른** 모델을 결정할 수 없다. 언론 매체도 이 모델에 정통해 있다. 그래서 항상 집단으로부터 어느 정도 압박을 받는 사람 또한 **다른** 모델을 결정할 수 없다. 경우에 따라 반종교적 행동이 사회적으로 경멸받곤 하는 환경에서 태어난 아이와 한번 비교해보라. 이슬람교 소녀가 자신은 자발적으로 얼굴을 베일로 가린다고 해명할지라도, 또는 기독교 소년이 자발적으로 순결 서약 반지를 끼고 있더라도—이로써 혼전 섹스를 하지 않겠다는 표시임에도 불구하고—어린 시절에 내린 이러한 결정은 모든 장단점을 고려한 뒤 자유롭고 독자적으로 내린 결정이라고 할 수 없다.

그럼에도 이 시스템을 깨뜨려야 하는데, 결혼이라는 공식적 틀은 국가적 차별을 실행하기에 좋은 여지를 많이 제공하기 때문이다. 여자로 하여금 집에 머물면서 보수를 받지도 못한 채 눈에 띄지도 않는 돌봄–일을 떠맡게 하는 부부 관계를 생각해보라. 혹은 입양을 어렵게 만드는 동성 커플에 대한 차별 대우도 있다. 또는 결혼하지 않는 남녀 한 쌍에 비해 결혼한 쌍에게 주는 이익도 있다. 결혼하지 않는 남녀 관계와 달리 결혼한 남녀에게 세금상의 혜택을 주는 일도 모든 결혼-보너스와 마찬가지로, 사람들의 가장 사적인 문제를 통제할 수 있게 하는 시스템을 유지하고자 하는 국가의 시도 외에 아무것도 아니다. 세금상의 혜택과 또 다른 미끼를 통해 결혼을 유인하는 것은 조종 또는 선동이라고밖에 할 수 없다. 다양한 남녀 관계 사이에 경제적·법적 차이를 전혀 두지 않는다면, 자유로운 결정이라든가 낭만에 대해 이야기를 시작할 수 있고, 오로지 사랑으로 맺어진 삶의 연대를 이룰 수 있다. 그때까지 결혼은 차별 대우를 위한 지렛대이자 섹스 윤리를 주입하기 위한 주사기처럼 통제 수단일 뿐이다. 이 모든 것은 남성 구조를 유지하기 위함이다. 우리가 기억하듯 남자가 외부 세계를 구축하는 능력을 갖추게 할 목적으로, 남자에게 평생 섹스할 가능성을 열어주기 위해 결혼이 탄생했기 때문이다. 우리가 위대한 구조에 대해 얘기하려면, 전 세계의 불공평한 관계와 산업 국가의 부에 대해 얘기하려면, 이들 국가의 개발 상태에 대해 얘기하려면, 이 모든 국가가 일부일처 결혼 제도/관계라는 이상을 선전하고 보급한다는 것도 이야기해야만 한다. 여기서 특히 여자를 새롭게 분배하는 것이 남자의 발전을 위한 **전제 조건**이지 **결과**가 아니었다는 사실이 분명해진다. 그래서 우리는 지극히 심오한 화법과 대면해야 하는데, 이러한 화법은 인간의 문화적 특징, 경제적 궁핍과 심리적·감정적 욕구 위에 구축되어 있다. 우리 모두는 결혼을 생각할 때 전체 그림을 봐야만 한다.

남녀 한 쌍이 제일 먼저 고려해야 할 것은 왜 자신이 결혼하길 원하는지 묻는 질문이다. 결혼이라는 공식적인 틀 없이 다만 파트너 관계를 유지하는 것과 결혼을 함으로써 달라지는 게 무엇인지 가늠해봐야 한다. 만일 대답이 '세금상의 혜택'이라든가 '아플 때나 늙어서 또는 아이들을 위해 더 확실한 보장을 받기' 때문이라면, 당신은 결혼이라는 결정을 통해 부당한 시스템을 지원하는 것일 뿐이다. 결혼의 목표를 간파해보라. 낭만적인 분홍색 안경을 잠시 벗어놓고, 위계질서가 확고하고 남성 중심의 국가에 이러한 구조를 유지함으로써 어떤 이득이 있는지 인식하라. 당신이 이와 같은 가부장적 국가라는 기계 장치에 기름을 치고 있는 것은 아닌지 또는 오히려 모래를 뿌리고 싶은 것은 아닌지 자신에게 물어보기 바란다.

우리가 순전히 성생활에 대해 얘기하면, 공식적인 결혼과 결혼하지 않은 남녀 관계 사이의 경계가 흐릿해진다. 이런 화법은 우리가 법적으로뿐 아니라 성적으로 단 한 사람과 연결되어 있다는 것을 예견하고 있기 때문이다. 여기까지 책을 읽었다면, 특히 남자의 성생활이 평생 지속되고 성적으로 정절을 지키는 파트너로부터 이득을 얻는다는 사실을 생각할 수 있다. 오래 지속되는 남녀 관계를 연구한 결과에 따르면, 남자는 평생 동일한 사람과 잠자는 것을 전혀 반대하지 않는 반면 많은 여자가 몇 년이 지나면 파트너에게 성적 관심을 잃어버린다고 한다. 물론 예외는 있다. 나는 수년이 지나도 여전히 흥분을 느끼는 많은 사람이 있어 정말 기쁘다. 그러나 대부분의 쌍은 여자가 남자 파트너를 더 이상 열망하지 않는 시기를 언젠가 맞이하게 된다. 이는 진화상 여자들이 매번 번식기가 되면 새로운 파트너를 선택하는 생식 전략 때문이다.

그래서 여자는 남자로부터 성적 압박을 받는다고 느낄 때가 많고, 남자는 파트너가 옆에 있음에도 성적인 거부를 당하곤 한다. 하지만 평생 이어지는 남녀 관계야말로 낭만적이고 삶을 충만하게 해준다는 동화들이 막강한 영향을 준 나머지 우리는 여자의 성적 무관심을 자연적 과정으로 보지 않고, 부부에게 특히 여자에게 성적 무관심을 불러오는 수천 가지 다른 원인이 있다고 설득하곤 한다. 스트레스, 아이, 호르몬 변화, 늙은 부모 간호 등등. 우리는 남녀에게 쾌락이 '다시금' 살아날 수 있는 섹스를 위한 공간을 만들어보라고 권장한다. 이로써 우리는 남녀 두 사람에게 이러한 성욕 문제는 해결할 수 있고, 그것이 순전히 문화적인 문제라는 걸 암시하고자 한다. 하지만 결과적으로 두 사람은 자신들에게 도움이 되는 것보다 더 오랫동안 성욕을 해결하지 못한 상태에 머무른다.

이 지점에서 성적인 정절은 두 사람에게 감옥이 될 뿐인데, 사회적 화법은 섹스처럼 '중요하지 않은 일'과 '피상적인 일'로 이혼하면 당사자들을 비난하기 때문이다. 낭만적 사랑이 그와 같은 과장을 경험하게 함으로써 낭만적 사랑은 생물적 기본 욕구보다 더 고상한 것으로 간주된다. "그럼, **오로지** 섹스만 한다기보다 공동생활을 더 소중하게 만드는 건 아주 많지." 당연히 그런 게 있겠지만, 나는 지금까지 서로 엇나가는 열정에도 불구하고 진정으로 행복한 쌍은 보지 못했다. 이처럼 성적 욕구를 평가 절하하는 태도에는 일대일이란 섹스 윤리가 반영되어 있다.

물론 남녀 사이의 부족한 열망이 곧장 이혼의 계기가 되는 것은 아니지만, 우리는 이 문제에 관해 얘기를 해야 한다. 우리는 현재의 파트너에게서 기본 욕구가 충족되지 않는다는 걸 분명하게 인정해야 한다. 그러나 대부분의 남녀 관계에서 성생활에 대한 언급을 금기시하기 때문에 우리는 성생활에 대해 전혀 얘기할 수 없다. 그래서 여자는 다른 남자와 자고 싶다는 말을 솔직하게 하지 못하고, 남자는 여자가 계속 자신을 거부해서 상처를 받는다는 말도 하지 못한다. 두 사람은 이 주제가 고통스럽고 불편하며 갈등을 불러일으켜 결국 이혼으로 치닫게 할 수 있기 때문에 입에 올리지 않는다. 그리하여 두 사람은 고독하게 괴로워하거나 문제를 외적 상황으로 밀쳐버린다. 만일 둘 중 한 명 또는 두 사람 모두 언젠가 외도를 하게 되면 이 모든 게 상황을 더 악화시킨다.

따라서 배경에 대해 의문을 가져야 하는 것은 결혼뿐만이 아니다. 영원히 지켜야 하는 정절이라는 구상도 여기에 해당한다. 몇 년 후 남자에게 전혀 열정을 느끼지 못하는 여자는 다른 남자에 대한 성적 열망이 서서히 진행되는 것은 아닌지 생각해봐야 한다. 섹스 파트너를 선택하는 여자의 내면 리듬이 새롭게 카드 섞기를 원할 수도 있다. 여자는 내면의 시계가 하나만 있는 게 아니라 2개 있다. 하나는 아이를 가질 수 있는 시간이 얼마나 남았는지 보여주고, 다른 시계는 아이를 만들어줄 다른 남자를 언제 찾아봐야 하는지 알려준다. 물론 일상의 스트레스는 성욕을 방해할 정도로 부부에게 막강한 부담을 줄 수 있다. 꺼져가는 불꽃을 다시금 피울 방법이 있는지 함께 고민해보는 것도 유익하다. 그러나 줄어드는 여자의 성적 욕망은 성적인 정절을 완화하고 상대에 대한 독점 요구를 약간 낮출 가능성을 줄 수도 있다. 개방적인 관계는 관계의 끝을 의미하지 않는다. 또한 성적인 정절은 일신교를 믿는 서구 문화권에서는 낭만이나 사랑과 밀접하게 연관되어 있다. 여기에서 기분 좋게 만족시키고자 하는 욕구는 우선 육체적인 욕구에 해당한다. 물론 육체적인 것뿐만은 아니지만, 어쨌거나 특히 남자의 경우에 그러하다.

정절을 지키지 않아도 되는 남녀 관계 모델은 오늘날 매우 많다. 개방적인 관계에서부터 다수의 애인을 가진 관계 또는 핵심적인 사이와 내연 사이로 이루어진 관계, 완전히 무질서한 관계까지 있다. 이렇듯 무질서한 관계에서의 섹스는 애인을 포함해 다른 사람과 하거나 애인이 없는 상태에서 하기도 한다. 남녀 관계를 맺고 있는 상태에서 하거나 그런 관계가 없는 상태에서 하기도 한다. 짧은 기간만 관계를 유지하거나 비교적 길게 관계를 유지하기도 한다. 세상에는 평생 정절을 지켜야 하는 정착 생활-가부장적 구조보다 훨씬 더 많은 남녀 관계가 있다. 물론 성생활을 개인적 차원에서 잘 보이는 일상으로 꺼내놓으면, 우리는 그런 것을 발견할 수 있다. 만일 우리가 솔직하게 파트너와 함께, 다른 쌍들과 함께 특히 여자가 다른 여자와 쾌락에 대해 얘기하기 시작하면 다양한 관계를 발견할 수 있다. 대중 매체가 낭만적인 해피엔드로 끝나는 동화보다 실제 남녀 관계에 대해 설명하고 문화적 결과를 더 많이 실현하면 그걸 발견할 수 있다. 이 모든 것은 천천히 시작되며, 수치심을 느끼는 경계가 더 멀어질 수 있다는 게 분명하게 느껴진다. 그러나 우리가 자유롭게 우리의 성적 욕구에 대한 수치심과 편견 그리고 만족에 대해 얘기할 수 있는 사회는 아직 멀었다.

볼 수 있는 것들
사적인 여자와 어머니

이 책을 준비하면서, 내가 추구하는 목표가 혹시 유목민 시절로 돌아가는 것은 아닌지 자주 의문이 들었다. 하지만 그렇지 않다. 유목 생활은 여성 선택뿐 아니라 높은 에너지 비용 때문에 현재 우리 삶의 방식이 누리고 있는 발전 가운데 어느 정도만 허락해주었을 뿐이다. 그러니까 현재 우리가 누리는 의학적, 과학적, 경제적 그리고 문화적 기준으로부터 한참 떨어진 수준까지만 발전했을 것이다. 그 밖에 나는 복지를 누리고 사는 사람들이 자발적으로 계속해서 머물 수 있는 집의 안락함을 포기할지 의문스럽다. 피임약의 발명과 비슷하게 정착 생활은 나에게 더 이상 우리가 돌아갈 수 없는 지점으로 보인다. 그러나 나는 유목 생활엔 정착 사회에 통합될 수 있는 몇 가지 새롭고 공정하며 긍정적인 요소가 있다고 믿는다.

여자를 억압하면서 나타난 중요한 요소는 개인 가정의 탄생이었다. 수

유기를 제외하고 모두가 아이에 대한 교육·관리·보호를 담당하던 집단 대신, 이제는 모든 과제에 대한 짐을 여자에게만 지운다. 이처럼 사회적으로 소외되자 여자는 모든 중요한 사회적 과정에서 배제당하고, 어떤 방식으로든 세상에 흔적을 남길 가능성이 차단되었다. 오늘날까지도 만일 여자가 아이를 가지면 직장은 물론 정치적으로 사회에 적극 참여할 기회를 빼앗긴다. 특권층 부모나 보모를 고용할 능력이 있고, 국가에서 제공하는 돌봄 서비스는 부족함이 많다. 그래서 여전히 많은 것이 오로지 어머니에게 달려 있다. 이런 상황은 바뀌어야 한다. 어머니의 위치가 완전히 달라져 지금보다 훨씬 더 강력해야 한다. 바로 여기서 우리는 유목 생활로부터 영감을 얻을 수 있다.

이 지점에서 흥분할 필요는 없다. 우리에게 필요한 것은 나치 시절처럼 어머니를 숭배하자는 게 아니기 때문이다. 나는 여자가 가정에 있는 걸 좋아하지 않길 바란다. 어쩌면 가정에 머물면 더 많은 존중을 받을지 모르지만, 매일 똑같은 일만 해야 하는 까닭에 지적으로 여전히 답답하고 지루해지기 마련이다. 자신이 **정말** 아이를 원하는지 아닌지, 여자는 우선 이 문제를 그야말로 자유롭게 결정할 수 있어야 한다. 여기엔 의문의 여지가 없다. 하지만 대부분의 여자가 아이를 원하기 때문에 우리의 새로운 문명은 어떠해야 하는지, 그리하여 아이 있는 여자도 세계를 함께 만들어가고 결정할 수 있는지 자문해봐야 한다.

그렇게 하기 위해서는 아이와 일체가 되려는 어머니의 욕구가 정치적으로나 사회적으로 다시금 중심이 되어야 한다. 자연의 질서는 처가에 거주하는 것이었고, 아이의 출산을 성과로서 인정해주는 것 역시 그러한 질서에 속했다. 그것이 자연적 과정이기 때문에 오늘날에도 출산을 일종의 당연한 일처럼 대하기 일쑤다. "저절로 돼. 여자라면 잘할 수 있어. 아, 호르몬!" 임신·출산·수유가 여자의 몸이 해내는 믿을 수 없는 성과이며 어머니와 아이에게 큰 위험을 줄 수도 있지만, 이런 사실은 고려되지 않는다. 임신 호르몬을 통해서뿐만 아니라 어머니가 되면 여자의 몸과 마음 상태는 **전반적으로** 변한다. 따라서 우리는 어머니와 그들의 문제 및 변화에 대해 약간이라도 더 존중하는 마음을 표해야만 한다.

출산 뒤에도 장기간 지속되는 임신과 수유의 결과로는 요실금, 쾌락에 대한 다른 느낌, 바뀐 미각과 후각, 커진 발, 아픈 흉터부터 더 많아진 또는 더 줄어든 감정상의 부담, 우울증과 불안까지 나타날 수 있다. 이 모든 것은 그야말로 건강하고 합병증이 하나도 없는 임신과 출산의 결과일 수 있다. 출산한 여자는 서로 자신의 경험에 대해 얘기해야 한다('오로지 여자들만 얘기하는 주제'). 그것도 공개적으로 말이다. 나는 우연히 트위터에서 이 주제에 관한 얘길 접했는데, 만일 이런 내용이 없었다면 오늘날까지도 어머니가 되었을 때 여자의 몸과 마음이 어떻게 지속적으로 변하는지 몰랐을 것이다. 이러한 정보를 부모들이 대화하는 사이트나 여성 잡지 또는 신문의 건강 관련 분야에서만 소개해서는 안 된다. 여자들의 이러한 성과를 당연한 걸로 무시해버리는 모든 사람의 코앞에 들이대야 한다. 광범위한 설명을 함으로써 특별히 관심을 가진 사람뿐 아니라 다른 여자들도 자신이 어머니가 될지 여부를 결정할 때 도움을 받을 수 있어야 한다. 무엇보다 그와 같은 정보는 임신과 출산 그리고 신생아를 돌보는 일이 온갖 결과를 초래할 수 있다는 사실을 분명하게 보여준다. 어머니의 이러한 성과에 대해 정치는 물론 사회도 존중을 표해야 할 것이다.

처가 거주는 또한 바로 어머니와 자식 사이의 관계—오로지 단 하나의 필수적인 관계—를 의미한다. 그리고 이는 이러한 관계가 아이와 아버지의 관계에 비해 더 높게 평가받아야 한다는 의미이기도 하다. 우리가 알고 있는 다른 모든 관계는 문화적으로 발생했고 선택이 가능하다. 이러한 관계는 항상 논쟁의 대상이 될 수 있고 또 그래야만 한다. 아이들과 놀아줄 뿐 아니라 광범위하게 부모 신분에 포함되는 아버지라는 구상은 문화적인 것이다. 생물학적으로 여자는 아이의 아버지가 필요하지 않으며, 아이들 역시 아버지가 그다지 필요하지 않다. 지인이나 동료에게 남자들이 갓난아이를 어떻게 생각하는지 한번 물어보라. 아마 많은 남자가 이렇게 대답할지 모른다. "갓난아이하고는 그렇게 할 일이 많지 않아요. 아이가 얘기를 하거나 놀이를 할 수 있으면 이때부터는 재미있다고 봐요." 부모 수당이나 육아 휴직처럼 수많은 정치적 조치도 남자를 아내와 비슷한 시간 동안 갓난아이를 돌보게 하지는 못한다. 이것은 결코 우연이 아니다. 자연적 출산 모델에서 남자는 아이가 걷기 시작할 즈음이 되어서야 아이와 연관 있는 사람이자 아이에게 말을 거는 사람이 된다. 여자에게만 이런 시간을 알려주는 내면의 메트로놈(metronome: 박자를 지정해주면 그에 맞춰 정확한 타이밍을 알려주는 장치—옮긴이)이 있는 게 아니다. 남자도 그걸 가지고 있다. 남자의 메트로놈은 이렇게 말한다. "난 아이가 조금 더 크면 돌볼 거야." 남자가 예전에 여자와 그들의 성생활에 대해 그렇게 했듯 자연에 어긋나게 남자를 하나의 시스템 안으로 강요하는 것이 정말 최상의 해결책인지 생각해볼 만하다. 나는 사회가 기대하는 역할을 비판적으로 보라며 사람들에게 용기를 주는 일은 옳다고 본다. 강요는 항상 불안정한 시스템으로 귀결되는데, 모든 사람이 이러한 시스템에서 내면적으로 반항을 하기 때문이다.

남자에게 적극적으로 아이를 돌보라는 과제를 강요함으로써 결혼의 억압적 특징을 남자에게 돌리는 대신, 핵가족 전체에 약간의 변화를 줄 수도 있다. 아이를 한 여자와 한 남자의 배타적 문제로 간주하지 않으면 된다. 그럴 경우 아이는 개별 가정이라는 소외된 상태에 있게 되고, 또한 대부분의 짐이 여자에게 돌아간다. 아이의 공간을 좀더 공개된 장소로까지 넓혀야 하며, 사생활에 갇혀 지내지 않도록 해야 한다.

정착 생활의 세계가 절반은 사생활 그리고 나머지 절반은 공공생활로 분할됨으로써 아이와 여자 그리고 인간관계라는 주제가 사생활 문제로 변해버렸다. 사생활 문제는 덜 중요하다. 경제에도 중요하지 않고, 많은 남자에게도 무시당한다. 물론 오늘날의 어머니는 그리스 시대처럼 집 안에 갇혀 있지 않지만, 다른 어머니들과 함께 일종의 부모로 이루어진 평행 사회에서만 움직인다. 이러한 평행 사회는 화폐 사회라는 중요한 현실 세계와 분리되어 있다. 이는 옳지 않다. 시급한 문제가 더 이상 정치와 노동 세계로부터 외면당하지 않으려면 공정하고 열린사회는 사생활로부터 조금만 떨어져 있어야 한다. '가족 문제'는 없으며, '어머니 문제나 여자들 문제'도 없다. 그냥 문제가 있을 뿐이다. 만일 많은 사람이 이런 문제를 안고 있다면, 사회는 **전체**로서 이를 다루어야 하고, 그 해결책을 부부나 어머니의 사적인 과제라고 설명해선 안 된다. 한 가족의 잠긴 문 뒤에서 발생하는 어려움, 태만, 범죄는 모두의 문제다. 그렇다. 사생활이 바로 정치적 문제인 것이다.

마을 광장, 작업장, 사회생활과 아이 돌봄 센터에서 하루 중일 공동으로 아이들을 돌보는 것은 오늘날의 상황을 고려하면 실현하기 힘들다. 여름과 겨울 사이의 분명한 기후 차이 때문이라도 계절에 따라 실내에 머물러야 할 수 있다. 그런데 임금 노동을 우선시함으로써―유목 생활에서는 수공업이 주요 노동이었던 것과 반대로―외부의 공공장소에서 노동을 한다는 게 매우 어렵다. 임금 노동이란 우리의 직장이 상점의 계산대, 사무실, 실습실, 화려한 점포라는 의미다. 이런 직장은 특정 장소에 자리해야만 한다. 이런 이유만으로도 '공동체의 아이'라는 프로젝트는 뭔가 대담한 시도일 수 있다.

우리는 어머니-아이가 일체라는 사실이 직장에서 좀더 강력하게 드러나도록 하는 일부터 시작할 수 있다. 여전히 채집 노동을 통해 무리의 식량 80퍼센트를 공급하는 산족 여자들은 자기 아이를 천에 싸서 어깨에 묶고 다닌다. 그들은 갓난아이를 곁에 두고, 아이가 울면 언제라도 젖을 줄 수 있다. 신체적으로 붙어 있고 모유가 항상 있다는 긍정적인 작용이 갓난아이를 안심시켜준다. 그러나 수유 중간에 여자는 두 손을 자유롭게 사용할 수 있다. 이를 통해 여자는―어머니와 아이가 건강하다는 전제하에―비교적 신속하게 공동체의 삶에 참여할 수 있다.

아이를 낳는다는 것은 능동적으로 행동할 능력이 사라진다는 의미도 아니고, 종속된다는 의미도 아니다. 단지 가부장제 정착 생활에서 그리고 이로부터 나온 임금 노동이 아이를 낳은 어머니의 손을 묶었을 따름이다. 어머니의 신체적 능력은 물론 도와주는 손길에 어느 정도 달려 있기는 하다. 그러나 아이가 건강하고 잘 큰다면, 어머니에게 제한을 둘 이유는 전혀 없다. 남성 문명이 들어서자 어머니는 사회의 중앙부에서 완전히 사라졌다. 여자가 아이와 하는 모든 일은 개인 가정이라는 폐쇄된 문 뒤에서 일어났다. 그리스 사람들이 젊은 소녀가 결혼을 해서 남편의 집 밖으로 나가지 못하는 걸 얼마나 열망했는지 기억하는가? 여자의 지적이고 신체적인 잠재력을 세상과 분리시킨 것은 **문화**였지, 어머니가 되어서 그런 것이 **아니다**.

나는 어머니가 된다는 것이 여자에게 종속적인 삶을 살고 투명 인간이 된다는 의미가 아니길 바란다. 아이를 낳으라고 광고하기 위해서가 아니다. 여자로 하여금 **정말** 자유롭게 어머니가 **되고 싶다는 것**을 결정할 수 있게 하려면 그렇게 해야 한다. 우리는 바로 이 지점에서 시작해야 한다. 여자를 아이 낳는 사람이라는 기능으로 받아들이지 말고 사회에서 완전한 배우자, 반대자, 생각하는 사람, 행위자이자 계획자로 수용할 수 있으려면 말이다. 이런 모습을 한 번 상상해보라. 독일에서 직장에 다니는 모든 여자가 단 하루 갓난아이를 유아원이나 유모한테 맡기지 않고, 자신이 직접 등에 업거나 가슴에 끈으로 묶은 채 일을 하러 간다고 말이다. 사무실이나 슈퍼마켓 계산대에서 일하고, 대학에서 강의를 하고, 뷰티살롱에서 일하고, 박람회에 일하고 있는데, 만일 갓난아이가 배고플 때마다 젖을 주기 위해 가슴을 드러내고 기저귀를 갈아줘야 할 때마다 뒷방으로 간다고 치자. 시간이 얼마나 걸리든 상관없이 말이다. 물론 이런 상상은 터무니없게 들릴 수 있지만, 어쨌거나 판매나 서비스는 상상할 수 없을 만큼 오래 걸릴 것이다. 화난 고객들이 불만을 터뜨려 난장판이 되고, 생산과 매상에 손실이 나고, 결국 모두가 폭발할지 모른다. 그러나 이는 재산과 임금을 바탕으로 하는 남성 문명이 의미하는 갈등과 제한을 사회 연결망이나 언론에서 내놓는 보도보다 훨씬 감동 깊게 전달하는 것일 수 있다.

중장기적으로 그와 같은 행동을 펼치면—1975년 아일랜드에서는 여성들이 대대적인 파업을 했다(여자들 90퍼센트가 하루 동안 일을 그만두었다)—이해를 얻을 수도 있다. 한편으론 어머니를 요구하는 목소리가 무지막지했고, 다른 한편으론 남자에게 맞춰 재단된 문명은 성과나 업무가 멈추는 것을 미리 내다보지 못하는 구조적 오류를 드러냈다.

남자는 문명에 보이지 않는 경계를 그어두었고, 이 경계는 가족 내에서는 물론 공적인 삶에서도 그들에게 권력을 안겨주었다. 이 경계는 처음엔 능동적으로 작동했으나 나중엔 문제가 매우 많은 것으로 드러났다. 그러니 이런 경계를 무너뜨리도록 하자. 여자를 데려오도록 하자. 특히 사회적으로 중요하지 않은 인물로 존재하고 파트너로서 폭력에 노출되는 소외된 어머니들을 밖으로 불러내자. 사생활과 부부라는 관계를 약간 느슨하게 함으로써 집 안의 폭력에 희생당하는 여자에게 이득을 안겨줄 수 있다. 수많은 사람이 문명의 분열로 나타난 부정적 현상으로 인해 피해를 보기 때문이다. 이를 개별적인 사례라고 간주하는 부류는, 그런 과제와 문제는 각자가 해결해야 한다고 믿는다. 그러나 그들은 해결책을 발견하지 못해 문제 해결을 포기할지도 모른다. 그들은 자신의 문제가 실제로는 사사로운 문제가 아니라 훨씬 광범위하다는 걸 알지 못할 수도 있다. 여기에서 문제란 바로 남성 중심의 문명이다.

신 없는 인류
일신교의 한계

우리는 결혼 제도와 성적 윤리의 완화에 대해 얘기하면서, 이 두 가지를 유례없을 정도로 확고하게 고정시킨 구조를 도외시할 수는 없다. 바로 일신교다. 기독교와 이슬람교가 바로 그것이다. 이 두 종교는 가장 많은 신자를 거느리고 있지만, 이보다 훨씬 중요한 것은 공통적으로 남자이자 유일한 신을 믿는다는 점이다. 두 종교의 구체적 관습엔 많은 공통점이 있다. 요컨대 기원, 아버지-신이라는 생각, 여자에 대한 평가 절하, 무자비한 팽창 의지를 공통적으로 가지고 있다.

여기서 영성이나 신심은 종교와 동일하지 않다는 사실을 다시 한번 기억해야 한다. 영성이란 자신에게 의미심장해 보이는 방식으로 세상을 설명하려는 사람들의 충동이다. 반면 종교란 이와 같은 충동에 대한 문화적 대답이다. 따라서 영성은 자연적으로 존재하지만, 종교와 그 종교의 내용은 당대의 문화적 환경에 사는 인간들이 꾸며낸다. 신이란 인간이

고안해낸 하나의 이념이다. 이와 같은 문화적 이념이 나에겐 중요하다.

이러한 이념은 억압할 수 있는 수단을 한가득 안고 있을 뿐 아니라, 의심할 바 없이 다른 사람과 교류할 때를 위해 온갖 의미심장한 장치를 마련해두고 있다. 그렇기 때문에 오늘날에도 우리는 여전히 종교를 지지하는 사람들로부터 듣는 말이 있다. 신이라는 이념이 없다면 사람에게 윤리라는 것이 존재하지 않을지도 모른다는 얘기다. 윤리도 없고, 헌신도 없고, 사랑도 없고, 선도 없다. 문화적인 것과 인간의 정신적 발전은 일신교가 없었더라면 부족한 게 많았을 것이다. 내가 이 책을 쓰기 위해 가볍게 2만 년이라는 인간 역사와 문화를 헤집고 난 뒤, 한 가지는 확실히 말할 수 있게 되었다. 즉, 종교적 이념은 인간을 불공평과 폭력으로부터 조금도 떼어놓지 못했다는 것이다. 반대로 종교는 인간의 본성에 여자, 소수 민족과 이웃을 상대로 전쟁을 치를 훨씬 많은 이유를 제공했다.

인간의 본성은 선하지도 악하지도 않다. 헌신적이지도 이기적이지도 않다. 이러한 특성을 모두 가지고 있기 때문이다. 자신의 이익에 도움이 되는 것을 선택할 뿐이다. 인간에게 종교 같은 도구를 손에 쥐어주면, 어떤 위치에 있는지 그리고 개인적 본성이 어떠한지에 따라 이웃에 사랑을 베풀 수도 있고 끔찍하게 잔인한 행위를 저지를 수도 있다. 이렇듯 두 가지 모두 가능한 결과에 대해서는 비판적 평가가 필요하다. 이때 우리는 부정적인 경우나 종교의 이름으로 행한 범죄, 여전히 범죄를 행하고 있는 골칫덩어리만 고려해서는 안 된다. 모든 종교에는 파리 한 마리도 죽이지 않으려는 선한 신자들이 더 많다. 하지만 일신교는 시작부터 사람들에게 이루 말할 수 없는 고통을 안겨주었다. 그래서 일신교를 평가할 때 그 부정적인 작용이 더욱 중대할 수밖에 없다. 직접적인 작용뿐 아니라 장기적인 작용을 고려할 때 말이다.

종교적 동기를 가진 단 한 명의 암살범이 수많은 사람을 죽이고, 다치게 하고, 트라우마를 겪게 할 수 있다. 세계무역센터를 공격함으로써 서구 세계 전체의 자아상을 완전히 바꿔버린 사건을 기억해보라. 단 한 명의 추기경이 수백 명의 아이들을 강간할 수도 있다. 단 한 곳의 기독교 병원이 많은 여자의 낙태 수술을 거부할 수도 있다. 마녀사냥 덕분에 죄 없는 사람, 특히 7만 5000여 명의 여자가 유럽에서 짐승처럼 처참하게 살해당했다. 그리고 단 하나의 종교가 선교 활동을 통해 전체 문화를 말살해버릴 수도 있다. 예를 들어 에스파냐 탐험가 프란시스코 피사로(Francisco Pizarro)가 16세기 초반 오늘날의 페루에서 잉카 왕 아타우알파(Atahualpa)와 대적했을 때, 200명의 기마병으로 1만 명에 달하는 잉카 군인들을 무찔렀다. 에스파냐인이 공격을 하게 된 결정적 빌미는 아타우알파와 그에게 《성경》을 내밀고 설교하기 시작한 에스파냐 성직자 때문이다. 한 번도 책을 보지 못한 잉카 왕은 당황했고, 그래서 《성경》과 성직자를 밀어냈다. 성직자는 피사로에게 이러한 이교도적 오만함에 대해 보고했고, 그 순간 잉카 왕과 그 전사들의 운명은 정해졌다. 비슷한 장면을 세계 어디에서나 볼 수 있다. 특히 유럽 이주민과 선교사들에 의해 희생당한 사람은 이루 헤아릴 수 없을 정도다.

"하지만 그 모든 것은 종교의 **이름**으로 일어난 것이지, 종교가 내린 **지시**는 아니잖아요! 그러니 종교에는 죄가 없습니다"라고 반박할 수도 있다. 하지만 이렇게 간단하게 결론 내릴 수 있는 일은 아니다. 하나의 종교는 상급 기관이 무엇을 자극하는지에 의해서만 판단해서는 안 된다. 신도들이 일상에서 상급 기관의 이야기를 어떻게 전달하는지에 의해서도 판단해야 한다. 신도들이 그런 이야기를 좋은 목적으로 사용하는지 여부, 사람들이 그런 이야기를 통해 더 향상되는지 여부에 따라서도 판단해야 한다는 의미다. 종교는 기관일 뿐 아니라 추종자 전체이기도 하다. 만일 이슬람교도의 폭력적 행위가 일어난 뒤 《코란》에 정통한 자들이 그 모든 것은 종교와 상관없는 일이라고 언급하면서 죄가 없다고 한다면, 이는 교회라는 조직의 비호 아래 저지른 수천 번의 성추행이 기독교 신도들과는 상관없는 일이라고 주장하는 것과 마찬가지로 적절하지 못하다. 문제는 메카에서 기도하거나 모든 성가를 줄줄 외고 있는 평화로운 신자들이 아니다. 그러나 그들도 시스템을 떠받치고 있다. 기관은 신도들에 대한 책임을 안고 있으며, 신도들은 기관에 대한 책임을 안고 있다. 둘 중 그 누구도 권력 악용과 폭력 그리고 인간 혐오라는 문제에 직면했을 때 자신의 믿음에 대한 해석 뒤에 숨어서 책임을 회피해서는 안 된다.

일신교의 핵심은 선이나 이웃 사랑 또는 윤리가 아니라 무관용이다. 세상에는 진정한 신이 한 분밖에 없다고 가르치면, 신도들은 어쩔 수 없이 관용을 베풀 수 없다. 일신교의 교리에 따르면 모든 다른 종교는 오판한 것이 된다. 이슬람교로 개종한 사라센인들이 무함마드가 살아 있던 시절에 벌써 칼을 들고 나섰다는 사실을 기억하는가? 사라센인들은 주변 민족들에게 윤리를 가르쳐주기 위해 칼을 들 필요는 없었다. 오늘날 기독교가 22억이라는 신도를 보유함으로써 모든 종교 가운데 가장 거대하다는 사실은 전 세계 사람들이 이 종교에 열광한다는 의미가 아니다. 이런 어마어마한 신도 수는 공격적인 선교와 강제 기독교화 그리고 피투성이 전쟁 덕분이기도 하다. 단 한 명의 신을 모시고, 남자를 여자 위에 두고, 신도를 신도가 아닌 사람 위에 두는 문서를 숭배하는 일신교는 윤리적이지 않다. 이것은 지극히 비윤리적이다. 이념은 불공평하고, 그 이념을 둘러싼 문서도 불공평하고, 거기서 나온 특히 여자에 대한 규칙도 불공평하다.

수천 년 동안 유럽의 기독교 교회는 권력과 너무나 밀접하게 연관되어 있어 현세의 권력과 종교적 권력을 구분하는 것이 머리카락을 나누는 일과 비슷할 정도였다. 국가의 수장은 종교 지도자들로부터 강력한 영향을 받든가, 아니면 스스로 매우 종교적인 사람이었다. 콘스탄티누스 황제는 신이 자신에게 말을 전했다고 믿고는 기독교를 로마 제국의 국교로 만들었다. 1095년 예루살렘을 정복하기 위한 최초의 십자군 전쟁은 교황 우르바노 2세가 소집했다. 그럼에도 사람들은 오늘날의 세계 질서가 일신교의 효과적인 지원 덕분에 피로 물든 토대 위에 세워진 것이 아닌 듯 행동한다.

이런 비난은 평화로운 신도들에게 향하는 게 아니라, 일신교가 만들어낸 폭력의 합법화를 반대하는 것일 따름이다.

이는 시스템이 범한 오류이지, 종교를 강요당한 대다수 죄 없는 사람들의 오류가 아니다. 이런 말이 너무 가혹하게 들리는가? 그러나 어린아이에게 행하는 세례는 또 어떤가? 아이들이 아직 말도 못 하고 결정을 내릴 수 없기 때문에 세례는 강요의 성격이 덜하다고 말할 수 없다. 아이가 어떤 종교의 신도가 되도록 부모가 결정해버린다. 이슬람교에서는 이런 과정도 필요 없다. 신생아의 귀에다 대고 몇 마디 기도만 하면 이로써 신도가 된다. 부모의 종교가 자동적으로 자식의 종교가 된다는 것은 아이들이 일신교라는 분위기 속에서 성장한다는 의미다. 부모는 굳이 신앙심이 돈독할 필요도 없다. 이미 축제, 학교에서 하는 종교 수업, 성서 강독으로도 충분하다. 나의 부모님이 종교적이 아니었음에도 불구하고 나는 '사랑하는 하느님'이나 예수가 그의 아들이라는 생각을 하며 성장했다. 갓난아이 때부터 심어준 인상으로부터 탈피한다는 게 얼마나 어려운지는 정절을 지키며 살아가는 부부에게서 볼 수 있다.

하지만 만일 성생활에 변화를 주고자 한다면, 그와 같은 생각으로부터 해방되어야 한다. 교황은 2020년에야 비로소 동성애자도 '하느님의 자식'이며 결혼할 권리를 마땅히 가져야 한다고 인정했다. 이는 매우 위대하고 중요한 결단이긴 하지만, 그럼에도 사람들은 여전히 불공평하게 판단을 내리곤 한다.

이렇듯 종교의 구속에서 벗어나지 못한 채 세속화가 덜 됨으로써 특히 이슬람교를 믿는 국가들은 극단적으로 엄격한 성 윤리를 갖기에 이르렀다. (앞서 말했지만 국가들 간 그리고 도시와 농촌 간에도 상당한 차이가 있지만 말이다.) 많은 젊은 남자가 상호 합의에 의한 혼전 섹스를 원하지만, 반대로 '예의 바른' 자기 아내는 처녀이며 무조건 정절을 지켜주길 기대한다. 따라서 그들은 성적 경험을 할 수 있는 파트너 여자를 발견하지 못하는 상황을 스스로 만들어내는 셈이다. 이 같은 조건에서는 성적 경험을 한 여자는 모든 것을 잃을 수도 있다. 이런 여자는 가족에게 돌아가야 하고, 사회로부터 존중받지 못하고, 자신의 자유와 생명마저 위협받는 상황에 놓이곤 한다. 2017년과 2018년에 발생한 두 사건의 경우처럼, 춤을 추거나 미니스커트 입은 모습을 인터넷에 올린 여자는 사우디아라비아에서는 물론 이란에서도 체포당한다. 자신의 가족으로부터 벌을 받기도 한다. 이슬람교의 관습을 어겨 아버지의 집안에 치욕을 안겨준 젊은 여자들이 오빠와 삼촌 그리고 아버지에 의해 살해당하는 일이 점점 늘어나고 있다. 이런 짓으로 여자의 잘못된 행동을 벌하고 사회에서 가족의 명예를 되찾고자 하는 것이다.

남자의 성생활을 강력하게 억압함으로써, 주로 이슬람교를 신봉하는 국가들에서는 여자가 감당해야 하는 성적 부담이 거의 일상화되었다. 국제연합의 연구에 따르면, 이집트 여자의 99퍼센트가 남자로부터 희롱이나 추행을 경험했고, 거의 50퍼센트는 기존 관계나 이전 관계에서 가정폭력을 당했다고 한다. 이런 국가에서는 억압적이고 충족되지 못한 남자의 성적 욕구가 여자에게 심각한 위험으로 작용한다. 여자가 직접 성적인 결정을 못 하게 하는 범죄는 흔히 비난조차 받지 않는다. 남자는 무리를 지어 정체성을 숨긴 채 비행을 저지르기도 하는데, 이런 일을 법적으로 전혀 다루지 않곤 한다. 사우디아라비아에서는 2018년에야 비로소 성추행에 대한 벌을 내리고 있다.

종교의 권력과 막강함을 무너뜨리려면, 우리는 아이들의 성교육에서 시작해야 한다. 윤리적 가치 때문에 기독교적으로 또는 이슬람교적으로 살아가는 부모는 자신의 아이들에게 이와 같은 가치를 전달할 수는 있지만 신도 가입을 강요해서는 안 된다. 아이는 자유롭게 종교를 선택할 권리를 가져야 한다. 그 어떤 세례와 기도로도 아이를 종교의 신도로 만들어서는 안 된다. 서구에서는 무종교가 점점 늘어나고 있음에도, 부모가 자식을 강제로 가입시킴으로써 종교에 소속된 교도들의 수는 전 세계적으로 증가하고 있다. 그래서 어마어마한 신도가 있다는 착각을 심어준다. 만일 종교를 정할 수 있는 최소한의 나이─예를 들어 16세─를 정한다면, 종교는 겉보기에만 거인이었다는 사실이 드러나고 말 것이다. 신도 수는 자발적인 사람들로만 구성되어야 하며 스스로 선택하지 않은 사람을 포함해서는 안 된다. 그럼에도 부모의 영향력은 충분히 강해서 많은 청소년이 부모의 종교를 선택한다. 그러나 적어도 청소년은 다른 결정을 할 기회를 가져야 한다. 현재 많은 아이들에 대한 기본 설정은 '어떤 종교의 신도'로 되어 있다. 미성년자도 종교에 소속될 가능성이 있지만 모든 사람에 대한 기본 설정은 '무종교'여야 한다. 종교 추종자 중에서 너드(nerd: 소극적이고 사회성이 떨어지는 사람—옮긴이)를 자체 관리하는 게 아니라 사전 동의제로 바꾸는 것이다. 그래야만 우리는 일신교 추종자가 실제로 어느 정도인지 알 수 있다.

종교적 성향을 가진 교육 단체를 국유화하는 것도 종교로부터 자유로운 어린아이를 만드는 일에 해당한다. 특히 어리고 영향을 많이 받는 아이를 돌보는 유치원에서는 종교적 영향력을 행사할 수 없게끔 해야 한다. 건물의 벽이나 시설에 교사가 종교적 상징물을 걸어두거나 소지해서도 안 된다. 종교적인 문서를 낭독해서도 안 되고, 식탁에서 기도를 해서도 안 된다. 부활절이나 크리스마스 같은 종교적인 축제도 해서는 안 된다. 머리에 쓰는 히잡은 물론 기도를 위한 양탄자나 기도실도 금해야 한다. 오늘날 우리는 종교로부터 자유로운 교육을 통해 아이들에게 진짜 어른으로 성장할 수 있도록 하자는 논쟁을 하고 있다. 유치원이나 학교에서 끊임없이 종교적 표징에 둘러싸인 채 자라는 아이는 중립적으로 성장하지 못한다. 성년이 되면 힘들게 떨쳐버려야 하는 불필요한 종교적 짐과 함께 성장하는 것이다.

물론 부모는 자신의 믿음에 따라 자식을 교육해야 하고 자기 집에서는 종교 축제를 벌여도 무방하다. 그러나 아이들은 '외부'에서는 그렇지 않다는 걸 배워야 한다. 독일에 사는 이슬람교도에게는 일상이 그러하다.

그들은 소수에 해당하고 공공연하게 자신의 전통을 따를 수 없기 때문이다. 하지만 기독교 상징, 우화, 축제, 공휴일은 중부 유럽에서 반드시 챙기는 행사 목록이다. 성 마르틴 축제일의 연등 행진, 크리스마스에 공연하는 예수 탄생 연극, 구내식당에서 금요일마다 나오는 생선 요리, 성금요일의 춤 금지, 성경에 나오는 이름이나 그리스도 정신을 담고 있는 이름을 따서 자식의 이름을 짓는 행위 등등. 부활절과 크리스마스가 되기 한 달 전부터 벌이는 열띤 소비와 장식 행위에 대해서는 두말할 필요도 없다. 이런 것이 바뀌어야 한다. 아이들은 종교로부터 자유로운 공간을 뭔가 당연한 것으로 알아야 한다.

이런 걸 변화시키기 위해 우리는 종교가 누리고 있는 특별한 사회적 지위를 살펴볼 필요가 있다. 설명할 수 없지만 일신교는 사회적 관용─불가지론자와 무신론자에게서도─을 향유하고 있다. 왜 우리는 기독교와 이슬람교를 종파, 신화와 밀교적 이념에 따라 구분하는가? 이미 언어상으로도 믿음(Glauben)과 미신(Aberglauben) 사이에는 차이가 있다. (Glauben에 Aber가 붙어 Aberglauben이 된다. aber는 '그러나'라는 뜻이다─옮긴이.) 왜 그럴까? 이와 같은 모든 현상의 핵심에는 형이상학적 가설이 중요한데, 실제로 존재하지는 않지만 믿음을 가진 자들이 존재한다고 **믿는** 게 그것이다. 일신교는 영원히 예외가 되어서는 안 된다. 안수례(按手禮)와 텅 빈 땅 그리고 검은 고양이를 불행이라 여기고 빛으로부터 영양분을 얻는다고 믿는 사람과 일신교를 믿는 사람을 다르게 간주해서는 안 된다. 일신교 신자가 알루미늄 포일로 만든 보사〔알루미늄 보사는 1927년 출간된 줄리언 허슬리(Julian Huxley)의 과학 단편소설 〈조직 배양의 왕(The tissue-culture king)〉에 나온다. 주인공은 이런 모자를 쓰면 텔레파시의 효과를 차단할 수 있다고 생각한다─옮긴이〕를 쓰고 있지 않다고 해서, 그들의 종교가 덜 비이성적이라고 할 수는 없다. 예를 들어, 천사(기독교의 상징으로서)를 믿는 사람을 요정을 믿는 사람보다 왜 더 이성적이라고 간주하는가? 소란스러운 유령을 믿는 사람보다 왜 더 이성적으로 간주하는가? 또는 인간처럼 생긴 파충류나 외계인을 믿는 사람보다 왜 더 이성적으로 보는가?

물론 개인은 자신이 원하는 걸 믿어야 한다. 그러나 이러한 믿음이 대중적이 되려면 엄격한 제한을 둬야 한다. 사회정치적 논쟁에서 종교적 신화의 증가에 대해 언급하며 흔히 계몽주의 시대를 호출하곤 하는데, 바로 인간의 이성과 지성이 승리를 거두었던 시대다. 그러나 종교가 비종교적 구조와 밀접하게 엮여 있는 한, 종교가 모든 사회적 발전에 개입하는 한, 종교를 당 이름에 붙이는 정당이 존립하는 한 우리가 계몽된 세계에 살고 있다고 말할 수 없다. 계몽되고 이성을 추구하는 세계는 형이상학적 가설로부터 자유롭다. 이런 세계는 과학적으로 증명할 수 있는 현상을 지향하지 환상적인 존재를 지향하지 않는다. 따라서 국가와 종교를 완전히 분리하는 것이 더 공정한 문명을 이루기 위해 반드시 필요하다.

종교적 상징을 직장에서 금지하는 것은 상대적으로 단순한 조치이며, 특히 공공시설에서의 금지가 그러하다. 국가는 법적으로 중립성을 의무로 삼아야 한다. (종교적 상징은 그 자체로 중립적이지 않다.) 모든 노동 계약서에는 직원이 건물 내에서 종교적 형상을 들고 다니거나 걸거나 세워둬서는 안 되며, 눈에 보이는 종교적 장식품이나 의복을 둬서도 안 된다는 조항을 포함해야 한다. 또한 뉴스나 대중 매체에서 전하는 종교 소식도 있어서는 안 된다. "교황이 ~라고 말했다" 같은 소식을 뉴스에서 보도해서는 안 된다. 이런 소식이 다만 보충하는 내용뿐일지라도 말이다. 신도와 그 추종자를 제외하면 교황이 무엇에 대해 어떻게 생각하는지에 대한 소식은 그 누구에게도 중요하지 않다. 인터넷 시대이므로 신도들은 다른 방식으로 그런 소식을 전파할 수 있다. 왜 대중 매체가 종교적 소식을 전달함으로써 그 종교의 확장을 도와준단 말인가? 뉴스는 종교 지도자의 대변자가 되어서는 안 된다. 뉴스는 이를 통해 기독교 교회에 원래 가지고 있는 위치 이상으로 사회적·정치적 중요성을 부여한다.

이로써 우리는 다음 조치를 취할 수 있다. 즉, 광고 금지가 그것이다. 종교는 적극적으로 선교 활동을 할 수 없게끔 해야 한다. 사람들은 오로지 자신이 관심 있을 경우에 한해 종교에 관한 정보를 얻고 그 종교에 발을 들일 수 있어야 한다. 이 말은 보행자 구역이나 문 앞에 종교 전단지를 뿌려서는 안 된다는 뜻이다. 또한 신도를 예배에 부르는 종소리나 이슬람의 무에친(Muezzin)같이 청각적인 신호도 금지해야 한다. 자명종으로 동일한 기능을 대체하도록 해야 한다. 종교를 믿는 신도는 예배와 기도 시간을 이용해야겠지만, 경건해지기 위해 청각적 기억이 필요한 사람의 믿음은 어쩌면 대수롭지 않은 것일 수도 있다.

물론 규모 때문에 사적인 행사로 그칠 수 없는 종교적 행사도 있다. 헌당식, 교황의 설교나 순례 여행은 수백만 명의 사람을 모이게 한다. 당연히 신도들은 공공의 장소에 모여서 의견을 교환해도 무방하다. 하지만 **종교 단체 외부에** 행사를 알리는 고지를 해서는 안 되며, 종교를 믿지 않는 사람들을 새로운 신도로 받아들이기 위한 포스터나 그 밖의 게시물도 전시해서는 안 된다. 이에 따라 종교적 모임에 대한 소식도 뉴스로 알려서는 안 된다. 속세에서의 중요한 사건, 예를 들면 범죄나 대중이 공포에 빠지는 사건의 경우는 예외다. 이러한 종교적 행사에서 나온 연설과 예배도 뉴스로 요약해서 전달할 필요가 없다. "헌당식은 평화롭게 진행되었고, 수많은 인파가 모였다. 개최 측은 행사 마지막에 이웃에 대한 사랑이 얼마나 중요한지를 다시 한번 강조했다." 이런 소식은 뉴스가 아니라 종교 광고다. "저 사람들이 얼마나 평화로운지 봐. 더 나은 세상을 위해 노력하는 거야."

물론 인터넷 발명 이후 무엇이 공적이냐는 질문은 매우 어려운 문제다. 다른 사람에게 자신의 믿음을 설득하기 위해 유튜브 비디오를 찍는 사람은 기본적으로 보행자 구역에서 전단지를 나눠주거나 선교를 위해 대문 초인종을 누르는 사람과 똑같이 광고를 하고 있는 셈이다. 이와 같이 중요한 논쟁을 계속 이어가는 것 외에도 긴급한 해결책이 있다. 종교나 음모론을 전파하는 사람에게 그 근거를 밝히는 의무를 부여하는 것이다. 오늘날 유튜브나 인스타그램에서 상표를 언급하거나 돈을 받을 경우 '광고'라는 사실을 밝혀야 하는 의무 조항과 비슷하다.

그 밖에 종교는 의학과 성윤리에 관한 모든 문제에 개입해서는 안 된다. 어떠한 전통적이고 종교적인 확신도 여자가 베일을 써야 하는지, 낙태를 해도 되는지, 청소년이 혼전 섹스를 해도 되는지, 사망에 이를 정도로 아픈 사람에게 존엄한 죽음을 허락해야 하는지 결정해서는 안 된다. 이에 관한 종교의 의견은 신도를 제외하고 그 누구에게도 해당되지 않는다. 신도는 개인적으로 종교의 의견에 따라 살아도 그만이고 사적인 낙원을 기대해도 좋다. 그러나 그 밖의 다른 사람들은 통제하는 걸 좋아하고 특히 여자를 억압하는 데 관심이 많은 종교로부터 방해받지 말아야 한다. 여자의 심리적이고 신체적인 건강에 관한 문제라면 특히 그러하다. 이와 같은 이유로 교육 시설뿐 아니라 병원과 요양원 그리고 호스피스도 국영

화해야 한다. 사람의 생명과 건강에 관한 결정은 중립적인 위치에서 내려야 한다. 인간의 생명이 신에 의해 만들어졌고, 따라서 자신의 바람에 의해 혹은 건강상의 징후에 따라 끝내서는 안 된다고 믿는 사람들이 그러한 결정을 내려서는 안 된다.

국가가 중립성을 지켜야 할 의무가 있다면, 우리는 기독교민주연합이라는 종교적 배경을 가진 정당을 새롭게 평가해야 한다. 국가의 척추에 해당하는 정부가 중립적이지 않고 종교적 색채를 표방하는 정당에 의해 구성되었다면, 이는 실제로 해결할 수 없는 모순을 불러일으킨다. 명백하게 종교와 연관 짓는 정당은 제거되어야 한다. 물론 종교적인 사람이 정당 소속의 직위를 가지거나 국가의 수장이 될 수는 있다. 하지만 그들이 추종하는 정당은 종교적인 깃발 아래 움직여서는 안 된다. 기독교민주연합은 2019년 당원 가운데 90퍼센트가 기독교나 가톨릭을 믿는 사람이었다. 이처럼 한 정당에 종교적 가치가 밀집되어 있는 현상은 국가의 중립이라는 가치와 완전히 모순된다.

우리가 비종교적이고 이성을 바탕으로 하는 사회를 원한다면—우리는 정의를 바라기 때문에 그런 사회를 원한다—신성불가침한 것에 접근해야 하는데, 종교적 경축일이 그것이다. 무신론자인 나는 항상 이런 말을 듣곤 한다. "오, 종교를 반대하시는군요? 그래도 경축일은 기꺼이 즐기시잖아요!"

아니다. 나는 그렇지 않다. 나는 몇 년 전부터 크리스마스를 위해 집 안을 장식하지 않았으며, 부활절은 이미 오래전부터 그렇게 해왔다. 선물도 원하지 않고 다른 사람에게 선물을 하지도 않는다. 기본적으로 매일이 일하는 날이기 때문에 프리랜서인 나에게 경축일은 아무 의미도 없다. 사회적 압박과 전통에 굽히지 않음으로써 무엇보다 나는 예전보다 더 자유로워졌다. 과거에는 다른 많은 사람처럼 몇 주에 걸쳐 계획을 짜고, 과제를 해결하고, 엄청난 선물을 구매하는 일에 정신이 없었다. 하지만 이제는 연말이 되면 너무나도 여유 있게 시간을 만끽할 수 있다.

물론 사람들은 축제일 덕분에 휴가를 얻는다. 그러나 문화사를 보면 사람들이 특정한 날을 기념해야 할 비종교적 사건과 인물은 너무나 많다. 홀로코스트 희생자를 위한 국민 애도의 날도 있을 테고, 인권 운동가들을 기리는 날과 과학적인 성공을 위한 축제일도 있을 수 있다. 종교적인 경축일을 비종교적인 경축일로 대체하는 일은 정말 어렵지 않다. 비종교적인 경축일은 물론 종교적인 경축일과 겹치지 않게 다른 날을 선택해야 하는데, 그렇지 않으면 종교적 동기를 지워버릴 수 없을지 모른다. 물론 종교를 믿는 신도는 원래의 축제일을 계속 유지할 수 있지만, 단 하루의 휴가를 보내거나 휴가 때 축제를 할 수 있도록 제한해야 한다. 기독교 국가에서 기독교를 믿지 않는 많은 사람이 오늘날 이미 이렇게 하고 있다. 많은 사람이 주장하듯 종교는 공적인 행사에서 결국은 사적인 행사가 되어야 한다.

신도들은 신앙에 따른 생활, 즉 집회, 사업, 예배, 행사를 계속할 수 있어야 한다. 다만 이 모든 종교적 활동을 그 종교를 믿지 않는 사람들 뒤에서 해야만 한다. 모든 사람은 하나의 종교를 따를 권리를 갖고 있지만, 또한 종교로부터 완전히 자유로운 환경에서 살아갈 권리도 있다.

아이들이 종교적 특징으로부터 자유로운 어린 시절을 보낼 수 있도록 해야 한다. 이런 종교적 특징은 자유인이라면 받아들일 수 없는 환경으로 우리를 몰고 간다. 여기서 제일 먼저 여자에게 항상 짐을 안겨주는 성

윤리를 꼽을 수 있다. 모든 가부장적 구조에서 그러하듯 (일신교적) 종교는 제일 먼저 남자의 관심에 봉사한다. 권력을 공고하게 다지고, 재산을 증식하고 통제하는 범위에서 성생활을 할 수 있는 기회를 제공한다. 규모가 큰 일신교는 문명을 만든 남자들이 일찍이 고안해낸 시스템 가운데 가장 관대하지 못하고 억압을 많이 한다. 이미 전능한 남자 신이라는 기본 이념이 여자에 대한 평가 절하, 광적인 통제, 권력욕을 표현한다.

이와 같은 교리를 믿고 사는 사람은 그런 시스템을 지원하는 셈이며, 이는 잘못이다. 사람은 손가락을 더럽히지 않고 신이라는 독재자를 따를 수 없다. 이로부터 최선의 것을 얻을 수는 없다. 이런 종교의 일부로 남거나 남게 될 모든 사람은 자동적으로 일신교의 피비린내 나고 관용 없는 역사뿐 아니라 여자를 경멸하는 동기도 계속 이어간다. 이런 점을 의식하길. 항상.

내 돈 내 문제
세상은 새로운 가치가 필요해

지금까지는 좀더 공정한 문명을 위해 내가 제안하는 삶의 영역을 다루었다. 이런 영역에서 모든 사람은 자신의 개인적 삶의 방식을 통해 해결책의 일부가 될 수 있다. 그러나 우리는 오래된 구조물을 무너뜨리기 위한 마지막이자 어쩌면 가장 힘든 부분에 이르렀다. 바로 재산, 즉 돈이다. 결혼 및 자녀 교육 등과 관련해―제한적이지만 종교와 달리―그 누구도 심각한 결과를 예상하지 않고 돈과 임금 노동이라는 시스템하고 결별할 수는 없다. 뭔가 변하기 위해 바로 이 부분에서 전 세계적으로 좀더 대대적인 조치를 취해야 한다. 이 책의 주제가 지닌 중요도를 고려할 때―이것이 그렇게 큰 영향을 주지 않을지라도―나는 이를 실행하기가 가장 어렵다고 본다.

　나는 남성 문명이 장기간 억압을 계속하는 과정에서 돈의 발명이 어떤 핵심적 기능을 했는지 서술했다. 돈이 없었다면 그들은 그토록 완벽하게 여자의 자립을 방해할 수 없었을 것이다. 임금 노동이 없었다면 특정 활동과 분야에 대해 상이한 가치 평가를 내릴 경우에도 한계를 정할 수 있었을 것이다. 유럽 식민주의자들에게 재산이라는 생각이 없었다면 잘 모르는 문화권에 가서 약탈을 할 수는 없었을 것이다. 돈과 함께 탐욕도 생겨났다. 인간이 스스로 생산해낸 자원을 모으고자 하는 충동은 만족을 모르기 때문이다. 이로 인해 사람들은 점점 더 많은 것을 가지려 애쓴다. 오늘날의 기업이 무자비할 정도로 극단적인 성장을 추구하는 것은 개인의 수집 충동이 더 큰 상업 구조로 옮겨갔을 뿐이다. 몇 년 전부터 자발적으로 가진 것을 제한하고 무한 성장을 목표로 삼지 않는 경제를 요구하는 사람들이 생겨났다. 이로부터 성장을 비판적 견해로 보는 역성장(degrowth) 운동이 나타났다. 이 운동은 이제 막 시작했지만 '점점 더 많이'라는 지배적 원칙에 대한 진보적 대안이 될 수도 있다.

돈으로 인해 인간의 노동은 문화적 기준에 따라 상이하게 평가받는다. 돈이 없다면 노동은 유연한 가치를 가질 것이다. 한 조각의 고기는 구하기 힘들고, 그래서 장작 하나에 비해 더 소중하다. 따라서 사냥꾼은 특히 중요한 사람이다. 그런데 무리들이 혹독한 겨울에 얼어 죽을 위험에 빠지면, 나무를 수집하는 노동이 이들에게 과거보다 더 의미 있게 된다. 생존하기 위해 장작이 갑자기 식량의 일부에 불과한 고기 조각보다 더 중요해지기 때문이다. 노동 그리고 노동력의 가치는 대체로 무리들의 실제 수요에 달려 있다.

그런데 돈은 다르다. 인간의 사회적 지위를 공동체에 대한 그들의 가치로 측정하지 않고 인위적 자원인 '돈'에 따라 측정함으로써 복지 사회에 기괴한 상황이 벌어졌다. 2020년 시작된 코로나19 유행병은 이 사회의 척추를 형성하는 노동력이 얼마나 힘들 수 있는지를 드라마틱하게 보여주고 있다. 몇 종류만 열거하면 의료 종사자, 수공업자, 간병인, 판매원, 미화원 등이 있다. '시스템의 본질'이라는 개념이 갑자기 언론에 등장했는데, 이는 특정 업계는 문명의 기본 골격을 유지하기 위해 필요한 분야인 반면 다른 분야는 반드시 필요하지는 않고 바이러스를 방어하기 위해 엄격한 조건을 지켜야 한다는 의미다. 여기서 시스템에 반드시 필요한 직업은 그 중요성에도 불구하고 흔히 공동체에 직접적인 가치를 갖지 못하는 '불싯 잡(bullshit job: '쓰레기 같은 직업'이라는 뜻으로, 2018년 데이비드 그레이버 교수가 출간한 책의 제목이기도 하다. 원서에 따르면, 이런 직업은 "유급 고용직으로 그 업무가 너무나 철저하게 무의미하고 불필요하고 해로운 탓에 그 직업의 종사자조차도 그것이 존재해야 할 정당한 이유를 찾지 못하는 직업 형태"다―옮긴이)'보다 보수를 훨씬 적게 받는다는 사실이 드러난다. 기업의 이사들은 매년 수백만 유로의 연봉을 받는 반면, 컨베이어 벨트에서 일하는 노동자―이들을 착취하지 않으면 이사들은 아무것도 아닐 수 있다―는 겨우 먹고살 정도의 임금만 받는다. (여기서 그치지 않고 코로나19 유행병으로 인해 노동자는 더욱더 뼈 빠지게 일하고 경우에 따라서는 건강상의 위험도 안는 반면, 기업의 간부나 이사들은 유행병을 피하기 위해 가능한 한 안전하고 편안하게 시골에 마련해둔 집에 머물고 있다.)

위의 글과 연계하자면, 유행병은 100년 만에 닥친 겨울이고 간병인은 장작을 모으는 사람에 해당한다. 간병인은 공동체에 이루 다 평가할 수 없는 봉사를 하고 있지만, 간병은 경제적인 의미에서 아무런 수익을 창출하지 못한다. 그 때문에 그들은 돈의 시스템이 돌아가는 사회에서 처참하게 낮은 수준의 임금을 받는다. 가격 정책을 펼칠 때 평균 수입을 기본으로 잡는 곳에서는―서로 너무나 차이가 나는 보수의 경우(가난한 사람과 부자의 차이)—우리가 많은 서구 국가에서 볼 수 있듯 동일한 노동 시간에도 더 적은 보수를 받는 사람이 난관을 극복하기가 점점 더 힘들어지고 있다.

이렇듯 엄청난 보수의 차이를 사장(여자가 사장인 경우는 드물다)이 책임지고, 따라서 그에 맞는 보수를 받아야 한다는 이유 하나로만 설명하는 것은 그야말로 터무니없다. 오로지 회사의 수익을 올리는 데만 봉사한다면, 그 어떤 책임이나 정신노동도 수백만 유로의 연봉을 받을 가치는 없다. 그런데 대부분 그렇게 하고 있다. 기업에서 올린 수익은 길든 짧든 언젠가는 가난한 시민에게 흘러 들어갈 것이라는, 오랫동안 경제 정책에서 통용되던 믿음은 지극히 순진한 생각일 수 있다. 수익을 최대화하기 위해 취하는 첫 번째 조치가 인건비 줄이기에 있다는 사실을 보기만 해도 그렇다. 이것은 노동자 해고, 법률로 정한 금액 이하로 지불하는 임금, 늘어난 수익이 아니라 줄어든 매상에 따라 지불하는 임금을 말한다. 이와 같은 방식으로 어마어마한 부자로 사는 기업의 이사진, 어떻게 가족을 부양해야 할지 자문하는 직원들이 생겨났다. 활동에 대한 가치와 이런 활동에 종사하는 사람에 대한 가치는 더 이상 그들이 버는 돈이 아니라, 그들의 노동이 **실제로** 사회에 어떤 유용성이 있는지에 따라 결정되어야 한다.

사람의 생물학적 하부 구조를 다시 생각해보면, 불공평한 임금 분배에 대해 '더 많은 책임'이라는 이유와는 다른 설명을 제공한다. 우리는 빈틈없는 위계질서를 가지고 있으며, 이 위계질서의 꼭대기에는 스스로 알파 수컷이라고 부르는 자들이 있다. 이 알파 수컷은 자신에게 명예와 부 그리고 여자를 얻게 해주는 인위적인 자원을 자발적으로 위계질서의 아래에 있는 사람들에게 분배해야만 한다. 그런데 이런 알파 존재가 자신에게는 기괴할 정도로 많은 돈을 내주면서, 다른 사람들에게는 먹고살기엔 부족하지만 그렇다고 죽어버리기엔 많은 돈을 지불하고 있다. 이 얼마나 놀라운 일인가? 위계질서의 상위에 있는 남자는 자원을 무한정 쌓으려는 욕망이 있고, 다른 사람, 특히 다른 남자에게는 매우 아래쪽 자리에 머물게 하려는 충동이 있다. 우리는 이것을 대체로 개인적 예외로 관찰하고, 그를 특별히 탐욕스러운 사람으로 볼 수도 있다. 하지만 이러한 모습은 자연 상태에서 남자끼리 벌였던 성적인 경쟁 태도를 그대로 반영한다. 고도로 문명화한 세계에서, 특히 정의 운동이 펼쳐지고 있는 우리의 세계에서 남자의 그와 같은 태도는 비윤리적이다. 그래서 나는 그와 같은 태도가 자연적이고, 그러므로 기대했던 그대로 수용하는 것이 그만큼 더 중요하다고 본다. 기업의 이사진이 윤리적으로 행동하는지 눈을 크게 뜨고 관찰하고, 그렇지 않을 경우는 무엇보다 그들을 비윤리적이라고 **평가해야** 한다. 이렇게 해야 그러한 불공평을 사전에 막는 조치를 내릴 수 있다.

수집 충동이 성별에 따른 특수성이 아니기 때문에 여자도 경우에 따라 주머니를 가득 채우는 일을 멈추지 않을 수 있다. 위계질서는 성적인 도태라는 경쟁 때문에 순전히 수컷들 사이에 강하게 드러나기는 하지만, 동물 세계를 보면 순수하게 수컷한테만 있는 게 아니다. 암컷 사이에서도 서열 있는 동물이 많다. 그래서 나는—만일 여자만이라도 위대한 시도를 감행한다면—극단적으로 불공평한 재산 분배라는 현상이 극적으로 바뀔 것이라고 생각한다.

인위적인 자원을 우리 문명의 경제적 기본으로 만들려 한 의도는 근본적으로 오류였다. 이런 오류가 되돌릴 수 있는 것인지, 아니면 더 이상 되돌아갈 수 없는 또 다른 지점에 와 있는 것인지에 대해 나는 말하고 싶지 않다. 우리 모두는 재산에 대한 바람을 내면 깊숙이 숨겨놓았기 때문에 재산뿐 아니라 돈을 벌기 위한 노동도 우리 정체성의 일부가 되었다. 이 두 가지는 글자의 발명이나 옷을 착용하는 것처럼 대체할 대안이 없어 보인다. 내가 인류사와 문화사를 섭렵한 후 깨달은 것은, 돈으로부터의 해방은 짧은 기간에만 나타났다는 사실이다. 앞에서 내가 시간적인 기준에 대해 얘기했듯 나는 시간을 세 자릿수, 혹은 더 나아가 네 자릿수까지 염두에 두고 있다는 걸 여러분은 알고 있을 것이다. 그렇다. 나는 최소한 1000년, 어쩌면 그 이상이 걸릴 수도 있다고 본다. 과거 1000년을 돌아보면, 일상의 삶은 매우 많이 변했지만 기본 구조는 거의 변함이 없다. 돈은 여전히 기본적인 구조다.

어떤 길이 빛이라고는 못 본 채 돈을 사냥하며 살아온 우리를 이 긴긴 터널에서 꺼내줄 수 있을까?

우선 우리는 탐욕에 대해 한번 살펴봐야 한다. 자유 시장은 정치를 통해 좀더 강력하게 조정되어야 한다. 가난한 자와 부자 사이의 간격은 좁혀져야 하며, 이는 대기업 회장들에게 호소해서 해결될 문제가 아니다. 동맹 파업이나 노동조합도 불공평한 복지 분배를 막을 수 없으며, 이는 미래에도 마찬가지다. 남녀 모두를 포함한 노동자가 겪고 있는 끔찍한 불공평을 직접 바꾸는 과제는 대기업 수장들을 굴복시키고자 하는 의지를 갖춘 정치만이 할 수 있다. 원형 경기장에서 춤추는 곰처럼 대기업에 의해 휘둘리지 않고 세금과 제약 그리고 의무를 부과함으로써 대기업에 더 공정하라고 압박해야 한다. 정치는 기업에 더 막강한 의무를 부과하고, 이익을 노동자에게 나눠주도록 해야 한다. 대기업이 얻는 수익이 크고 이사진과 노동자 사이의 연봉 차이 또한 매우 큰 까닭에 이와 같은 조치는 주로 대기업을 상대로 이뤄져야 한다.

그다음 단계는 자연적으로 존재하지 않는 자원에 대해 인위적인 포만감을 만들어줘야 한다. 개인 재산에 상한선을 정한다거나 높은 세율 또는 모든 기본 욕구를 충족해줄 수 있는 무조건적 기본 소득을 제공함으로써 그와 같은 포만감을 만들어줄지 여부는 토론을 해봐야 한다. 높은 상속세 역시 생전에 재산을 축적하려는 노력에 한계를 그을 수 있다. 그렇게 하면 개인의 재산은 매 세대마다 다시 줄어들 것이다.

고용주가 근로자에게 월급뿐 아니라 집도 제공할 의무를 주는 세계가 있다고 잠시 상상해보기 바란다. 만일 법적으로 기업가에게 직원이 걱정 없이 살 수 있도록 하라고 정해둔다면, 불공평도 줄어들 뿐 아니라 노동자가 늙어서도 가난에 빠지는 일은 줄어들 것이다. 자본주의라는 다람쥐 쳇바퀴에서 살아가는 수많은 사람이 꿈꾸는 마이 홈과 여유 있는 노년 생활이 갑자기 이뤄질 수도 있다. 높은 지위에 있는 관리자뿐 아니라, 단순 노동을 하는 노동자에게도 말이다. 그 누구도 몇 푼 안 되는 연금 수령 시기를 앞두고, 25년 동안 컨베이어 벨트에서 일한 시절을 회고해서는 안 된다.

그처럼 전반적인 부양을 통해 기업의 성장 욕구에 한계를 정해줄 수 있다. 왜냐하면 수익이 많은 직원을 부양할 정도로 무한하지는 않기 때문이다. 이렇듯 성장이 줄어들면 시장에 활기를 불어넣을 수 있다. 새로 설립된 회사들이 진정한 기회를 가질 수도 있기 때문이다. 몇몇 거대 기업이 세계 경제라는 케이크를 나눠 먹는 시스템에서는 경쟁자가 나올 수 없다. 그 밖에 기업의 규모를 제한하면—예를 들어 페이스북이나 아마존에서 볼 수 있듯—자기 입맛대로 정치를 움직일 만큼 기업이 권력을 갖지 못한다. 회사가 직원에게 제공하는 집을 건설하면 상당한 인기를 얻을 텐데, 이는 단순직에 종사하는 직원뿐 아니라 높은 지위에 있는 대기업 임원들에게도 마찬가지다.

의무 조항에 따른 거주지 제공은 아이를 더 이상 가난에 빠뜨릴 위험에 노출시키지 않음으로써 특히 여자에게 헤아릴 수 없는 장점을 부여한다. 그 밖에 근로자들이 회사가 얻는 수익을 자동적으로 분배받으면, 연봉 협상 때 화는 나지만 그걸 표출하지 못하는 모든 사람(특히 여자가 차별대우를 받는다)의 부담도 덜어줄 수 있다. 남녀 차별 대우에 대해 엄격한 조치를 취하는 국가는 당연히 젠더 프라이싱에 빗장을 먼저 걸어야 한다. 이와 같은 이념을 가지고 있음에도 우리는 여전히 남자가 만든, 돈을 기반으로 한 문명의 경계선 안에서 움직이고 있을 뿐이다.

내가 국가는 자유 시장에 개입해야 한다고 말할 때, 즉각 자본주의의 반대 개념인 공산주의를 떠올릴 사람도 많다고 본다. 정말 반대 개념일까? 오늘날 우리가 세계에서 볼 수 있는 공산주의는 자본주의와 마찬가지로 재산과 돈을 근거로 한다. 재산과 돈을 국가가 배분해주는 것이다. 자유 시장 경제란 전혀 존재하지 않는다. 기업도 국가에 속하고, 국가는 누가 얼마만큼 받을지 결정한다. 이때 공산주의 국가에서는 대기업에서 일어나는 일이 대부분 발생한다. 소수의 우두머리는 돈주머니가 터질 정도로 소유하며, 평범한 사람은 근근이 살아간다. 이런 모습이 청동기 시대에 지중해 남동 지역의 궁전 경제(palace economy)를 떠오르게 하는 것은 우연이 아니다. 위계질서가 갖추어진 국가에서는 권력이 상대적으로 소수에게 집중되어 있으며, 이는 민주주의에서도 다르지 않다. 그러나 공산주의 국가는 재산에 대한 관리 권한까지 더 갖는다. 이러한 전권을 유지하기 위한 공산주의 정부의 노력은 민주주의 국가에서보다 한층 더 격렬하며, 흔히 독재와 비슷한 상황으로 이어진다. 그리하여 위에서 가하는 압박을 통해서만 유지될 수 있는 시스템이 발생한다. 공산 정권은 대체로 인권에 반대하고 자유로운 의사 표현, 자유선거, 자유로운 시위, 자유로운 사람에 대해서도 반대한다. 비판이 나오면 여성 해방이나 국가를 버리고 이주할 생각을 가진 사람들처럼 억누르고 억압한다. 공산주의는 유복한 소수의 정부 관료가 아무것도 갖지 못하고 받을 수도 없어 평생 버둥거리며 사는 민중을 다스리게 만들었다. 의식 있는 사람이면 누구든 공산주의 국가를 목표로 삼아서는 안 된다. 공산주의 국가는 더 공정한 사회를 만드는 데 실패했기 때문이다.

공산주의를 긍정적으로 보는 사람은 개인이 동일한 재산을 소유함으로써 사회 내에 있는 위계질서를 폐지하는 게 공산주의라고 설명하려 할지 모른다. 모든 사람의 노동은 그 노동으로부터 금전적인 장점을 이끌어낼 수 없으므로 동일한 가치를 지닌다고 말이다. 공산주의의 기본 생각은 평등이고, 공동체에 속한 모든 사람에게 이러한 평등을 가르치고, 모든 사람은 동일하게 많거나 적은 권력 또는 재산을 소유한다고 설명한다. 유목민은 평등한 삶의 방식을 영위했고, 남녀평등은 여성 선택의 삶의 방식이다. 어떤 성별이 다른 성을 지배하지도 않았고, 여자는 남자와 동일한 일을 할 수 있었다. 남자의 위계질서가 우리의 문명을 어디로 이끌어갔는지 살펴보면, 공산주의의 기본 이념은 전혀 문제가 없는 것처럼 들린다. 그러나 실제로 사람들은 타고난 성품을 바꿀 수 없으며, 위계질서가 갖춰진 국가와 돈을 공산주의 정부에 주는 거대한 권력은 사람을 모두 부패시킨다.

하지만 불공평이 특히 만연해 있는 시장에 개별적으로 개입한다고 해서 자본주의 국가가 단번에 공산주의 국가로 변하지는 않는다. 예를 들어 대기업에 취하는 극단적으로 강력한 제재처럼, 염세적인 상황을 누그러뜨리기 위해 '공산주의적' 조치를 몇 가지 사용하는 것은 재산(특히 돈)이 덜 중요한 역할을 하는 문명 세계로 나아가는 과도기를 만들어낼 수도 있다.

오늘날의 민주주의는 권위적이고 억압적인 국가 구조와 상당히 동떨어져 있는 것처럼 보인다. 그렇지만 현대 민주주의에서도 하층에 속하는 국민이 더 많은 권력을 갖지는 않는다. 이런 국민은 상층에 있는 사람들에 비해 수적으로 더 많지만, 일상생활의 기본을 바꿀 가능성은 전혀 없다. 기업들이 로비 활동을 통해 정치에 영향을 줄 수 있는 데 반해, 낮은 교육을 받은 사람이나 돈을 적게 버는 사람은 이와 같은 가능성을 갖지 못한다. 고대에 분명하게 볼 수 있었던 금권 정치는 더 이상 없지만, 현재의 정치도 사회 보장금을 수령하는 사람이나 한 부모 가정처럼 대다수를 차지하는 국민의 욕구보다는 소수 기업가의 욕구를 더 충족시켜준다. 이처럼 위계질서가 있는 국가의 불공평은—민주주의에서도 원치 않는 부작용이 아니며—아무도 예측할 수 없었던 유감스러운 결과가 아니다. 그것은 바로 시스템이 안고 있는 본질적 성분이다. 따라서 불공평은 모든 국가 형태에서 나타난다. 어떤 국가에서는 많이 나타나고, 또 어떤 국가에서는 적게 나타날 뿐이다. 평범한 시민의 노동과 전투력을 바탕으로 복지를 이루고 위계질서를 갖춘 국가에서는 공평한 사회를 원치 않는다. 남자의 위계질서로 조직된 국가는 약탈자에게 약탈할 재료를 제공하는 구조인 것이다.

이 지점에서 문화론자들은 이렇게 말할지도 모른다. "우리는 사람들에게 생존의 충동과 탐욕의 차이를 가르쳐야 한다." 물론 이런 말은 틀린 게 아니다. 우리는 돈이 오늘날의 매머드와 맞먹는 것이라는 생각을 버려야 한다. 일하러 가는 남자는 사냥하는 유목민과 유사점이 하나도 없다. 출산 후 사회로 돌아갈 수 없는 여자는 자립적인 산족 여자와 공통점이 없다. 우리는 더 많은 돈을 필요로 하지도 않고, 사치나 매년 새로운 기술적 장치도 필요하지 않다. 다만 기본 욕구만 충족하면 되는데, 이것이 바로 매머드다.

하지만 사고의 전환은 절반의 해결책에 불과하다. 모든 국가에 있는 모든 학교가 앞으로 500년 동안 매일 사람은 사치를 필요로 하지 않는다고 가르치더라도, 재산에 대한 멈출 수 없는 열망을 내면에서 깨워주는 수백 년 된 유전자 정보는 우리의 세포에서 사라지지 않을 것이다. 또한 남자의 위계질서에 대한 본능도 사라지지 않을 텐데, 이러한 본능의 진화상 목표는 다른 남자들보다 자기 의지를 우선적으로 관철시키고자 하는 데 있다. 남성 문명에서 재산은 사회적 지위뿐 아니라 섹스할 기회와도 동일시될 뿐만 아니라, 자기 보존 및 안전과도 당연히 관계가 있기 때문에, 재산이란 개념은 결혼이나 성 윤리보다 더 깊숙하게 우리의 내면에 뿌리를 내리고 있다. 그러므로 좋은 교육보다 더 많은 조치, 예를 들어 자연적인 충동이 고조되는 것을 막아줄 안전장치가 필요하다. 사유 재산의 상한선을 정하거나 사업자에게 근로자의 주택 제공 의무를 부여하는 조치가 그것이다. 지금까지 더 나은 세상을 만들기 위해 내가 제시한 여러 가지 제안처럼 이 지점에서도 여러분에게 요구할 것이 있다. 즉, 현재의 세계 질서처럼 대안이 없어 보이는 기본 조건의 근거에 대해서도 의문을 갖고 생각해보길 바란다.

후기

친애하는 독자 여러분, 여기까지 읽느라 고생하셨지만 이제 책을 마무리할 때가 되었습니다. 이 책의 마지막이 남성 문화의 마지막이었으면 좋겠습니다. 아니면 적어도 마지막에 한 발자국이라도 다가간다면 좋겠습니다.

무엇보다 미래에 대한 나의 이상이 현재의 시선으로 보면 모험처럼 들릴 것입니다. 그리고 반드시 추진해야 할 현실성 있는 단계로도 들리지 않겠지요. 그러나 가능한 방법을 보여줄 뿐 아니라 동시에 남성 문화와는 기본적으로 다른 사회가 어떤 모습이어야 하는지 대략적으로 그려보는 것이 나는 중요하다고 봤습니다. 물론 그 누구도 첫 단계부터 아이들의 세례를 금지하고, 원하는 섹스 인형을 제공하고, 결혼 제도를 폐지하고, 모두에게 동일한 임금을 제공하는 법을 도입할 수는 없습니다. 우리 앞에는 끝없이 긴 길이 놓여 있습니다. 이 길을 걸어가면서 성적 윤리, 여자의 자화상과 자의식, 그리고 돈과 재산과 인간관계가 세대와 함께 변해야겠지요. 비판적인 대중이 많아지고 사람들의 현실이 기존 사회 구조와 더 이상 공통점이 없을 때, 비로소 오늘날의 가치 체계에서 보면 터무니

없는 것 같은 조치들이 다음 단계에 도입될 것입니다.

내가 남성 문명을 그토록 극단적으로 분석한 이유는 간단합니다. 사람들은 불공평을 전제 조건으로 삼는 시스템을 내부에서 자체적으로 바꿀 수 없기 때문이지요. 정의 운동은 수백 년 전부터 시도되어왔지만 성공하지 못했습니다. 이는 그 운동의 무능 때문이 아니라, 남녀를 공평하게 대우할 계획도 없고 오히려 명백하게 배제시키는 구조 때문입니다. 남자는 수천 년 넘게 위계질서와 불공평이 내재하는 관료들로 이루어진 권력망을 구축해두었습니다. 모든 공직자는 자신의 지위라는 테두리 안에서만 행동할 수 있을 뿐이며, 개인의 권력 관계를 바꿀 가능성은 지극히 제한적입니다. 지금까지 직장과 가족을 단일화시키고자 숱하게 노력해왔으나 실패했습니다. 물론 우리는 노동 시간을 줄일 수 있고 줄여야 하며 국영 어린이 돌봄 시설을 향상시켜야 하지만, 이 두 가지를 통해 경제를 바꿀 수는 없습니다. 오늘날 작동하고 있는, 수익 창출을 위해 노동력이 반드시 필요한 경제는 매일 동일한 성과(가능한 한 적은 돈으로)를 내야 합니다. 보존하고 유지하는 노동과 생산적인 노동이 동등한 가치가 있다고 여기며 그에 상응하는 사회적 지위를 통해 보상할 때에야 비로소 여자가 동등한 가치를 지니고 사회 건설에 진정으로 참여할 수 있을 것입니다. 돈이 의미를 부여하는 삶의 수단이라는 편견을 벗어나야 비로소 돌봄 노동의 가치를 제대로 평가할 수 있을 것입니다.

집 안이라는 내면의 세계에서 여자를 밖으로 이끌어내기 위해 우리는 경계를 허물어버려야 합니다. 사생활과 공공의 생활 사이에 있는 경계, 사회 계층 사이의 경계, 국가 사이의 경계도 마찬가집니다. 국가, 계층, 성별을 지구라는 폐쇄적인 생태계에서 모두가 모두의 행동에 의해 영향을 받고 살아가는 방식의 일부라고 파악해야 합니다. 우리는 존재와 삶의 조건에 있어 공통점이 전혀 없고 서로 소외된 섬에서 살고 있는 게 아닌 것입니다. 모두가 모두의 행동에 영향을 받는 지구라는 폐쇄적인 생태계에서 살아가는 일부라고 파악해야 합니다. 성생활 그리고 노동력의 착취와 억압은 남자가 우리 사회를 만들 때 동반된 현상이 아니라 그 기초입니다. 그래서 정의로운 사회를 만들려면, 우리는 여성 할당제와 개발도상국 원조보다 훨씬 더 심도 있고 크게 생각해야 합니다.

이 책에서 언급한 그 어떤 것도 몇 년 안에 이 세상을 개조할 수는 없습니다. 그것이 현실적으로 보이든 비현실적으로 보이든 상관없습니다. 많은 부정적이고 불공평한 발전이 앞으로도 계속 이어질 것입니다. 그런 발전이 점진적으로 유지될지 아니면 갑작스럽게 시스템의 붕괴를 가져올지 나는 모릅니다. 실제로 점차 향상되기보다 붕괴할 가능성이 많다는 증거들이 있습니다. 그럼에도 인류는 문명을 건설적으로 만들 기회가 아직 있다고 나는 믿고 있습니다. '미래를 위한 금요일', 미투와 '흑인의 목숨도 중요하다' 같은 운동의 극단적 접근법은 오늘날에도 이미 많은 사람이 우리 문명에는 기본적으로 바뀌어야 할 게 있다는 걸 이해하고 있다는 점을 보여줍니다. 그러니 성적 본능에 의해 발생한 세상의 왜곡을 바로잡도록 합시다.

이를 위해 반드시 필요한 것은 인문과학과 자연과학의 화해이며, 보편적인 해답을 찾고자 하는 무한한 노력입니다. 독일 철학자 미하엘 슈미트살로몬(Michael Schmidt-Salomon)은 수년 전부터 '지식의 통합'을 요구해 왔습니다. 이러한 요구는 바로 진화생물학적 사실을 제외하는 것이 아니라, 이런 사실들을 고려해 윤리적인 삶의 기본을 만들어보자고 제안합니다. 문화는 진화생물학적 패턴, 그러니까 유전자에 근거를 둔 패턴, 예를 들어 여성 선택을 폐지하자는 식으로 반대를 하는 경우가 많습니다. 그러나 문화는 진화적 본능을 강조할 때도 많은데, 남자가 거의 모든 구조에 심어둔 경쟁 위주의 위계질서 같은 경우입니다. 여기서 우리는 진화에 의한 남자의 본성뿐 아니라, 건강하지 못하며 자연을 기괴할 정도로 보강한 형태도 보게 됩니다.

내가 인간의 생물학적 특징도 수용하는 문명을 스케치한다면, 사람들이 이러한 문명을 향해 친절하게 눈짓을 보낼 것이라는 의미가 아닙니다. 이러한 생물학적 특징을 예견하고 고려하는 문명을 말합니다. 특정 현상이 나타날 수 있으며, 이런 결과에 대한 안전장치를 준비하는 것입니다.

정비 모드를 전혀 갖추지 않은 지금의 시스템에서 이와 같은 과제는 무한하게 어려울 것으로 보입니다. 세계 질서의 근본적 변화는 수많은 세대를 거쳐 지속될 테고, 이런 변화는 많은 희생자를 요구할 것입니다. 우리가 믿고 있는, 그래서 상실하면 고통스럽게 될 가치의 상징적 희생도 있고, 실제 희생도 있을 것입니다. 남성 문명의 방어도 끔찍한 수준이 될 것이며, 따라서 (인셀) 폭력은 아마도 더 증가하고 사람들은 더 힘들어질 것입니다. 그래도 우리는 필요한 변화를 위해 마음을 열어야 합니다. 특히 남성 문명의 승자들에 의해 짓밟혀온 사람들을 위해 그렇게 해야 합니다.

이런 고통을 당신도 배격하지 마시길 바랍니다. 사람들은 괴로워하고, 이미 오늘날에도 전 세계에서 이러한 변화를 위해 노력하고 있습니다. 정의를 구축하는 운동을 펼치며 가부장적 세계 질서의 기둥에 매달려 있는 사람들은 적대시당하고, 낡은 법을 근거로 체포당하거나 길거리에서 살

해당하기도 합니다. 여기에서 볼 수 있듯 이러한 희생자를 막을 방법은 없습니다. 그러나 우리가 변화를 위해 필요한 양보를 제대로 한다면, 이러한 희생이 헛되지 않게 할 수 있습니다.

우리에겐 그렇게 시간이 많지 않습니다. 세상은 변하고 있습니다. 당신도 그걸 느끼고 있죠?

인간은 자신이 원하는 것을 할 수는 있다. 그러나 자신이 원하는 것을 원할 수는 없다.

—아르투르 쇼펜하우어

참고문헌

모든 책과 논문을 이 책에서 인용할 수는 없었지만, 모두 나에게 영감을 주었고 인간의 공동생활에 대한 문화적·생물학적 측면을 조망할 수 있도록 도와주었다.

책

Bäuerlein, Theresa & Knüpling, Friederike: "Tussikratie", Heyne, 2014.

Colapinto, John: "Der Junge, der als Mädchen aufwuchs", Goldmann, 2002.

Dening, Sarah: "Mythology of Sex", Macmillan, 1996.

Diamond J.: "Warum macht Sex Spaß?", S. Fischer, 1998.

Fielder, Christine; King, Chris: "Culture Out of Africa. Sexual Paradox: Complementarity, Reproductive Conflict, and Human Emergence", 2006.

Forberg, Friedrich Karl: "De Figuris Veneris", Harvard University, 1884.

Karras, Ruth Mazo: "Sexualität im Mittelalter", Artemis & Winkler, 2006.

Kline, A. S.: "Ovid: The Love Poems—The *Amores, Ars Amatoria* and *Remedia Amoris*", www.poetryintranslation.com/klineaslovepoems.php.

Krebs, John R., Davies, Nicholas B.: "Einführung in die Verhaltensökologie", Blackwell, 1996.

Lee, Richard B.: "The Dobe !Kung", Holt Rinehart & Winston, 1984.

Puigaudeau, Odette du: "Barfuß durch Mauretanien", NG Taschenbuch, 2009.

Rudder, Christian: "Inside Big Data—Unsere Daten zeigen, wer wir wirklich sind", Hanser, 2014.

Symons, Donald: "The Evolution of Human Sexuality", Oxford University Press, 1979.

Tyldesley, Joyce: "Daughters of Isis: Women of Ancient Egypt", Penguin Books, 1995.

Veyne, Paul: "Als unsere Welt christlich wurde", C. H. Beck, 2008.

Voland, Eckhard: "Soziobiologie: Die Evolution von Kooperation und Konkurrenz", Springer Spektrum, 2013.

논문과 웹사이트

남성중심주의와 여성 차별

Mehta, L. S. et. al.: "Acute Myocardial Infarction in Women: A Scientific Statement From the American Heart Association", Circulation, 2016.

https://www.theguardian.com/lifeandstyle/2019/feb/23/truth-world-built-for-men-car-crashes.

https://www.zeit.de/wissen/gesundheit/2019-02/gendermedizin-gesundheit-aerzte-patient-medikamente-maenner-frauen-gleichberechtigung.

https://www.deutschlandfunknova.de/beitrag/gendermedizin-medikamente-koennen-je-nach-geschlecht-unterschiedlich-wirken.

돌봄 노동

https://www.boeckler.de/108549_108559.htm.

구석기 시대와 고대

Falkenstein, F.: "Geschlechterrollen und Sozialstatus im Spiegel der neolithischen Gräberfelder von Aiterhofen-Ödmühle und Trebur", 2004.

Mansperger, M. C.: "The precultural human mating system", Hum. Evol. 5, 1990, S. 245-259, https://doi.org/10.1007/BF02437241.

https://www.newscientist.com/article/mg21628900-300-palaeo-porn-weve-got-it-all-wrong/.

피임

http://factsanddetails.com/world/cat56/sub365/item1939.html.
http://de.muvs.org/topic/wie-frauen-in-der-antike-verhueteten/.

핵가족

http://www.spektrum.de/news/kernfamilie-schon-in-der-steinzeit/973990.

동굴 벽화와 에로틱 예술

http://www.hominides.com/html/art/representationshumaines-art-prehistorique-perigord.php.
http://www.timesofisrael.com/4000-year-old-erotica-depicts-a-strikingly-racy-ancient-sexuality/.
http://www.bbc.com/travel/story/20150921-indias-temples-of-sex.
http://www.zeno.org/Philosophie/M/V%C4%81tsy%C4%81yana+Mallanaga/Das+Kamasutram.
http://www.donsmaps.com/vulvastoneage.html.
http://donsmaps.com/venustimeline.html.

고대 법률

https://books.google.de/books?id=8CVvAkZHATkC&printsec=frontcover&hl=nl#v=onepage&q&f=false.
http://avalon.law.yale.edu/ancient/hamcode.asp.

평등에서 가부장제로 변환

http://homepages.gac.edu/~arosenth/265/Aristotle_Good Wife.pdf.
http://la.utexas.edu/users/hcleaver/368/368AristotlePolitics.html.
http://www.perseus.tufts.edu/hopper/text?doc=Perseus:text:1999.01.0058:book=2:section=1272a&highlight=wise%2Cmeasures.

https://www.smithsonianmag.com/science-nature/why-homo-erectus-lived-like-a-baboon-128417111/.

유전자적 병목 현상

Karmin et al.: "A recent bottleneck of Y chromosome diversity coincides with a global change in culture", Genome Res. 2015, 25(4): S. 459-466.

http://denisdutton.com/baumeister.htm.

http://www.scienceagogo.com/news/20040819224859data_trunc_sys.shtml.

https://psmag.com/8-000-years-ago-17-women-reproduced-for-every-one-man-6d41445ae73d#.28x6z4ioh.

폭력

Sorensen, Lisa Guminski: "Forced extra-pair copulation and mate guarding in the white-cheeked pintail: timing and trade-offs in an asynchronously breeding duck", Animal Behaviour 48(3), September 1994.

http://www.rbb-online.de/politik/beitrag/2015/01/Palaestinenser-Ahmad-Mansour-betreibt-De-Radikalisierung-mit-jungen-Moslems-in-Berlin.html.

http://fra.europa.eu/de/press-release/2014/gewalt-gegen-frauen-sie-passiert-taglich-und-allen-kontexten.

http://www.who.int/reproductivehealth/publications/violence/9789241564625/en/.

http://www.rki.de/DE/Content/Gesundheitsmonitoring/Studien/Kiggs/Basiserhebung/GPA_Daten/Gewalterfahrungen.pdf?__blob=publicationFile.

https://www.unicef.org/media/files/FGMC_2016_brochure_final_UNICEF_SPREAD.pdf.

http://www.csus.edu/indiv/m/merlinos/thornhill.html.

https://www.spektrum.de/news/frauenraub-in-der-steinzeit/958066.

https://www.mdr.de/zeitreise/weitere-epochen/neuzeit/hexenhammer-laienspiegel102.html.

https://insidearabia.com/ancient-leblouh-tradition-endanger-lives-mauritanian-women/.

http://www.thenewhumanitarian.org/report/85036/mauritania-force-feeding-declinemore-dangerous.

위계질서와 노동

Wroblewski, E. E. et.al.: "Male dominance rank and reproductive success in chimpanzees, Pan troglodytes schweinfurthii", Animal Behaviour, 77(4), 2009, S. 873-885.

http://www.faz.net/aktuell/beruf-chance/arbeitswelt/frauen-im-vorstand-scheitern-haeufiger-als-maenner-13415920.html.

https://www.zeit.de/politik/deutschland/2018-09/gleichberechtigung-frauen-diskriminierung-fuehrungspositionen-ministerien/komplettansicht.

https://www.sueddeutsche.de/karriere/gehalt-kind-frauen-ungerechtigkeit-1.4303712.

호르몬

Penfold et al.: "Seasonal patterns of LH, testosterone and semen quality in the Northern pintail duck (Anas acuta)", Reproduction Fertility and Development, 12(3-4), S. 229-235.

Spektrum Kompakt: Hormone—Boten im Körper, Dossier, 2015.

https://www.ncbi.nlm.nih.gov/pubmed/18157628.

https://www.sciencedirect.com/science/article/pii/S0191886916301623.

http://www.goettinger-tageblatt.de/Campus/Goettingen/Geruchswahrnehmung-Riechen-ist-Kopfsache.

http://unews.utah.edu/news_releases/did-lower-testosterone-help-civilize-humanity/.

인셀과 인셀 예방

https://www.nytimes.com/2018/05/02/opinion/incels-sex-robots-redistribution.html.

https://www.sueddeutsche.de/leben/gewalt-frauen-incel-1.4311214.

https://www.overcomingbias.com/2018/04/two-types-of-envy.html.

https://www.psychologytoday.com/intl/blog/keeping-kids-safe/201007/sex-love-and-school-shooters-eric-harris.

남자들의 생식

https://sciencenorway.no/childlessness-fathers-forskningno/a-quarter-of-norwegian-men-never-father-children/1401047.

매춘 금지

https://www.nzz.ch/gesellschaft/20-jahre-prostitutionsverbot-in-schweden-was-hat-das-gesetz-gebracht-ld.1425003.

https://www.derstandard.at/story/2000112260678/sexkauf-zu-verbieten-erhoeht-gewalt-gegen-prostituierte.

섹스 인형

https://www.zeit.de/2017/46/kathleen-richardson-silikonpuppen-anthropologin.

https://www.woman.at/a/maenner-sexpuppen.

https://www.vice.com/de/article/qkg7vv/warum-manche-maenner-lieber-mit-sexpuppen-schlafen.

https://www.faz.net/aktuell/gesellschaft/plastik-ehe-mit-lebensechten-sexpuppen-in-china-13541353.html.

성생활(파트너 선택, 관계, 생식)

Dhondt, A. A.: "Polygynous Blue Tits and Monogamous Great Tits: Does the Polygyny-Threshold Model Hold?", The American Naturalist, 129(2), 1987, S. 213-220.

Dunson, D. B. et al.: "Changes with age in the level and duration of fertility in the menstrual cycle", Human Reproduction, 17(5), 2002.

Ethnographic Atlas Codebook, World Cultures, 10(1), S. 86-136.

Friedl, Ernestine: "Sex the invisible", American Anthropologist, 96(4), S. 833-844.

Utami, S. S. et al.: "Male bimaturism and reproductive success in Sumatran orang-utans", Behavioural Ecology, 13(5), 2002.

Wynne-Edwards, K. E.: "Biparental care in Djungarian but not Siberian dwarf hamsters (Phodopus)", Animal Behaviour, 50(6), 1995, S. 1571-1585.

https://www.ncbi.nlm.nih.gov/pubmed/22268980.

http://labs.la.utexas.edu/buss/files/2015/09/Cues-to-Exploitability.pdf.

http://psp.sagepub.com/content/41/11/1459?etoc.

http://www.ncbi.nlm.nih.gov/pubmed/21400335.

http://well.blogs.nytimes.com/2011/03/22/sex-and-the-long-term-relationship/.

https://www.parship.de/editorial/unternehmen/presse/pressemeldungen-2015/
parship-wissen-so-wird-das-nichts-deutsche-singles-warten-beim-flirten-auf-
den-ersten-schritt/.

https://www.elitepartner.de/magazin/warum-gibt-es-so-viele-singles.html.

http://www.spiegel.de/spiegel/print/d-39523493.html.

https://www.destatis.de/DE/Themen/Gesellschaft-Umwelt/Bevoelkerung/
Eheschliessungen-Ehescheidungen-Lebenspartnerschaften/Publikationen/
Downloads-Eheschliessungen/scheidungsstatistik-2010140167004.pdf?__blob=
publicationFile.

https://www.nytimes.com/2014/10/30/fashion/tinder-the-fast-growing-dating-app-
taps-an-age-old-truth.html?referrer=&_r=1.

성윤리와 종교

Kreuzer, S.: "Entstehung und Entwicklung des monotheistischen Gottesbildes",
2000, S. 48-66.

https://en.unesco.org/countries/Saudi-Arabia.

https://en.unesco.org/countries/afghanistan.

https://themuslimtimes.info/2017/03/27/divorce/.

https://www.womeninislamjournal.com/articles/2018/10/30/a-single-mother.

http://www.christian-dicker.de/9.Die%20Frauenfeindlichkeit%20der%20Bibel.htm.

https://www.zeit.de/gesellschaft/zeitgeschehen/2017-01/sexualitaet-islam-erotik-
vormoderne-entwicklung.

http://www.spiegel.de/panorama/welche-sexualregeln-der-islam-vorschreibt-a-892686.
html.

http://www.taz.de/!5062688/.

https://www.bpb.de/politik/grundfragen/parteien-in-deutschland/zahlen-und-
fakten/140358/soziale-zusammensetzung.

https://www.bpb.de/apuz/290795/kurze-geschichte-des-paragrafen-218-strafgesetzbuch.

https://www.zeit.de/gesellschaft/zeitgeschehen/2020-08/brasilien-zehnjaehriges-maedchen-schwangerschaftsabbruch-religioeser-extremismus.

https://www.zeit.de/kultur/2017-10/sexualitaet-vulva-begriff-genitalien-10nach8.

https://www.zeit.de/arbeit/2019-09/sexualkundeunterricht-sexualkunde-schule-aufklaerung-sex.

https://www.zeit.de/2016/52/aufklaerung-sex-schulen-teenager-hundert-fragen.

https://web.archive.org/web/20140729005606/.

http://mommynoire.com/115128/dear-nicki-minaj-open-letter-father/.

은폐된 배란

Adams, D. B. et al.: "Rise in Female-Initiated Sexual Activity at Ovulation and Its Suppression by Oral Contraceptives", New England Jounal of Medicine, 1978, S. 299.

Andelman, Sandy J.: "Evolution of Concealed Ovulation in Vervet Monkeys (Cercopithecus aethiops)", The American Naturalist, 129(6), 1987, S. 785-799.

Miller, G.; Tybur J. M.; Jordan, B.: "Ovulatory cycle effects on tip earnings by lap dancers: economic evidence for human estrus?", Evolution and Human Behavior, 28, 2007, S. 375-381.

Pawłowski, Bogusław: "Ovulation, concealed". The International Encyclopedia of Human Sexuality, 2015, S. 856-860.

Steklis, H. D., Whiteman, C. H.: "Loss of estrus in human evolution: Too many answers, too few questions", Ethology and Sociobiology, 10(6), 1989.

Wagener, Joshua S.: "Loss of Estrus and Concealed Ovulation in Human Evolution: A Reevaluation", Honors Projects. Paper 17, 2006.

https://www.sciencedirect.com/science/article/abs/pii/S0018506X18302319.